Günther Koch
Arbeitnehmer steuern mit

Mitbestimmung in Theorie und Praxis

Herausgegeben von Ernst Breit, Rudolf Judith, Friedrich Kübel †, Hans Mayr, Monika Wulf-Mathies, Fritz Ziegler

Editorial

Die Gewerkschaften setzen sich seit jeher für die politische und soziale Gleichberechtigung der arbeitenden Menschen ein. Diese Gleichberechtigung ist nur dann gewährleistet, wenn neben der politischen Demokratie die Mitbestimmung in der Wirtschaft verwirklicht ist.
Massenarbeitslosigkeit, Branchen-, Regional- und Umweltkrisen, Rationalisierungsprozesse und neue Technologien sind nicht erst Erscheinungen unserer Zeit, auch wenn sie in diesen Jahren in besonders extremer Form auftreten. In allen diesen Bereichen sind Arbeitnehmer Opfer von Entwicklungen, die sie nicht oder nur unzureichend beeinflussen können. Es bleibt deshalb Aufgabe der Gewerkschaftsbewegung, nach dem Sieg der politischen Demokratie in unserem Land auch die wirtschaftliche Demokratie durchzusetzen.
Mehr Mitbestimmung in Betrieb und Verwaltung sowie am Arbeitsplatz, im Unternehmen und in der Gesamtwirtschaft ist eine Forderung, die gerade angesichts der Gefährdung und Aushöhlung ohnehin nicht ausreichender Mitbestimmungsrechte offensiv vertreten werden muß. Im Mittelpunkt steht dabei das Modell qualifizierter Mitbestimmung im Montanbereich, das für die Gewerkschaften im DGB nach wie vor die zentrale Forderung zur Demokratisierung privater und öffentlicher Wirtschaft bleibt.
Die Buchreihe »Mitbestimmung in Theorie und Praxis« stellt es sich zur Aufgabe, Idee und Durchführung der Mitbestimmung auf den verschiedenen Ebenen – im historischen Rückblick ebenso wie als aktuelle Berichterstattung und mit Blick auf die Probleme der Zukunft – zu dokumentieren und damit einen Beitrag zu leisten für die demokratische Fortentwicklung von Wirtschaft und Gesellschaft.

Die Herausgeber

Günther Koch

Arbeitnehmer steuern mit

Belegschaftsvertretung bei VW ab 1945

Mit einem Vorwort von Franz Steinkühler

Bund-Verlag

Gedruckt mit Unterstützung der Hans-Böckler-Stiftung

CIP-Kurztitelaufnahme der Deutschen Bibliothek

Koch, Günther:
Arbeitnehmer steuern mit : Belegschaftsvertretung
bei VW ab 1945 / Günther Koch. Mit e. Vorw. von
Franz Steinkühler. – Köln : Bund-Verlag, 1987.
(Mitbestimmung in Theorie und Praxis)
ISBN 3-7663-3051-9

Redaktion: Katharina Hahn
Lektorat: Katharina Hahn, Paul H. Brand
Herstellung: Heinz Biermann
Druck: Wagner, Nördlingen
ISBN 3-7663-3051-9
Printed in Germany 1987

Inhalt

Vorwort

Die Entwicklungsgeschichte der Belegschaftsvertretung im Volkswagenwerk Wolfsburg ist gleichermaßen beispielhaft wie einzigartig.

Beispielhaft lassen sich am Volkswagenwerk alle die Konflikte deutlich machen, die insbesondere in Großbetrieben zwischen Betriebsrat und Unternehmensleitung immer wieder ausgetragen werden müssen.

In mancher Hinsicht verlief die Entwicklung bei VW jedoch anders als in vielen vergleichbaren Unternehmen. Das hatte seine Ursache in den besonderen Umständen bei der Werksgründung im Jahre 1938 und in der Funktion, die das NS-Regime dem Unternehmen zugedacht hatte.

Die negativen Auswirkungen dieser Politik machten nach 1945 den Neubeginn der Betriebsrats- und Gewerkschaftsarbeit in Wolfsburg schwierig. Erst langsam wuchsen Selbstbewußtsein und Verankerung in der Belegschaft.

Diese Entwicklung nachzuzeichnen sowie Möglichkeiten und Grenzen praktizierter betrieblicher Mitbestimmung am Beispiel Volkswagenwerk aufzuzeigen, hat sich der Autor des vorliegenden Bandes zum Ziel gesetzt. Er weiß, wovon er schreibt, hat er doch im Volkswagenwerk Wolfsburg eine Ausbildung als Werkzeugmacher absolviert und danach noch einige Zeit dort gearbeitet, ehe er Studium und wissenschaftliche Arbeit aufnahm.

Gestützt auf dieses Grundwissen, schildert er den Weg von einem nahezu ohnmächtigen Betriebsrat, der sich in den ersten Nachkriegsjahren vor allem der materiellen Versorgung der Belegschaft annehmen mußte und darum im gewerkschaftlichen Sinne wenig handlungsfähig war, bis zu einer bewußten Interessenvertretung, die erfolgreich für die Belange der Arbeitnehmer streitete, eingebunden in die starke Organisation der IG Metall.

Er berichtet über herausragende Erfolge in der Lohnpolitik ebenso wie über die tägliche Kleinarbeit von Betriebsratsmitgliedern und Vertrauensleuten; er verzichtet aber auch nicht auf kritische Anmerkungen zu Verhaltensweisen der Belegschaftsvertretung, die manchmal allzusehr auf Übereinstimmung mit der Unternehmensleitung gerichtet waren.

Vor allem den betrieblichen Praktikern wie auch den an der Entwicklung industrieller Beziehungen Interessierten kann dieses Buch wichtige Hinweise liefern, zeigt es doch, daß die Erfolge, die die Belegschaftsvertretung im Volkswagenwerk erreichen konnte – sei es bei der Absicherung der Vertrauensleutearbeit, sei es bei der Tarifpolitik –, signalgebende Wirkungen auch für andere Bereiche hatten und haben.

Franz Steinkühler

I. Einleitung

Betriebsratsmitglieder, gewerkschaftliche Vertrauensleute, Arbeitnehmervertreter im Aufsichtsrat und Gewerkschaftsbeauftragte, in ihrer Gesamtheit als betriebliche Interessenvertretung bezeichnet, sind durch Wahl legitimierte Arbeitnehmervertreter, die die Interessen der abhängig Beschäftigten im Betrieb zu wahren haben. Ihr Vertretungsauftrag konnte über lange Zeiträume nicht nur mit den Erwartungen der Beschäftigten, sondern auch mit der Entwicklung der Unternehmen und einer sozial befriedeten Gesellschaft korrespondieren, heute hingegen scheinen die ökonomischen und gesellschaftlichen Veränderungen den friedlichen Interessenausgleich zu gefährden.

Erwartet werden könnte, daß unter dem Druck der Struktur- und Beschäftigungskrise die Interessenvertretungen in Anlehnung an die Unternehmenspolitik keinen umfassenden Vertretungsauftrag wahrnehmen, sondern unter Berücksichtigung der einzelbetrieblichen Rentabilität und zur Erhaltung ihrer Einflußsphären den Personalabbaumaßnahmen, der Einschränkung der materiellen Leistungen und der Arbeitsplatzvernichtung durch Rationalisierungsmaßnahmen offen oder verdeckt zustimmen. Diese selektive Interessenpolitik kann zu wachsender Kritik der Beschäftigten führen und die Akzeptanz der Interessenvertretung in der Belegschaft in Frage stellen. Allerdings darf nicht übersehen werden, daß oftmals nur Belegschaftsteile von diesen Maßnahmen betroffen sind, die nicht zur Stammbelegschaft gehören, zum Beispiel ausländische Arbeitnehmer und Frauen. Konzentriert sich die Interessenvertretung auf die Abwehr von Maßnahmen der Unternehmensleitung, die die Stammbelegschaft betreffen, und kann sie hier Erfolg erzielen, so dürften Brüche und Legitimationsdefizite gegenüber der Interessenvertretung kaum auftreten. Betriebliche Konflikte strukturieren dann nicht das Verhältnis zwischen Interessenvertretung und Unternehmensleitung neu, sondern sie werden nach draußen verlagert. Die Struktur- und Beschäftigungskrise wird damit zu einem gesellschaftlichen Problem, und Staat und politische

Parteien sind zur Lösung aufgerufen – nicht die betriebliche Interessenvertretung.

Fühlt sich demgegenüber die betriebliche Interessenvertretung nicht nur zur Verteidigung elementarer Interessen ihrer Belegschaft aufgerufen, sondern vielmehr als Träger organisierter Formen des Widerstandes, um den strukturellen Gegensatz zwischen Lohnarbeit und Kapital ständig zu beeinflussen und die Machtverhältnisse durch Veränderung im Interesse der Lohnabhängigen neu zu bestimmen, so wird sie ihre gesellschaftspolitische Verantwortung wahrnehmen. Unter dem Druck der Krise interpretiert sie ihren Vertretungsauftrag nicht restriktiv, sondern offensiv. Ob sie von der Belegschaft dazu gedrängt wurde, weil die Arbeitnehmer ihre Erwartungen durch die Interessenvertretung nicht mehr erfüllt sehen und sie aufgrund ihres gewerkschaftlichen Selbstverständnisses neben der Wahrnehmung der Schutzfunktion auch die Gestaltungsfunktion erhalten wollen, oder ob die gewerkschaftliche Organisation um ihren gesamtgesellschaftlichen Einfluß fürchtet, ist dabei von nachrangiger Bedeutung. Die betriebliche Interessenpolitik muß dann den friedlichen Interessenausgleich durch einen konfliktorientierten Interessenkampf ersetzen, um die Unternehmen dazu zu zwingen, so wie sie gesamtgesellschaftliche Verantwortung zu übernehmen. Hemmnis dabei ist jedoch der Tatbestand, daß wirtschaftliche Krisen eher entsolidarisierend wirken. Zwar werden Kritik und Unzufriedenheit erkennbar, doch kann nicht automatisch auf die Unterstützung alternativer Konzeptionen und Strategien durch die Belegschaft geschlossen werden.

Die jüngste Vergangenheit in der Bundesrepublik zeigt, daß die Krisenlösungskonzepte von Unternehmen und Staat sich einseitig an den Kapitalinteressen orientieren und die ständige Zurücknahme der materiellen, sozialen und normativen Leistungs- und Sicherungssysteme der Arbeitnehmer beinhalten. Nicht Interessenausgleich, sondern Veränderung der gesellschaftlichen, ökonomischen und politischen Strukturen zur Stärkung der sozialen Asymmetrie kapitalistischer Produktions- und Gesellschaftsverhältnisse sind dann die Folge. Interessenvertretungen scheinen ihre Anstrengungen häufig darauf zu konzentrieren, die Angriffe von Kapital und Staat abzuwehren und ihre Schutzfunktion zur eigenen Legitimation gegenüber den Beschäftigten wahrzunehmen. Dabei konzentrieren sie sich eher auf traditionelle partnerschaftliche und kooperative Strategien, als neue und für sie vielleicht unbequeme und ungewisse Handlungsvollzüge mit gesellschaftspolitischer Prägung zu versuchen.

Wird diese Annahme durch die Untersuchung der betrieblichen Interessenvertretung des Volkswagenwerkes bestätigt und ist das Arrangement zwischen Interessenvertretung und Unternehmen vorteilhaft für die eigene Belegschaft, so wird der gesamtgesellschaftliche Interessenstreit zwischen Kapital und Arbeit doch mehr und mehr Wirkungen im Interesse des Kapitals entfalten, mit der möglichen Konsequenz, daß die traditionelle Arbeiterbewegung als historisch herausgebildete gesellschaftspolitische Kraft zu einer pragmatischen, nur an den Interessen der noch Beschäftigten orientierten Belegschaftsvertretung degeneriert.

Bei der empirischen Untersuchung ist jedoch zu berücksichtigen, daß die Vertretung von Belegschaftsinteressen im Betrieb keinem einheitlichen Maßstab bzw. Modell folgt, sondern eine große Bandbreite unterschiedlicher Formen und Ausprägungen zuläßt. Konfliktlösungsbedingungen, -strategien und -modelle sind nach Branchen, Regionen, einzelnen Betrieben und Unternehmen trotz einheitlicher Gesetzesnormen so verschieden, daß die Analyse industrieller Beziehungen an einem Beispiel sinnvoll ist. Die beispielhafte Betrachtung ermöglicht eine differenzierte Analyse betrieblicher Interessenvertretungspolitik, einschließlich der Wahrnehmung und Beurteilung ihrer widersprüchlichen Aufgaben und Probleme, die sich aus dem Spannungsverhältnis unternehmerischer Strategien, Erwartungshaltungen der Belegschaften, gewerkschaftlicher Politik, Selbstverständnis von Betriebsräten sowie den rechtlich-institutionellen Bedingungen der Betriebsratspolitik ergeben.

Das Unternehmen Volkswagenwerk AG spiegelt sowohl eine lange Phase wirtschaftlichen Aufschwungs mit großen Konzessionsspielräumen für die betriebliche Interessenvertretungspolitik wider, als auch tiefe konjunkturelle und strukturelle Unternehmenskrisen mit drastischen Produktionsumstellungen, Arbeitsplatzabbau und verringerten Konzessionsspielräumen. Neben diesen erkenntnisfördernden Fakten besitzt der Betrieb eine Interessenvertretung, die in der Öffentlichkeit das Image einer machtvollen, selbstbewußten und besonders vertretungswirksamen Institution gewonnen hat und für eine exemplarische Untersuchung herangezogen werden kann.

Als nationalsozialistischer Musterbetrieb und propagandistisches Kernstück der Deutschen Arbeitsfront konzipiert, entwickelte sich das Volkswagenwerk unter ungünstigen Rahmenbedingungen in den fünfziger Jahren als Paradebeispiel des deutschen Wirtschaftswunders. Zum festen Bestandteil avancierten hier die sozialen Verhältnisse und der soziale Konsens zwischen der Belegschaft, der Belegschaftsvertretung, der Gewerkschaft und dem Management des Unternehmens. Die Stichworte Haustarifvertrag, überdurchschnittliche Löhne und Sozialleistungen sowie eine durch die Unternehmensleitung anerkannte und respektierte

Interessenvertretung können ebenso genannt werden wie eine friedvolle und kompromißhaft gestaltete Praxis der Interessenvertretungspolitik ohne spektakuläre Konflikte. In wichtigen unternehmens- und gewerkschaftspolitischen Fragen, wie bei der Privatisierung des Werkes und der Arbeitszeitverkürzung in den sechziger Jahren, treten Gemeinsamkeiten zwischen den Vertretern von Arbeit und Kapital auf, wobei diese, betrachtet man die Entwicklung des Gratifikationssystems insgesamt, nicht eine Ausnahme, sondern eher schon den Regelfall darstellen. In den siebziger Jahren wurde das tariflich abgesicherte Sozial- und Sicherungssystem mit Signalwirkung für die gewerkschaftliche Tarifpolitik insgesamt ausgebaut. Einflußnahme der Interessenvertretung auf die Unternehmenspolitik und Ausweitung der gesetzlichen Normen ebenso, wie Interessenausgleich anstatt Interessenkonflikt in der VW-Krise 1974/75 zeigen eine Interessenvertretung, die nach wie vor den Kompromiß anstrebt und auf Entscheidungen verzichtet, die der Rentabilität des Unternehmens schaden könnten. Die Einbeziehung der Belegschaft in die Durchsetzungsstrategie der Interessenvertretung geschieht nicht durchgängig und nicht nachhaltig; die Belegschaft wird nur in Ausnahmefällen mobilisiert. Deutet sich hier eher Stabilität als Wandel in den industriellen Beziehungen an, so zeigen sich als Gegensatz ebenso Sachverhalte, die den Aspekt von Veränderungen stärker in den Vordergrund rücken.

Die Entwicklung des VW-Konzerns wird nach einer langen Phase ökonomischer Prosperität in den siebziger Jahren durch große Absatz-, Produktions- und Beschäftigungsschwankungen unterbrochen und durch krisenhaften Wandel gekennzeichnet. Neue Personen in der Unternehmensleitung verstärken durch ihr Krisenmanagement mit Hilfe von Beschäftigtenabbau und Einschränkungen des sozialen und materiellen Sicherungssystems die Unternehmenskrise zu einer Krise auch für die betriebliche Interessenvertretung. Die Belegschaftsreaktionen zum Erhalt der Jahreserfolgsprämie 1973 und die konfliktträchtigen Auseinandersetzungen in der Tarifrunde 1978, die Ausweitung der Arbeit des gewerkschaftlichen Organisationsgrades deuten darauf hin, daß die Interessenvertretung durch die Mobilisierung der Belegschaft eine drohende Legitimationskrise abwenden konnte.

Die in der Einleitung allgemein und am VW-Beispiel konkret unterstellte Möglichkeit eines Wandels industrieller Beziehungen aufgrund gesellschaftspolitischer, ökonomischer und unternehmenspolitischer Veränderungen führt zu der Frage: Haben sich die industriellen Beziehungen im Betrieb so nachhaltig gewandelt, daß die traditionellen Formen betrieblicher Interessenvertretungspolitik aufgegeben werden mußten?

Folgt man der Argumentation mancher Autoren, so ist der Erfolg bzw. Mißerfolg betrieblicher Interessenvertretungspolitik ursächlich auf die ökonomische Entwicklung zurückzuführen, wonach die Unternehmen in wirtschaftlich guten Zeiten eher bereit sind, die Belegschaften an Erfolgen partizipieren zu lassen. Befindet sich dagegen das Unternehmen in wirtschaftlichen Schwierigkeiten, so ändert sich nach dieser Theorie die Konzessionsbereitschaft mit der Konsequenz, daß der Einfluß der Interessenvertretung zurückgedrängt und die Belegschaft durch den Unternehmensmißerfolg belastet wird durch Minderung des Einkommens, der Sozialleistungen und Androhung des Arbeitsplatzverlustes. Soll die Unternehmenskrise nicht einhergehen mit einer Legitimationskrise für die Interessenvertretung, indem sich die Belegschaft von der nun erfolglosen Interessenvertretung abwendet, so bleibt der Interessenvertretung als Ausweg nur eine stärkere Konfrontation mit der Unternehmensführung und die Mobilisierung der Belegschaft gegen die Abwälzung der Krisenfolgen zu Lasten der Beschäftigten. Das Ergebnis dieses Prozesses ist dann nicht nur eine punktuelle Neubestimmung von Interessenvertretungspolitik, sondern die industriellen Beziehungen haben sich dann nachhaltig und sichtbar gewandelt.

Daß diese These für das VW-Beispiel sowohl in der Abfolge der Einzelschritte als auch im Ergebnis nicht aufrechterhalten werden kann, belegen gerade die Beispiele, die trotz schwieriger Unternehmenslage eine einfluß- und erfolgreiche Interessenvertretungspolitik fortbestehen lassen. Durch Fortführung des Dialoges, durch Kompromiß und Interessenausgleich werden nicht nur die angestrebten Verschlechterungen für die Belegschaft abgewendet, sondern es können auch materielle Erfolge realisiert werden. Eine derartige Politik ist aber erfolglos, wenn sie in Konfrontation zum Management geht und die Belegschaft konfliktreich agieren läßt. Anknüpfend an diese Feststellung muß gefragt werden: Warum haben sich die traditionellen Formen betrieblicher Interessenvertretungspolitik nicht so nachhaltig verändert, wie es im Zusammenhang mit der ökonomischen Krise unterstellt wurde, und mit welchen Mechanismen bzw. sozialen Prozessen konnten die Einflußsphären und Erfolge der Interessenvertretung auch in der Krise stabilisiert werden?

Konsequent dieser Fragestellung folgend, entsteht als Gegenthese, daß Interessenvertretungspolitik nicht allein an ökonomischen Bedingungen geknüpft ist, sondern daß sie ihre Kraft und Stabilität aus einer Fülle von miteinander verwobenen Einflußfaktoren, sozialen Konstellationen und Konstitutionsbedingungen gewinnt, die, in der Summe, auch ökonomische Veränderungen kompensieren, ohne daß eine Erfolgskrise zu einer

Legitimationskrise wird. Deutet das Handeln der Unternehmensleitung beim Beispiel Volkswagenwerk in Richtung Konfrontation, so zeigen die Konflikte, der Konfliktlösungsprozeß und das Ergebnis dieser Auseinandersetzung einen kompromißhaften Interessenausgleich ohne Neugestaltung der gegenseitigen Beziehungen und ohne Mobilisierung der Belegschaft. Dieser Sachverhalt läßt erwarten, daß die traditionellen Formen betrieblicher Interessenvertretungspolitik auch unter veränderten Bedingungen fortbestehen und erfolgreich wirken können; eine Interessenvertretungspolitik, die eher auf Konfrontation als auf Kooperation setzt, wird nicht vorzufinden sein.

Für die Untersuchung entstehen damit zentrale Fragestellungen: Kann das VW-Beispiel die These widerlegen, daß ein signifikanter Zusammenhang zwischen ökonomischer Prosperität und erfolgreicher Interessenvertretungspolitik einerseits bzw. zwischen ökonomischer Krise und Wandel in den industriellen Beziehungen andererseits besteht? Kann das VW-Beispiel zeigen, welche Mechanismen bzw. sozialen Prozesse auch in wirtschaftlich schlechteren Zeiten eine erfolgreiche Interessenvertretungspolitik ermöglichen und Stabilität in den industriellen Beziehungen weiterbestehen lassen?

Es ergibt sich also die Notwendigkeit, daß die betriebliche Interessenvertretung des Volkswagenwerkes und deren Konfliktlösungsbedingungen, -strategien und -modelle in unterschiedlichen zeitlichen und beispielhaften Anwendungspraktiken so differenziert darzustellen, daß ihr möglicher Wandel mit den Entstehungs- und Wirkungsprozessen verknüpft werden kann. Diese Verknüpfung kann dann Auskunft darüber geben, welchen Einfluß gesamt- und unternehmenspolitische Veränderungen auf die konkrete Praxis der betrieblichen Interessenvertretung haben.

Der Untersuchungsansatz gliedert sich danach in folgende Schritte:

- Die Entwicklungsgeschichte des Volkswagenwerkes wird unter dem Gesichtspunkt der Wechselbeziehungen von Unternehmensentwicklung und Interessenvertretungspolitik, einschließlich der Wirkungen veränderter Rahmenbedingungen auf Unternehmen und Interessenvertretung, in drei Zeitperioden dargestellt.
- In den jeweiligen Untersuchungszeiträumen wird nach Darstellung des Gesamtzusammenhangs die Interessenvertretungspolitik im Detail analysiert. Mit Hilfe von fünf Untersuchungsebenen – Interessenvertretung und Unternehmensleitung; Selbstverständnis, Struktur und Organisation der Interessenvertretung; gesetzliche Normen; Belegschaft und Interessenvertretung; gewerkschaftliche Organisation und Vertrauens-

leute – werden den jeweiligen Untersuchungsebenen Merkmale zugeordnet.

- Diese Merkmale werden am Ende eines Untersuchungszeitraumes dazu verwendet, einen Stil der industriellen Beziehungen zu charakterisieren, der einerseits Auskunft über den Stand der Partizipation der Interessenvertretung im betrieblichen Herrschaftssystem geben soll und andererseits die Gründe für Stilkorrekturen bzw. -modifikationen sichtbar machen soll.
- Aus einem Vergleich der jeweiligen Untersuchungszeiträume ist die erkenntnisleitende Fragestellung zu beantworten.

Die Einleitung in drei Untersuchungszeiträumen erfolgt aufgrund veränderter Rahmenbedingungen in den jeweiligen Zeiträumen und besonderer Ereignisse der VW-Entwicklungsgeschichte.

Der erste Untersuchungszeitraum umfaßt die Jahre 1945 bis 1952. Nach zwölf Jahren Diktatur, Verfolgung und Unterdrückung sowie dem Verbot gewerkschaftlicher und politischer Betätigung war es 1945 wieder möglich, gewerkschaftliche Organisationen zu gründen und betriebliche Interessenvertretungspolitik zu betreiben. Durch die Kontrollratsbestimmungen und die Satzung der Betriebsvertretung der Wolfsburger Motorenwerke vom 28. November 1945 wurde dies auch formal für das Volkswagenwerk möglich. Wahlen zur Betriebsvertretung, erste Anfänge einer betrieblichen Interessenvertretungspolitik und der Aufbau einer gewerkschaftlichen Organisation folgten im gleichen Jahr bzw. ein Jahr später. Der Aufbau des zerstörten Werkes und eine durch Kohle- und Rohstoffmangel bedingte Behelfsproduktion wirkten sich in den Jahren bis 1950 unterschiedlich stark auf die Gestaltung der Beziehungen von Interessenvertretung und Geschäftsleitung aus. Für die Werksentwicklung bedeuteten die Berufung Heinrich Nordhoffs 1948 und der Verzicht der Alliierten Militärregierung auf die Kontrolle der beschlagnahmten deutschen Vermögenswerte 1949 wichtige Einschnitte, daß dadurch die Stellung der Geschäftsleitung neu definiert wurde. Die Gewerkschaften und die Arbeitnehmerpolitik im Betrieb erhielten im Jahre 1952 ein neues Profil, denn nach Verabschiedung des Betriebsverfassungsgesetzes hatten die Bemühungen der Gewerkschaften, systemveränderte Strukturreformen durchzusetzen, vorerst einen Abschluß gefunden.

Die VW-spezifischen Entwicklungsbedingungen deuten darauf hin, daß durch die Wahl von Hugo Bork zum Betriebsratsvorsitzenden und durch die Anstrengungen der gewerkschaftlichen Organisation, Einfluß auf die betriebliche Arbeit zu gewinnen, verstärkt Mitglieder zu werben und

Vertrauensleute zu etablieren sowie in der IG Metall organisierte Betriebsratsmitglieder zu fraktionieren und die umfassende Reorganisation der Betriebsratsarbeit vorzunehmen, das Jahr 1953 den Beginn eines neuen Entwicklungsabschnittes im Volkswagenwerk darstellt.

Der zweite Untersuchungszeitraum umfaßt die Jahre 1953 bis 1968. Nach der Phase der Restauration gesellschaftlicher und wirtschaftlicher Machtverhältnisse und des Abschlusses der schwierigen Aufbauphase entwikkelte sich das Volkswagenwerk zu einem wichtigen Wirtschaftsfaktor in der Bundesrepublik. Diese starke Prosperitätsphase des Unternehmens mit großen Verteilungs- und Konzessionsspielräumen für die betrieblichen und gewerkschaftlichen Interessenvertreter vollzog sich auf der Grundlage stetig steigender Produktions-, Absatz- und Beschäftigungszahlen und war verbunden mit der Angliederung immer neuer Produktions- und Montagestätten im In- und Ausland.

Dieser Zeitabschnitt beinhaltet gleichzeitig wichtige gemeinsame Interessenfelder von Interessenvertretung und Management, wie etwa in der Frage der Privatisierung und der Arbeitszeitverkürzung, aber auch durch die soziale Komponente in der Unternehmenspolitik. Es zeigt sich ferner, daß nicht nur sozialpartnerschaftliche Elemente zu einem umfangreichen sozialen Leistungs- und Gratifikationssystem für die VW-Belegschaft führten. Parallel zum zunehmenden Einfluß der in der IG Metall organisierten Betriebsratsmitglieder wuchs auch der gewerkschaftliche Einfluß insgesamt. Bei den Betriebsratswahlen setzten sich sowohl bei den Arbeitern, als auch bei den Angestellten mehr und mehr IG-Metall-Kandidaten durch. Auch im Aufsichtsrat dominierten die Vertreter der IG Metall. Ein funktionsfähiger gewerkschaftlicher Vertrauenskörper wurde etabliert, und im Rahmen des VW-Haustarifs entwickelte sich ein umfangreiches Gratifikations- und Sicherungssystem für die Belegschaft. Offen ausgetragene Konflikte oder spontane Belegschaftsreaktionen traten ebensowenig auf wie Kritik der Interessenvertretung an der Unternehmenspolitik.

Diese Zeitphase des friedlichen und erfolgreichen Interessenausgleichs bei großen Umverteilungsspielräumen des Unternehmens veränderte sich jedoch ab Mitte der sechziger Jahre. Wirtschaftliche Schwierigkeiten des Unternehmens führten zu Produktionseinschränkungen, Personalreduzierungen und Kurzarbeit. Der Konzessionsspielraum des Unternehmens wurde reduziert, und nach dem Tod von Heinrich Nordhoff deutete der Wechsel in der Vorstandsspitze auf einen veränderten Kurs in der Unternehmenspolitik hin. Das Jahr 1968 bedeutete nicht nur für das Unternehmen einen Entwicklungsabschnitt; auch die Interessenvertretung mußte die Konsequenzen der wirtschaftlichen Probleme des Unternehmens und die Politik des neuen Vorstandsvorsitzenden in die eigene Politik einbeziehen.

Der dritte Untersuchungszeitraum umfaßt die Jahre 1969 bis 1981. War die Entwicklung des Unternehmens in den fünfziger und sechziger Jahren wirtschaftlich durch einen ständigen Expansionsprozeß gekennzeichnet, so durchlief das Unternehmen nun Phasen dramatischer Produktionseinschränkungen mit starken Personalreduzierungen und andererseits Phasen intensiver Produktion und Steigerungen der Beschäftigungszahlen. Dieses »Wechselbad« für das Unternehmen und die Beschäftigten wurde begleitet von gezielten Maßnahmen zur Steigerung der Rentabilität mittels Rationalisierungsstrategien, neuer Produkte und Senkung der Personalkosten. Die Schwierigkeiten des Unternehmens sollten nach den Vorstellungen der neuen Vorstandsvorsitzenden stärker als in der Vergangenheit durch Einschnitte bei den Beschäftigten aufgefangen werden. Massenentlassungen wurden ebenso vorgeschlagen bzw. von der Unternehmensleitung gefordert, wie der Abbau des Gratifikations- und Sicherungssystems. Parallel dazu liefen Bemühungen, den Einfluß der betrieblichen Interessenvertretung und der IG Metall im Unternehmen wirksam zurückdrängen.

Anfang der siebziger Jahre verließ der langjährige Betriebsratvorsitzende Hugo Bork aus Altersgründen das Werk, was nicht nur einen zwangsläufigen personellen Wechsel bedeutete. Mit seinem Ausscheiden ging vielmehr die Kristallisations- und Autoritätsperson der Interessenvertretung für Belegschaft und Unternehmensleitung verloren. Damit trat auch der Personenkreis der Interessenvertretung in den Hintergrund, der noch politische und gewerkschaftliche Erfahrungen in der Weimarer Zeit sammeln konnte. In die Betriebsratsspitze rückten nun Personen nach, die ihre Entwicklung in den fünfziger Jahren im VW-Werk selbst vollzogen hatten. Anders als in der Zeit der Prosperität des Unternehmens ging es nun für die Interessenvertretung darum, das bestehende Gratifikations- und Sicherungssystem gegen die Angriffe der Unternehmensleitung zu verteidigen und die Belegschaftsinteressen unter schwierigen Bedingungen zu vertreten. In diesem Zeitraum traten nun auch häufiger öffentlich ausgetragene Konflikte zwischen Unternehmensleitung, betrieblicher Interessenvertretung und IG Metall auf. Ebenso waren spontane Reaktionen der Belegschaft zu verzeichnen. Trotz dieser Veränderungen zeigten sich Gemeinsamkeiten zwischen Unternehmensvorstand und Interessenvertretung, so bei der Unternehmenssanierung in den Jahren 1974/75 und bei der Beschäftigungspolitik der »mittleren Linie«. Auch konnte die gewerkschaftliche Organisation wichtige Tariferfolge bei der Eingruppierung und Arbeitszeitverkürzung realisieren und den gewerkschaftlichen Vertrauenskörper ausbauen sowie den gewerkschaftlichen Organisationsgrad der Beschäftigten anheben.

Der Betrieb bzw. betriebliche Vorgänge sind ein der Öffentlichkeit weitgehend verschlossenes, doch ungleich wichtiges soziales Wirkungsfeld, das so zu erschließen ist, daß historische, soziologische und politische Sachverhalte und ihre Wirkungsprozesse aus der bewußt gehüteten Anonymität herausgeführt und der Forschung erschlossen werden. Daher wurden Untersuchungsmethoden gewählt, die vor dem Hintergrund der gewonnenen Erfahrungen Hilfestellung boten, um der eigenen Fragestellung gerecht zu werden und sie thematisch einzugrenzen.

Als Konsequenz für den eigentlichen Untersuchungsvorgang mußten die zum Teil nahezu unüberwindlichen Informationsbeschaffungszwänge überwunden werden und gleichzeitig eine größtmögliche Objektivität wegweisend sein. Die betrieblichen Materialien, Quellen, Dokumente, Gesprächsnotizen und ähnliches mußten für den gesamten Entwicklungszeitraum des Unternehmens so zusammengetragen werden, daß sie dem Untersuchungsziel gerecht wurden. Die Material- und Informationsbeschaffung stieß oft auf Mißtrauen der handelnden Personen, da sie vorschnelle und oberflächliche Urteile über ihre Arbeit befürchteten. Neben dieser mehr psychologischen Komponente ist betriebliches Handeln auch anonym, weil die wirklichen Entscheidungsprozesse und -grundlagen selten oder gar nicht schriftlich bzw. chronologisch festgehalten werden. Die Formen der Konfliktaustragung und der Entwickungsprozeß von Kompromissen sollen nur einer begrenzten Personenzahl bekannt sein und werden; die Darstellung des Ergebnisses scheint vielfach wichtiger zu sein als der Weg der Entscheidungsfindung und der damit verbundenen Schwierigkeiten.

Da dieser Zusammenhang aber von großer Wichtigkeit ist, wurde das Material in einer Kombination von Erhebungstechniken zusammengetragen und ausgewertet, die einander sowohl ergänzten als auch kontrollierten. Ein mehr wahlloses Sammeln von Zeitungsartikeln, Flugblättern, Aufsätzen und Schriften, der Werkszeitung und der Geschäftsberichte zum Unternehmen Volkswagen AG standen am Beginn. Daran schloß sich eine gezielte Materialsuche an; ergänzt und kontrolliert, aber auch vervollständigt wurde diese durch teilnehmende Beobachtung des Verfassers, der den Untersuchungszeitraum der siebziger Jahre selbst zum Teil aktiv als Gewerkschafter, Funktionär und Teilnehmer an Veranstaltungen erfahren konnte.

Die Materialsammlung wurde ergänzt durch die Auswertung von Archivmaterial und privater Quellen, die dem Verfasser zur Auswertung überlassen wurden. Des weiteren wurde es notwendig, Informationsgespräche zu führen, wobei diese mit der Absicht verbunden waren, die eigene Materiallage zu verbessern, Begründungszusammenhänge zu erhalten und die Erinnerungen der Schlüsselpersonen mit dem Quellenmaterial zu vergleichen. Konnte durch diese Vorgehensweise der Entwicklungsprozeß des Unternehmens und der Interessenvertretung chronologisch und beispielhaft erschlossen werden, so blieb insbesondere der konkrete Ablauf von Entscheidungsverläufen, Orientierungslinien in bestimmten Situationen und wechselseitigen Kommunikationsbeziehungen unberücksichtigt bzw. konnte mit den verwendeten Erhebungstechniken nicht erschlossen werden. Als weitere Methode zur Erfassung dieses empirischen Materials wurde auf die Befragung von Personen der Interessenvertretung zurückgegriffen. Diese Befragungen wurden in Form von Interviews durchgeführt, denen ein Fragebogen zugrunde gelegt wurde. Der Fragebogen beinhaltete

- eine konkrete Befragungsunterlage, damit der Kreis der zu Befragenden und ihre Antworten möglichst vergleichbar waren und die Gefahr der Verzettelung und Abschweifung reduziert wurde;
- die Möglichkeit einer Zuordnung der Antworten zu Themen und Themenbereichen, da andernfalls eine Auswertung der Antworten zu umfangreich gewesen wäre.

Der befragte Personenkreis wurde zielgerichtet ausgewählt, wobei darauf geachtet wurde, daß alle Arbeits- und Entscheidungsebenen der betrieblichen Interessenvertretung Berücksichtigung fanden. Es wurden zwei Personen aus der Betriebsratsspitze, zwei Personen aus dem konkreten Beziehungsbereich Interessenvertretung und Belegschaft, zwei Personen aus dem hauptamtlichen Gewerkschaftsbereich und zwei Vertrauensleute befragt. Die geringe Anzahl der Befragten wurde durch die Intensität der Interviews (bis zu drei Stunden Dauer) und durch einen Tonbandmitschnitt zu kompensieren versucht.

Zeitlich zurückliegende Ereignisse und Lösungsstrategien mußten wesentlich oberflächlicher in die Untersuchung einfließen, als dies bei aktuellen Fragen durch die Möglichkeit der Personenbefragung und der umfangreichen Materiallage der Fall war.

Als vorteilhaft erwies sich, daß die Befragungsergebnisse zu gleichen Sachverhalten von den einzelnen Personen mit unterschiedlicher Gewichtung und Ausführlichkeit miteinander in Verbindung gebracht werden konnten. Damit wurden Ergänzungen ebenso möglich, wie divergierende politische Nuancen sichtbar und der eigenen Interpretation erschlossen. Von Vorteil war ferner die Befragung von Personen der Interessenvertretung, die unterschiedliche Arbeits- und Aufgabenbereiche ausfüllen bzw. die im Vertretungsspektrum als Meinungsführer gelten, und von Personen, die nachgelagerte Kompetenzen und Einflüsse aufweisen. Hierdurch konnte die gesamte Bandbreite von Interessenvertretungspolitik differenziert erschlossen werden, was für das Erkenntnisinteresse unabdingbar war, jedoch nicht von vornherein als sicher galt. Erst durch das Entgegenkommen der Interviewpartner konnte dieser Anspruch erfüllt werden.

In einem abschließenden Schritt der Untersuchung wurde das gesamte Informationsmaterial einschließlich der empirischen Daten analysiert. Gerade hier mußte dic Fülle des aufzubereitenden Materials »gegen den Strich« gelesen werden, um zu den Einzelbestandteilen der Funktionsweise der Interessenvertretungspolitik zu gelangen.

II. Die Restaurationsphase wird durch Instabilität gekennzeichnet

Die Geschichte des Volkswagens und mithin auch des Volkswagenwerkes beginnt mit dem 17. Januar 1934, der ersten Erwähnung des Volkswagen-Gedankens anläßlich der Automobilausstellung durch die damalige Reichsregierung. Der Konstruktionsentwurf Porsches wurde das propagandistische Kernstück der nationalsozialistischen Motorisierungskampagne. Die Massenproduktion eines Kleinautomobils sollte den wirtschaftlichen Aufschwung fördern, Arbeitsplätze schaffen und zur allgemeinen Besserung der sozialen Lage der Arbeitnehmer beitragen. Mit der Produktion eines »Volkswagens« und dem Bau eines Werkes wurde der Führer der Deutschen Arbeitsfront (DAF), Dr. Ley, beauftragt, der eine Gesellschaft führte, die im Rahmen der NS-Diktatur die freien Gewerkschaften ersetzte und als Zwangsorganisation die Aufgabe der politischen und sozialen Kontrolle der Arbeiter und Angestellten im Sinne des Regimes wahrzunehmen hatte. Bei der Grundsteinlegung des Werkes am 26. Mai 1938 wurde angekündigt, ein Volksauto durch eine nationalsozialistische Arbeiterschaft entstehen zu lassen und eine vorbildliche deutsche Arbeiterstadt zu erbauen. Beide Absichten wurden mit Beginn des Krieges nicht aufgegeben, sondern während des Krieges entwickelte sich die »Stadt des KdF-Wagens bei Fallersleben« zu einer Barackenstadt, und von 1940 bis zum Kriegsende 1945 wurden im Werk VW-Kübel- und Schwimmwagen gefertigt. Das Volkswagenwerk war damit zu einem integrierten Bestandteil der NS-Rüstungsproduktion geworden.

Die Rahmenbedingungen im Jahre 1945 waren für einen demokratischen Neubeginn wegen einer Anzahl besonderer Probleme äußerst ungünstig:

- Die Werksanlagen waren durch Bombeneinwirkungen zu zwei Dritteln zerstört.
- Die Entscheidung für die Wiederaufnahme der Produktion oder für die Demontage der Werksanlage lag in den Händen der Militärbehörden.
- Die Versorgung von Werk und Bevölkerung konnte nur notdürftig sichergestellt werden.

- Für den Flüchtlingsstrom aus dem Osten und die zurückkehrenden Kriegsgefangenen konnten weder ausreichende Notunterkünfte noch die dringendsten Versorgungseinrichtungen geschaffen werden.
- Aufgrund des Zustroms von Menschen aus allen Teilen Deutschlands und der ständigen Vergrößerung der VW-Belegschaft herrschte in Wolfsburg eine ausgesprochene Wohnungsnot.

Unter diesen Bedingungen entstand nur zögernd eine politische und gewerkschaftliche Vertretung der Arbeitnehmer, wobei das Volkswagenwerk aber auch zum Ort persönlicher Auseinandersetzungen und »Cliquenkämpfe« wurde. Das Fehlen von Persönlichkeiten, die demokratische Erfahrungen in der Weimarer Zeit hätten sammeln können, die fehlende Arbeitertradition beim Aufbau einer Gewerkschaftsorganisation und die katastrophale Lebensmittel- und Konsumgüterversorgung der Bevölkerung führten zu einer erhöhten Anfälligkeit für Bestechung und Korruption. Erst nach dem Rückzug der Militärbehörden, einem neuen Generaldirektor und einem Klärungsprozeß innerhalb der Belegschaftsvertretung konnte man von normalisierten Verhältnissen im Volkswagenwerk sprechen. Dabei zeigte sich aber auch, daß wichtige Grundlagen für die zukünftige Arbeit der betrieblichen Interessenvertretung gerade in diesem Zeitabschnitt gelegt wurden.[1]

1. Die Situation des Werkes nach 1945

Als amerikanische Truppen in der letzten Phase des Krieges die Stadt und die nicht zerbombten Produktionsanlagen des Werkes besetzten, waren die Repräsentanten der zerstörten politischen Ordnung verschwunden. Mit der Übernahme des Besatzungsmandates durch die Engländer im Juni 1945 wurde im Werk wieder produziert, obwohl über eine Demontage nicht endgültig entschieden war. Das Volkswagenwerk erhielt von der Militärregierung den Namen »Wolfsburg Motor Works« und wurde zunächst als Reparaturwerkstatt für Militärfahrzeuge genutzt. Bis zum Jahresende 1945 wurden 1785 Autos, meist Kübelwagen, fast in Handarbeit produziert.

Die Initiative zur Arbeitsaufnahme kam nicht von den Beschäftigten des Werkes; vielmehr hatten die Engländer, insbesondere Major Hirst, ein starkes Interesse an den VW-Produkten. Ein englischer Zeuge führte dazu aus: »Das Werk lag still. Einige Deutsche, ehemalige Ingenieure des

1 Kleine Chronik 1979, S. 16.

Werkes, kamen und baten den britischen Kommandanten um Erlaubnis, das Werksgelände betreten und ihre dort zurückgelassene persönliche Habe, vor allem ihre Arbeitskleidung, zusammensuchen zu dürfen. Der Offizier war fast erfreut. Sie waren Techniker und konnten helfen, die Fahrzeuge seiner Einheit instandzuhalten, und sie arbeiteten, sie schufteten wie begnadigte Todeskandidaten; sie buddelten Drehbänke und Bohrmaschinen aus dem Schutt.«[2]

Obwohl starke Zerstörungen den Neuaufbau erschwerten, konnte nach Kriegsende nahezu ohne Unterbrechung die Arbeit fortgesetzt werden, da schon ab Herbst 1944 wertvolle Maschinen und teilefertigende Abteilungen nach und nach in vorbereitete Unterkünfte der Werksumgebung ausgelagert worden waren. »Da dort intensiv weitergearbeitet wird, kommt es trotz starker Bombardierungen nie zur Stillegung des Werkes.«[3]

Mit dem funktionstüchtigen Kraftwerk und den ausgelagerten Maschinen und wichtigen Teilprodukten konnte – nach dem Erfolg der Reparaturwerkstatt für britische Militärfahrzeuge – die Produktion von VW-Kübelwagen anlaufen. Neben der Reparatur von Militärfahrzeugen und dem Bau von Kübelwagen wurden noch im Jahre 1945 713 Volkswagen gefertigt. 1946 wurden bis Ende des Jahres 10020 Fahrzeuge gebaut. 1947 sank die Jahresproduktion auf 8990 Personenkraftwagen ab. Erst im Jahre 1948 zeigt sich mit einer Jahresproduktion von 19244 Personenkraftwagen und 1949 mit 46154 Fahrzeugen eine kontinuierliche Aufwärtsentwicklung des Werkes. In diesem Zusammenhang erhielten die Berufung von Heinrich Nordhoff zum Generaldirektor im Januar 1948, die Währungsreform vom 20. Juni 1948 und die Übertragung der alleinigen Verantwortung für das Volkswagenwerk auf die Bundesrepublik (durch die Verordnung 202 der Militärregierung vom 9. September 1949) eine herausragende Bedeutung für die weitere Werksentwicklung.

»Laut Potsdamer Abkommen der Alliierten im Jahre 1945 hätte das Volkswagenwerk demontiert werden müssen, da es bis Kriegsende ausschließlich der Rüstungsproduktion diente.«[4] Die Engländer selbst und die Siegermächte insgesamt hatten jedoch wenig Interesse am Volkswagenwerk und verzichteten auf die Möglichkeit der Demontage. »Die Engländer boten das Werk allen ihren Verbündeten als Kriegsbeute an. Es bestand jedoch zunächst bei keinem ein sonderliches Interesse. Als

2 Bittorf, W.: Die Geschichte eines Autos. Biographie des Volkswagenwerkes, Braunschweig 1960, S. 47.

3 Kleine Chronik 1979, S. 16.

4 Doleschal, R./Dombois, R.: Wohin läuft VW? Die Automobilproduktion in der Wirtschaftskrise, Reinbek 1982, S. 42.

eine britische Sachverständigenkommission ein abfälliges Urteil über den Volkswagen gefällt hatte, war die Gefahr der Demontage zunächst gebannt. Als schließlich die Sowjetunion in der Mitte des Jahres 1948 ihr Interesse am Volkswagenwerk bekundete, hatten sich die Beziehungen zwischen ihr und den Westmächten schon so sehr verschlechtert, daß Großbritannien es ablehnte, das Werk an die Sowjetunion auszuliefern.«[5]

Vielmehr nutzten die Engländer das Volkswagenwerk für die eigenen Besatzungstruppen und als Arbeitsbeschaffung für die deutsche Bevölkerung unter Leitung und Kontrolle der britischen Militärverwaltung. Außerdem war der geographische Standort von VW beim Zuschnitt der Besatzungszonen für den politischen Einfluß unter den Siegermächten äußerst vorteilhaft für die Engländer.

Zur schwierigen Ausgangslage von Werk und Stadt zählte ferner die Bevölkerungsstruktur, da das Werk nicht in einer gewachsenen Industrieregion, sondern in einem ländlich-agrarischen Raum errichtet wurde. Zum Zeitpunkt der Gründung des Werkes am 1. Juli 1938 lebten etwa 1000 Einwohner in den ländlichen Gemeinden Heßlingen und Rothehof-Rothenfelde, einschließlich der Arbeiter, die mit Vorbereitungsarbeiten zum Bau des VW-Werkes betraut waren. »Da Werk und Siedlung in einer dünn besiedelten Landschaft gegründet wurden, konnte selbst die weitere Umgebung der Stadt die notwendigen Arbeitskräfte für den Werksbetrieb nicht stellen. Ausgebildete Fachkräfte waren in den Gründungsjahren schwer zu beschaffen, da die Industrie infolge der Aufrüstung einen bedeutenden Aufschwung genommen hatte, alle verfügbaren Arbeiter aufsog und ein Mangel an Arbeitskräften eintrat. Um in der modernen Auto-Industrie bewanderte Arbeitskräfte nach Wolfsburg zu führen, lockte man durch besondere Vergünstigungen Amerika-Deutsche aus den großen Autostädten der USA nach Deutschland zurück. Ferner wanderten Ingenieure, Kaufleute und Facharbeiter, angereizt durch höhere Bezahlung, aus den Zentren der deutschen Kraftwagenindustrie aus Köln, Rüsselsheim, Zwickau und Chemnitz nach Wolfsburg ab. Ungelernte Arbeiter strömten aus den Notstandsgebieten, zum Beispiel der Heimindustrie des sächsischen Erzgebirges, zum Volkswagenwerks hin.«[6] Die Schwierigkeiten in der Beschaffung von Arbeitskräften zum Werks- und Stadtaufbau führte auch dazu, daß der Grundgedanke der Werksgründer, einen Musterbetrieb mit einer Musterbelegschaft zu schaffen, nicht ver-

5 Hilterscheid, H.: Industrie und Gemeinde. Beziehungen zwischen der Stadt Wolfsburg und dem Volkswagenwerk und ihre Auswirkungen auf die kommunale Selbstverwaltung, 2. Aufl., Berlin 1977, S. 9.

6 Arndt, J.: Wolfsburg. Zur Problematik der modernen Städtegründung, Bad Godesberg 1953.

wirklicht werden konnte. »Aus der unmittelbaren Umgebung, den Dörfern der Lüneburger Heide also, war der Zuzug offensichtlich besonders gering. Von den jüngeren deutschen Arbeitern wurde ein großer Teil während des Krieges eingezogen. An ihre Stelle traten Fremdarbeiter und Kriegsgefangene.«[7] Nach dem Fortzug der Kriegsgefangenen und Fremdarbeiter setzte ein Flüchtlingsstrom nach Wolfsburg ein. Hinzu kamen noch heimkehrende deutsche Soldaten. Obwohl weder die Stadt noch das Werk Anreiz für eine dauerhafte Niederlassung dieser Menschen boten, wurde Wolfsburg ein Absteigequartier und eine Durchreisestation für Tausende von Flüchtlingen, vor allem aus dem Osten, so daß Flüchtlinge, Vertriebene und Kriegsheimkehrer zeitweise etwa die Hälfte der Wohnbevölkerung ausmachten. Im April 1945 arbeiteten 450 Beschäftigte im VW-Werk, im folgenden Monat 1105, im Dezember 6033. Der Anteil der Lohnempfänger betrug 5459 und unterteilte sich in 48,2 Prozent Fertigungs- und 51,8 Prozent Hilfslöhner. Der Frauenanteil betrug 13,1 Prozent der Gesamtbelegschaft. Im Jahre 1946 erhöhte sich die Gesamtbelegschaft auf 8261. Der Anteil der Lohnempfänger stieg auf 7351, wobei die Hilfslöhner auf 66,5 Prozent anstiegen und 235 Lehrlinge beschäftigt wurden. 1950 beschäftigte VW 14966 Arbeitnehmer. Von den 13322 Lohnempfängern waren noch 43,7 Prozent als Hilfslöhner eingesetzt. Neben 308 Lehrlingen waren 11,1 Prozent Frauen beschäftigt.

Mangelwirtschaft und Schwarzmarktpraktiken, das Fehlen einer sozialen Infrastruktur und eine nur dürftige Nahrungsmittelversorgung brachten dem Werk und der Stadt das Image einer »Goldgräberstadt« ein. Tauschhandel, Schwarzmarktgeschäfte und Korruption strukturierten das Leben und Arbeiten in den ersten Jahren nachhaltig. »Es ging ja immer um Lebensmittel, es gab immer bei Überstunden usw. diese Zusatzverpflegung, die außerhalb der Marken war, eine Schnitte Brot mit einem Stückchen Leberwurst. Es war ein Kampf um die nackte Existenz, und wie kann ich verpflegt werden, wie kriege ich eine Wohnung.« So hieß es in einem der Interviews. Durch den Zustrom von Menschen aus allen Teilen Deutschlands und der ständigen Vergrößerung der VW-Belegschaft herrschte in Wolfsburg eine ausgesprochene Wohnungsnot. »Über 2000 Menschen aus Wolfsburg blieb nichts als die Baracke oder die werkseigene Behelfswohnung mit zwei Räumen (Wohnküche und Schlafraum). Die 1200 Ledigen leben in den drei Ledigenlagern wie in den Mannschaftsbaracken eines Truppenübungsplatzes..., vier bis sechs Mann auf einer Stube. Jeder ein Spind, jeder ein Feldbett, ...«[8] Als Folge

7 Schwonke, M.: Wolfsburg. Soziologische Analyse einer jungen Industriestadt, Stuttgart 1967.
8 Becker, H. D.: Porsche von Fallersleben, in: Der Spiegel, Nr. 18/1950.

dieser Rahmenbedingungen traten alle Mechanismen und Methoden einer Mangelwirtschaft zutage.

1.1 Der Einfluß der Militärverwaltung auf die Entwicklung

Die Leitung des VW-Werkes lag in den Händen der britischen Militärbehörde, insbesondere in denen des britischen Werkskommandanten Major Hirst. Als deutscher Werksleiter wurde H. Brörmann eingesetzt. Neben ihm übte auch Dr. Münch, als Cheftreuhänder und Generaldirektor des früheren DAF-Vermögens, Einfluß auf die Geschicke des Werkes aus. Nach Ansicht der Militärregierung konnten die schwierigen innerbetrieblichen Verhältnisse nicht allein mit der deutschen Werksleitung behoben werden, da sie zu wenig Rückhalt in der Belegschaft und zu geringe Managementerfahrungen hatte. Der Kontakt zur Belegschaft sollte mit Hilfe einer gewählten Belegschaftsvertretung verbessert werden. Die aus Wahlen hervorgegangene Belegschaftsvertretung und ihre Arbeit auf der Grundlage der Satzung der »Betriebsvertretung der Wolfsburger Motorenwerke« vom 28. November 1945 regelte von diesem Zeitpunkt an formal die Bedingungen der Zusammenarbeit zwischen Interessenvertretung und Geschäftsleitung. In dieser Phase gab es viele gemeinsame Interessenfelder zwischen Belegschaftsvertretung und Management; auch verlangten die Wohnraum- und Versorgungsprobleme und die ungesicherte Zukunft des Werkes oftmals ein geschlossenes Auftreten gegenüber der Militärregierung.

Gleichzeitig prägten die starke Stellung der Militärregierung und die des britischen Werkskommandanten die Arbeitsbeziehungen. Weder Geschäftsleitung noch Betriebsrat verstanden sich als gleichberechtigte Partner der Engländer. Major Hirst war oberste und entscheidende Werksautorität mit ausschließlicher Entscheidungskompetenz und Kristallisationspunkt für die weitere Entwicklung von Werk und Stadt. An seiner Stellung wurde von niemandem zu irgendeiner Zeit gerüttelt.

Eine veränderte Qualität in den Beziehungen von Interessenvertretung, Geschäftsleitung und Militärregierung trat erst mit der Berufung von Heinrich Nordhoff zum Generaldirektor ein. »Nach der Währungsreform 1948 (zu Beginn dieses Jahres war Nordhoff Generaldirektor des VW-Werkes geworden) begann der Prozeß der Normalisierung, der auch das politische Geschehen ergriff.«[9] Da weder die Geschäftsleitung des Werkes noch Betriebsrat und gewerkschaftliche Organisation das nach 1945 entstandene Machtvakuum gegenüber der Militärregierung voll ausfüllen

9 Schwonke, M.: a.a.O., S. 29.

konnten, sicherte sich Heinrich Nordhoff durch Vereinbarungen mit der Militärregierung weitreichende Befugnisse zur Leitung des Werkes. Er stellte die Bedingung, daß ihm kein Engländer hineinreden dürfe. Er bekam die Blanko-Vollmacht und wurde damit unumschränkter Volkswagen-Generaldirektor.

1.2 Eine Betriebsvertretung entsteht

Die ersten Wahlen für eine Betriebsvertretung fanden am 31. Oktober 1945 im Werk statt. Diese und die folgenden Wahlen bis zum Jahre 1953 waren ausschließlich Persönlichkeits- und keine Listenwahlen. Bei der ersten Wahl wurden 32 Kandidaten in 8 Wahlbezirken vorgeschlagen; die Wahl wurde durch einen betriebsinternen Aushang offiziell eröffnet, und den Kandidaten wurde es ermöglicht, Werbung zu betreiben. »Es ist von großer Wichtigkeit, daß alle Wähler die Kandidaten vor der Wahl kennenlernen. Aus diesem Grunde hat die Militärregierung allen Obengenannten (Kandidaten) die Erlaubnis erteilt, sich in den Mittagspausen zwischen 12.00 und 13.00 Uhr in den Speisesälen der Wählerschaft vorzustellen und zu ihr zu sprechen. Außerdem kann in den Wahlbezirken von der Militärregierung genehmigtes Werbematerial über die aufgestellten Kandidaten ausgehängt werden.«[10] Von den zwölf gewählten Mitgliedern und Betriebsvertretung waren drei KPD-Mitglieder und der Rest SPD-Mitglieder oder -Sympathisanten. Nur zwei Mitglieder dieser ersten Vertretung wurden ein Jahr später wiederum in die Betriebsvertretung gewählt.

Nach Aufzeichnungen von Hugo Bork wurden am 12. und 13. Dezember 1946 zwanzig Arbeitnehmer in die Betriebsvertretung gewählt, von denen neun zur Sozialdemokratischen und sieben zur Kommunistischen Partei gerechnet werden konnten. Die Betriebsratswahlen am 21. und 22. Juni 1948 stabilisierten den Einfluß der sozialdemokratischen Betriebsratsmitglieder, da sie die Hälfte der achtzehn Gewählten stellten. Der Einfluß der Kommunisten hatte sich stark reduziert, bei gleichzeitiger Zunahme von Betriebsratsmitgliedern ohne parteipolitische Zugehörigkeit. »Auffallend ist, daß keiner der neugewählten Betriebsräte Kommunist ist, nachdem die KP im vorigen Betriebsrat stark vertreten war.« So schrieb die Lüneburger Landeszeitung am 30. Juni 1948. Die Wahlbeteiligung betrug 78 Prozent. Bei der Wahl im Mai 1949 wurden 19 Betriebsratsmitglieder gewählt, von denen sich nur noch etwa die Hälfte parteipolitisch

10 Wolfsburger-Motoren-Werke-Hauptwerk, Bekanntmachung an alle Werksangehörigen, Wahl einer Betriebsvertretung, Fotokopie o. J.

engagierte und einer politischen Richtung zugeordnet werden konnte. Bei einer Wahlbeteiligung von 86,1 Prozent wurden vom 16. bis 19. April 1950 insgesamt 20 Betriebsmitglieder gewählt, wobei nicht mehr der ehemalige Betriebsratsvorsitzende Otto Peter, sondern H. Hillebrecht den größten Stimmenanteil bekam, ein politisch mehr zur Geschäftsleitung hin tendierender Kandidat.

1.2.1 Rechte der Betriebsvertretung

Die formale Grundlage für die Vertretung von Arbeitnehmerinteressen und für Wahlen zu einer Betriebsvertretung bildeten eine Satzung der britischen Militärregierung und eine Betriebsordnung zwischen Betriebsrat und der Volkswagenwerk GmbH. Die »Satzung der Betriebsvertretung der Wolfsburger Motorenwerke« vom 28. November 1945 wurde im gleichen Monat, in dem auch die erste Wahl stattfand, erlassen. Danach setzte sich die Betriebsvertretung aus zwölf Arbeitern, die durch freien Vorschlag und freie Wahl unter Aufsicht der Militärregierung von den Arbeitern und Angestellten gewählt wurden, zusammen. Die Vertretung sollte Probleme und Schwierigkeiten der Werksangehörigen der Werksleitung vortragen und sie in einer wöchentlichen Zusammenkunft gemeinsam diskutieren. Der Betriebsvertretung war es verboten, über Politik, über die äußeren Angelegenheiten, welche mit dem Werk nichts zu tun haben, und über die Führung und Leitung des Werkes zu diskutieren. In den weiteren, insgesamt 14 Punkten der Satzung wurden Regularien zur Teilnahme an Sitzungen, zur Tagesordnung, über Protokolle in Schriftform und Kontrolle durch die Militärregierungen, einschließlich der Sanktionen bei Verletzung der Satzung – Auflösung der Betriebsvertretung –, zum grundsätzlichen Teilnahmerecht der Offiziere der Militärregierung, dem Recht des freien Zutritts zum britischen Werkskommandanten und zur Werksleitung durch den Vorsitzenden der Betriebsvertretung sowie zur Neuwahl der Betriebsvertretung je zur Hälfte nach sechs Monaten und zur anderen Hälfte nach neun Monaten beschrieben.

Die formale Grundlage wurde nicht aufgrund einer Initiative der deutschen Belegschaft erlassen; vielmehr sollte sie aus Sicht der Militärbehörden die Kommunikation mit den Arbeitern erleichtern und ein arbeitsfähiges Diskussionsforum zur Lösung der anstehenden Probleme schaffen. Gleichzeitig sollte sie nur eine Übergangsvorschrift bis zum Inkrafttreten des Kontrollratsgesetzes Nr. 22 darstellen. Das Kontrollratsgesetz Nr. 22 ermöglichte »zur Wahrnehmung der beruflichen, wirtschaftlichen und sozialen Interessen der Arbeiter und Angestellten in den einzelnen Betrieben ... die Errichtung und Tätigkeit von Betriebsräten in ganz Deutschland« (Amtsblatt des Kontrollrats vom 10. April 1946, S. 133).

Eine größere Bedeutung hatte indes die Betriebsordnung der Volkswagenwerk GmbH vom 10. Mai 1947. Sie gliederte sich in zehn allgemeine Grundsätze für die Arbeit im Volkswagenwerk und fünfundzwanzig konkrete Punkte über Rechte und Pflichten der Arbeitnehmer im Betrieb. Die Grundsätze waren stark antikapitalistisch ausgerichtet und beinhalteten unter anderem folgendes: »Das Volkswagenwerk wird zweifellos Eigentum des deutschen Volkes werden und durch seine selbstgewählten Repräsentanten vertreten sein. ... Alle Arbeit im Werk ist daher Dienst am Volke zum Nutzen der Allgemeinheit. Eine Ausbeutung der Arbeiter oder die Verfolgung privater Interessen kommen deshalb nicht in Betracht. ... Die Mitbestimmung jedes einzelnen ist durch eine mustergültige Betriebsvereinbarung über den Betriebsrat gesichert ...« (Volkswagenwerk GmbH, Betriebsordnung vom 10. Mai 1947, S. 3 f.)

1.2.2 Gratifikationen für die Belegschaft

Der erste Schwerpunkt der Arbeit der Belegschaftsvertretung und des betrieblichen Gratifikationssystems bildete die Beschaffung und Verteilung von Gütern des täglichen Bedarfs. Im Rechenschaftsbericht des Betriebsrates auf der Betriebsversammlung im Mai 1948 wurden als Schwerpunkte seiner bisherigen Tätigkeit insbesondere Sozialbetreuungsmaßnahmen und die Verteilung von Haushalts- und Gebrauchsgegenständen hervorgehoben: »Seit dem 20. Juni 1947 gelangten folgende Sachen zur Verteilung: 8 Herde, 2000 Bratpfannen, 200 Kindersportkarren, 10 Garnituren Bettwäsche, 310 Wolldecken, 100 Schlafsäcke, 1120 Paar gebrauchte Arbeitsschuhe, 1100 Paar neue Schuhe, 68 Arbeitshosen, 55 Arbeitsjacken, 20 Doppelkochplatten, 4000 Weckgläser, 400 Eßbestecke, 164 Blechschränkchen, 1350 Bettgestelle, 1750 Arbeitsanzüge, 250 Fahrräder, ... und 3250 Kochtöpfe. Die Notstandsunterstützungskasse zahlte im Jahre 1947 44 700 Mark an bedürftige Betriebsangehörige aus.« – Diese Beschreibung stammt aus einem Artikel der Lüneburger Landeszeitung vom 19. Mai 1948.

Als weiterer Schwerpunkt zeigte sich die Behebung des Nahrungsmittelmangels. »Drei Wochen schon ziehe sich, wie der Betriebsratsvorsitzende weiter ausführte, das Rätselraten um den Waggon Margarine hin, der auf Grund des Exportbonus geliefert werden soll.« (Lüneburger Landeszeitung vom 19. Mai 1948, S. 3.) Auf der Betriebsversammlung im Oktober 1948 berichtete der Betriebsrat von großen Lebensmittellieferungen und ihrer Verteilung an die Belegschaft, von der Bewilligung von 99 Darlehen aus der Notstandsunterstützungskasse und der Beschaffung von 8000 Sporthemden, 300 Oberhemden, 1350 Fahrradbereifungen und eines größeren Posten Stoffes. Nach Abschluß der Verhandlungen über die Lohnhöhe sollten die Einstufungserhöhungen zwischen 26 und 11,5 Prozent betragen, so daß die Empfänger höherer Löhne einen geringeren Prozentsatz und die Beschäftigten mit niedrigerem Einkommen einen höheren Satz erhielten.

Bis zur Währungsreform spielten die Lohnfragen jedoch nur eine untergeordnete Rolle. Erst danach wurde von Geschäftsleitung, Belegschaftsvertretung und gewerkschaftlicher Organisation das Augenmerk hierauf gelegt. Nach Ausführungen von Nordhoff waren die Lohnverhältnisse 1948 im Werk sehr verworren. So heißt es in der Braunschweiger Zeitung vom 21. September 1948: »Es hätte nicht immer eine wirklich gerechte Bewertung der Arbeitsleistungen stattgefunden. Er hätte sich leider davon überzeugen müssen, daß in der Festsetzung der Löhne bisher eine ausgesprochene Günstlingswirtschaft geherrscht hätte. Hierin solle nun ein für allemal eine radikale Änderung erfolgen, und jeder Arbeiter soll entsprechend seiner Leistung entlohnt werden.«

Nach Nordhoffs Vorstellungen sollte der bisher um 15 Prozent heraufgesetzte Lohn bis zu durchschnittlich 20 Prozent gesteigert werden, wobei die kleineren Einkommen stärker als die höheren Löhne und Gehälter berücksichtigt werden sollten. Kriegerwitwen mit Kindern hätten bei dieser Steigerung eine Lohnerhöhung bis zu 50 Prozent zu erwarten gehabt. »In den weiteren Ausführungen des Generaldirektors hieß es«, so schrieb die Braunschweiger Zeitung, »daß das Volkswagenwerk nach dieser Erhöhung der Betrieb mit den höchsten Löhnen in der britischen Zone sein wird.« Das Werk sollte danach weiterhin in der Akkordfrage die Beibehaltung und Ausdehnung des Gruppenakkordsystems vertreten, weil dies die gerechteste Methode zur Leistungsermittlung sei. Zum Weihnachtsfest sollte jeder Arbeiter und Angestellte, ohne Rücksicht auf seine Stellung im Betrieb, eine Gratifikation von 50,– DM erhalten.

2. Probleme begrenzen den demokratischen Entwicklungsprozeß

Sind die aufgezeigten Rahmenbedingungen nach Kriegsende vergleichbar mit denen anderer Städte und Regionen der Westzonen, so war es die Besonderheit Wolfsburgs, daß es an demokratischen Strukturen und Erfahrungen fast ganz fehlte. Die in Wolfsburg versammelten Personen, Personengruppen und Familien hatten weder Erfahrungen mit einer parlamentarischen Demokratie noch mit Traditionen und Inhalten der deutschen Arbeiterbewegung. Die VW-Arbeiter und die Bevölkerung der Stadt waren geprägt von nationalsozialistischem Gedankengut und von den sozialen Strukturen der ehemals deutschen Ostgebiete. Kennzeichnend für diesen Umstand waren die Schwierigkeiten bei der Schaffung eines demokratischen Gemeinwesens durch Kommunalwahlen und die Erfolge von nationalsozialistischen Splittergruppen und Nachfolgeorganisationen, die Abstinenz der VW-Belegschaft, einer gewerkschaftlichen Organisation beizutreten, und die Probleme bei der Durchführung von Entnazifizierungsmaßnahmen.

2.1 Entnazifizierung und politisches Klima in Wolfsburg

Insbesondere in den Jahren 1945 und 1946 beeinflußten die Entnazifizierungsmaßnahmen das Verhältnis zwischen Betriebsrat, Geschäftsleitung, Mililtärbehörden und Belegschaft, da der Betriebsrat Einfluß auf die Entnazifizierung im Volkswagenwerk ausübte. »Die Konflikte erhielten ihren besonderen Charakter durch den ›Kampf um das herrenlose Volkswagenwerk‹. In diesen Auseinandersetzungen haben sich kommunalpolitische Motive vermischt mit werkspolitischen Fragen, Probleme der Entnazifizierung in der von den Nationalsozialisten gegründeten Stadt mit Sicherheitsgesichtspunkten der Militärregierung, ebenso Karrierewünsche einiger in Führungspositionen gelangter Kommunalpolitiker.«[11] Mit der Entnazifizierung war der ›Field Security Service‹ (FSS) betraut, eine Dienststelle, der die Kontrolle der Entnazifizierung oblag, ebenso wie die Förderung der jungen demokratischen Institutionen. Nach persönlichen Schilderungen »ging es ziemlich durcheinander, und der FSS pickte sich diesen und jenen heraus«. Wurde jemand gemeldet oder denunziert, holte man ihn nach Gifhorn und »durchleuchtete« ihn. Dazu einer der Interviewpartner: »Das war eine böse Sache, die war nicht fein, ich bekam nichts zu essen. Ja, weshalb, wieso, warum weiß ich bis heute nicht.« Neben den Verhören ohne anschließende Sanktionen wurden auch Werksangehörige mit bestimmten Arbeitsauflagen aus der Entnazifizierung entlassen. »Die durften höchstens unten an der Maschine arbeiten und keine Führungsaufgaben mehr wahrnehmen. Dann lief aber manches so, . . ., der hat dann tatsächlich an der Maschine gearbeitet, dann wurde er krank und konnte nicht mehr an der Maschine arbeiten, dann kam er in den Kundendienst, um dort Teile zusammenzustellen und zu verpacken, und dann wurde er in den Außendienst versetzt. Mit einem Mal saß er

11 Hilterscheid, H.: a.a.O., S. 94.

wieder oben im Kundendienst in einer schönen Position.« (Interview) Andererseits wurde dieser Personenkreis – bedingt durch seine Fachkenntnisse – auch zum Werksaufbau und zum Anlaufen der Produktion benötigt. »Das waren Fachleute, und sie beherrschten ihr Gebiet. Wo sollten wir die Fachleute alle hernehmen?« (Ein anderer Interviewpartner)

Im April 1946 wurde die Entnazifizierung als beendet erklärt. Für die verbleibenden vier formell belasteten Personen im Werk übernahm der Werkskommandant die Verantwortung.[12] Zur Begründung führte er an, daß die Produktion unter Berücksichtigung aller Schwierigkeiten bereits wieder wie ein Uhrwerk laufe und er es nicht dulden würde, daß der Arbeitsfrieden von außen her weiter gestört werde. Er ersuche also die in Frage kommenden politischen Stellen, nunmehr Ruhe zu halten. Durch den Protest des Betriebsrates und durch Vermittlung von englischen Gewerkschaftskreisen wurden im Mai und Juni 1946 zwei Ausschüsse zur weiteren Entnazifizierung im Volkswagenwerk eingerichtet, mit dem Ergebnis, daß weitere Entlassungen vorgenommen worden sind. Die von diesen Ausschüssen ausgesprochenen Belastungen und Entlassungsvorschläge bildeten den Hintergrund für die Erstellung von Listen, wonach Anfang September 1946 politisch Belastete aus Wolfsburg entfernt werden sollten. Unter dem Decknamen ›Aktion Wolfgang‹ sollten 189 listenmäßig aufgeführte Personen und ihre Familien aus Wolfsburg an einem festgesetzten Tag in den ländlichen Teil des Regierungsbezirks Lüneburg, mit Ausnahme des Kreises Gifhorn, umziehen. »Die damit verbundenen Absichten waren vielfältig und in der Motivation teilweise gegensätzlich... Für die gewerkschaftlich-politische Gruppe, die die Wiederaufnahme der Entnazifizierung betrieben hatte, war die ›Aktion Wolfgang‹ ein willkommener Hebel, die Position der deutschen Werksleitung zu schwächen. Die aus Deutschen und Engländern zusammengesetzte Werksleitung hingegen wünschte die Produktion der Volkswagen zu fördern. Die Evakuierung versprach, Wohnraum freizumachen, der es erlaubt hätte, weitere Facharbeiter nach Wolfsburg zu holen.«[13]

»Am 7. September 1946 wurde eine Liste mit den Namen der 189 betroffenen Familien bekanntgegeben. Die Anzahl, aber auch die Tatsache, daß es sich meist um ›Pioniere‹ handelte, also länger Ansässige, löste eine starke Unruhe unter der Bevölkerung aus.«[14] Die Bedeutung, die die

12 Maier, A.: Wahlen, Wahlverhalten und Sozialstruktur in Wolfsburg von 1945 bis 1960, Göttingen 1979.

13 Hilterscheid, H.: a.a.O., S. 96.

14 Maier, A., a.a.O., S. 92.

›Aktion Wolfgang‹ im politischen Leben der Stadt einnahm, wird aus dem Ablauf einer CDU-Wahlversammlung und einer dort verabschiedeten Entschließung deutlich, in der es heißt: »Wenn wir der Ursache für die Räumungsaktion nachgehen, so muß neben der Anordnung der Militärregierung doch nach denen gesucht werden, die für die Aufstellung der Listen der Betroffenen verantwortlich sind. Hier können wir nur wieder zu den Entnazifizierungskommissionen finden, die im Volkswagenwerk eine so unglückliche Rolle gespielt haben...« Durch eine gemeinsame Initiative von Parteien- und Gewerkschaftsvertretern fanden in Lüneburg Verhandlungen mit der Militärregierung statt. Als Ergebnis wurde erreicht, daß die Aktion aufgeschoben und später nicht mehr durchgeführt wurde.

Die Vorgänge und Diskussionen um die ›Aktion Wolfgang‹ haben sicherlich die demokratiefeindlichen Gruppen in Stadt und Werk in ihren Bemühungen bestärkt, die britische Besatzungsmacht als inhuman und antideutsch und ihre politischen deutschen Partner, insbesondere SPD und Gewerkschaft, als unglaubwürdige Denunzianten hinzustellen. »1948 kam es bei den Kommunalwahlen zu einem spektakulären Wahlerfolg der NSDAP-Nachfolgepartei, der Deutschen Reichspartei, die von insgesamt 25 Sitzen im Stadtrat allein 17 für sich verbuchen konnte und damit die absolute Mehrheit erhielt. Die DRP operierte jedoch als Nachfolgeorganisation der NSDAP und konnte kurz nach der Wahl verboten und die Wolfsburger Gemeindewahl für ungültig erklärt werden. Bei der Wiederholungswahl erhielt dann die Deutsche Partei (DP), zu der die meisten DRP-Mitglieder übergewechselt waren, nicht ganz zufällig auf Anhieb 48 Prozent der Stimmen. Diese Erscheinungen in der Nachkriegsepoche zeigen, daß man sich in Wolfsburg äußerst schwertat, die nationalsozialistische Tradition abzustreifen.«[15] Zeichen des Zusammenhangs von nationalsozialistischer Gesinnung und dementsprechendem Wahlverhalten wurden auch bei den Wahlen zur Belegschaftsvertretung im VW-Werk deutlich. Helmut Hillebrecht als Mitglied der Gründergruppe der Sozialistischen Reichspartei (SRP) in Wolfsburg wurde ab 1949 in die Belegschaftsvertretung gewählt. Als Mitglied der IG Metall erzielte der ehemalige Major der Fallschirmjäger und Ritterkreuzträger in den Jahren 1950 und 1952 die größten Stimmenanteile bei der Persönlichkeitswahl im Werk (so das endgültige Ergebnis der Betriebsratswahl vom 19. April 1950 und vom 24. April 1951).

15 Doleschal, R.: a.a.O., S. 44.

2.2 Gewerkschaftliche Einflüsse sind unbedeutend

Die erste große Darstellung gewerkschaftlicher Organisationsbemühungen fand bei der ordentlichen Generalversammlung der »Allgemeinen Gewerkschaft« für den Kreis Gifhorn am 31. August und 1. September 1946 im Speisesaal des Volkswagenwerkes in Wolfsburg statt. An ihr nahmen neben den Delegierten auch Vertreter des Landrates, der Stadtverwaltung und der englischen Werksleitung sowie der Generaldirektor des VW-Werkes, Dr. Münch, teil. In dem vorgelegten Geschäfts- und Kassenbericht wurde ausgeführt: »Nur wenige Meter von hier hat bereits in der Nacht vom 10. bis 11. April 1945, zu einer Zeit, als die Besatzungsmacht noch nicht eingetroffen war, die erste Gewerkschaftsbesprechung in einem Luftschutzbunker stattgefunden. Am 29. April haben wir, nachdem es uns in den Wochen zuvor nicht gelungen war, an den damaligen Kommandeur der amerikanischen Besatzungstruppe heranzukommen, mit Mister Vögle von dem amerikanischen Sicherheitsdienst die erste offizielle Verhandlung geführt. Erst am 23. November gelang es uns mit Hilfe unserer hannoverschen Kollegen, über Herrn Major Bramall die Genehmigung zu erhalten, am 1., 2. und 3. Dezember in Wolfsburg die Gründungsversammlung zu starten. Anschließend konnten wir gleiche Versammlungen abhalten in Fallersleben, Wittingen, Gifhorn und Isenhagen-Hankenbüttel.« (Niederschrift über die erste ordentliche Generalversammlung der »Allgemeinen Gewerkschaft«, 1946, S. 13.)

Die Anerkennung als Gewerkschaft wurde der »Allgemeinen Gewerkschaft« durch Genehmigung der Militärregierung am 12. Mai 1946 erteilt. In einem Bericht wird zur Gewerkschaftsarbeit im VW-Werk ausgeführt: »Wenig befriedigend ist die Entwicklung der Organisation im Volkswagenwerk, wo um jede Seele gekämpft werden muß. Das ist darauf zurückzuführen, daß die überwiegende Mehrzahl der Belegschaft sich aus mehreren tausend jungen Landsern und entlassenen Kriegsgefangenen zusammensetzt, die dem Gewerkschaftsgedanken noch sehr fern stehen.« Im Juni 1946 betrug der Mitgliederbestand 1555 und am 28. Juli 1827 und stieg im August auf 2257 Mitglieder, wovon 1593 Mitglieder in Wolfsburg wohnten. Am 31. Dezember 1946 arbeiteten im VW-Werk immerhin schon 8261 Arbeitnehmer.

Nach mündlichen Schilderungen soll nach 1945 sehr viel »Treibholz« auch bei den Gewerkschaften nach oben gekommen sein, und es wurde hier von »sehr vielen Versagern« gesprochen. Als Gründe werden Unregelmäßigkeiten bei der Verteilung von Tauschwaren, persönliche Profilierungen und innergewerkschaftliche Machtkämpfe angeführt. Die Unzulänglichkeiten stärkten betriebliche Oppositionsgruppen. Obwohl der Deutsche

Arbeiterverein, die Christliche Gewerkschaft Deutschlands und verschiedene andere Gruppen weitaus geringere Mitgliederzahlen aufzuweisen hatten als die IG Metall, konnten ihre Kandidaten bei den Betriebsratswahlen hohe Stimmenanteile auf sich vereinigen.

Der britische Werkskommandant, Major Hirst, soll die Gewerkschaften zwar nicht gefördert, ihnen jedoch weitgehende Freiheiten gelassen haben, die es ihnen erlaubten, sich zu entwickeln. Dies habe sich weniger auf eine große Mitgliederzahl bezogen, als vielmehr darauf, einzelnen aktiven Personen die Möglichkeit einzuräumen, gewerkschaftliche Arbeit zu leisten.

2.2.1 Tarifpolitik bringt erste Anerkennung

Lohn- und Gehaltstarifverträge wurden schon 1948 zwischen der IG Metall und der Werksleitung abgeschlossen. Nach dem Kontrollratsgesetz Nr. 44 vom 12. Oktober 1945 durften die Gewerkschaften mit den Arbeitgebern oder den Arbeitgeberverbänden Verhandlungen über die Änderung der Lohnsätze anknüpfen; sie waren dabei auf die Genehmigung durch die deutschen Arbeitsämter angewiesen. Unter der Überschrift »Die Lohnerhöhung im Volkswagenwerk« wurde 1948 berichtet, daß eine Vereinbarung zwischen Werksleitung und Gewerkschaften abgeschlossen und die Zustimmung des Landesarbeitsamtes ebenfalls eingeholt worden war (Lüneburger Landeszeitung vom 22. Oktober 1948, S. 6).

Diese und weitere Leistungen für die VW-Belegschaft werden in den VW-Geschäftsberichten genannt. »Im zweiten Halbjahr 1948 werden die Löhne und Gehälter der Werksangehörigen verschiedentlich aufgebessert. Der durchschnittliche Stundenlohn stieg in der Zeit von Juli 1948 bis Dezember 1949 um 28,8 Prozent.« (Geschäftsbericht 1949, S. 6.) Als zusätzliche Punkte werden eine Werksrente, eine Sterbegeldversicherung und große Anstrengungen zur Schaffung neuer Wohnungen in Wolfsburg aufgeführt. »An jedes Belegschaftsmitglied zahlten wir eine Weihnachtszuwendung von DM 50,– in 1948 und DM 100,– in 1949, ferner aus Anlaß der Fertigstellung des 50000. Volkswagens nach dem Kriege eine Sonderprämie von DM 25,–. Die gesamten freiwilligen sozialen Leistungen einschließlich der Aufwendungen für Altersversorgung und Wohnungsbau – jedoch ohne die tariflich gebundenen Sozialleistungen – betrugen im 2. Halbjahr 1948 DM 4,9 Millionen und im Jahre 1949 DM 8,8 Millionen oder DM 924,– je Belegschaftsmitglied.« (Geschäftsbericht 1948 und 1949, S. 5.)

Nach Angaben in den Geschäftsberichten der Jahre 1951 bis 1953 erhöhten sich die Durchschnittslöhne um rund 28 Prozent. Der durchschnittliche Stundenlohn betrug Ende 1953 2,12 DM. Die Tarifgehälter stiegen in diesem Zeitraum im Durchschnitt um etwa 25 Prozent.

Anfänge einer festgefügten gewerkschaftlichen Organisation der IG Metall zeichneten sich erst im Zusammenhang mit der Tarifpolitik ab. In einem Interview bezeichnete Hugo Bork die Tarifpolitik ab 1950 als verantwortlich dafür, daß ein Durchbruch der Gewerkschaft erreicht werden konnte.

2.2.2 Anfänge der Vertrauensleutearbeit

In den Jahren bis 1950 existierte eine Vertrauensleutearbeit, die vor allem Mitgliederwerbung und Kassierung von Gewerkschaftsbeiträgen im Betrieb durchführte. Informationsgespräche mit der Belegschaft wurden im Zusammenhang mit der Beitragskassierung, die alle vierzehn Tage zum Zeitpunkt der Lohnzahlung vorgenommen wurde, geführt. Vertrauensleutesitzungen fanden vor allem nach der Arbeitszeit und an den Wochenenden außerhalb des Werkes statt. In dieser Zeit arbeiteten im Werk etwa 150 Vertrauensleute, die entweder durch Wahl in der Gruppe oder durch Ernennung durch Betriebsräte in ihre Funktion kamen. Es wird geschildert, daß ein kleiner Kreis von Vertrauensleuten sich zu Sitzungen in einem Waschraum versammelte. In der Folgezeit fanden Sitzungen nachmittags, kurz vor Feierabend statt, die immer über die Arbeitszeit hinausgingen. Der Beginn wurde zunehmend weiter in die Arbeitszeit gelegt, je nach Standfestigkeit des Vertrauensmannes und seiner konkreten betrieblichen Arbeitsaufgabe. Dies blieb in den Jahren bis 1950 aber die Ausnahme. Vielmehr erarbeiteten und organisierten die Vertrauensleute, gemeinsam mit den in der IG Metall tätigen Betriebsratsmitgliedern, den gewerkschaftlichen Aufbau der IG Metall in Wolfsburg vor allem in der Freizeit und durch starkes persönliches Engagement.

1950 wurden die ersten großen Vertrauensleutewahlen nach der neuen Betriebsordnung des Volkswagenwerkes durchgeführt. Darin war verankert, daß die gewerkschaftlich organisierten Belegschaftsmitglieder jährlich einmal Vertrauensleute wählen konnten, die dazu berufen sein sollten, die Verbindung zwischen den Gewerkschaftsmitgliedern des VW-Werkes und der Gewerkschaftsorganisation sowie zum Betriebsrat zu halten. Ferner sollten sie die sozialen, betrieblichen Nöte und Anliegen der Belegschaft dem betreffenden Betriebsratsmitglied oder der Gewerkschaft vortragen. »Von der Gewerkschaft wurde betont, daß sich die Vertrauensmänner bisher gut bewährt haben. Es solle niemand glauben, daß diese Vertrauensmänner nun als ›Spione besonderer Mißstimmung‹ im Volkswagenwerk anzusehen seien. Die Vertrauensmänner stützen sich ... lediglich auf das Vertrauen, das ihnen durch ihre Wahl gegeben wurde. Sie sind dazu da, im Betrieb und am Arbeitsplatz die erste und grundlegendste Gewerkschaftsarbeit zu betreiben.« So heißt es in einem Bericht der Wolfsburger Nachrichten vom 3./4. Juni 1950.

3. Machtkämpfe und Umbruch nach dem Rückzug der britischen Militärverwaltung

Die Wahl nationalsozialistischer Vertreter in das Kommunalparlament und ihre Auswirkungen auf die Wahlen zur Betriebsvertretung sowie die Berufung Nordhoffs zum Generaldirektor durch die Militärverwaltung kennzeichnen eine Umbruchphase in den Beziehungen zwischen Werksführung, Belegschaftsvertretung und Militärverwaltung, die sich nach 1948 aufgrund großer Differenzen innerhalb der Belegschaftsvertretung verstärkt fortsetzte. Mit dem Rückzug der Militärverwaltung und der Übertragung der Verantwortung für das Werk auf deutsche Stellen entstand ein Machtvakuum, das ausgefüllt werden mußte. Da aber weder die Bonner Regierung noch die Landesregierung als Eigentümer Einfluß ausüben konnten, nutzte Nordhoff seine weitreichenden Kompetenzen, um Einflußnahmen städtischer Stellen und betrieblicher Vertretungsorgane zurückzudrängen. Sein Machtstreben wurde dadurch begünstigt, daß die Belegschaft eher autoritäre Verhaltensweisen und einen autokratischen Führungsstil akzeptierte, als neue, ihnen unbekannte demokratische Strukturen zu unterstützen bzw. selbst zu entwickeln. Die in der Folge auftretenden innerbetrieblichen und innergewerkschaftlichen Machtkämpfe um den richtigen Weg der betrieblichen Interessenvertretungspolitik und Differenzen unter den führenden Belegschaftsvertretern veränderten die Beziehungen zunehmend. Der Fall des Betriebsratsvorsitzenden Peter in den Jahren 1949/50 zeigt eine Belegschaftsvertretung, die den Machtkampf um den dominierenden Einfluß im Werk nicht gewinnen konnte.

3.1 Nordhoff füllt das Machtvakuum

Mit einem unternehmenspolitischen Konzept, das ganz auf den Volkswagentyp »Käfer« abgestellt war, einer standardisierten Massenproduktion und einer frühzeitigen Exportorientierung nutzte Nordhoff seine Freiräume, um der Militärverwaltung seine Eigenständigkeit zu demonstrieren und der Belegschaft Vertrauen für eine gesicherte Zukunft zu geben. Die ungeklärten Eigentumsrechte wirkten dabei besonders günstig. »Das

Werk, das er übernahm, hat bis heute keinen Besitzer. Da der frühere Eigentümer, die Deutsche Arbeitsfront, nicht mehr existiert, wird die Volkswagen GmbH im Auftrage der Bonner Bundesregierung treuhänderisch vom Land Niedersachsen verwaltet, das zur Entnahme von Gewinnen nicht berechtigt ist. Das Werk ist damit weder ein staatlicher noch ein privatkapitalistischer Betrieb.«[16]

Nordhoff sicherte sich die Akzeptanz seiner Politik mit einer Betriebsphilosophie, die ebenso an den Leistungswillen bzw. die Leistungsbereitschaft jedes einzelnen Belegschaftsmitgliedes appellierte, wie sie ein Gemeinschaftsgefühl erweckte. Jeder einzelne sollte danach seinen Beitrag zum Aufstieg des Werkes leisten, der dann auch gerecht belohnt werden sollte. »Eine aus besten Fachmännern zusammengesetzte, sozialem Fortschritt gegenüber aufgeschlossene Werksleitung und ein unermüdlich für das Wohl der Belegschaft sorgender Betriebsrat haben aus einem zusammengewürfelten Haufen eine kaum mehr flukturierende Werksgemeinschaft von nahezu 10000 Männern, Frauen und Jugendlichen entstehen lassen, die sich nun bereits schon mit Stolz zum Volkswagenwerk bekennen. Der Bau von Werkswohnungen, eine fortschrittliche, mit der Preisentwicklung wenigstens einigermaßen Schritt haltende Lohnpolitik, die Unterhaltung eines Werkserholungsheimes mit Freiplätzen für Bedürftige, die Einrichtung einer Darlehens- und Unterstützungskasse für besondere Notfälle, die Schaffung einer werkseigenen Altersrente und Todesfall-Versicherung, eine vielseitige Jugend- und Kriegsversehrtenfürsorge haben ihren beträchtlichen Anteil am Neuaufbau eines Werkes.«[17]

Hatte sich die Belegschaftsvertretung in Zeiten der Mangelwirtschaft besonders um die Versorgung der Beschäftigten gekümmert, so hatte sie nun nach Etablierung einer veränderten Ordnung kein Konzept, das sie dem wachsenden Einfluß Nordhoffs entgegensetzen konnte.

3.2 Die Auseinandersetzungen um den Betriebsratsvorsitzenden Otto Peter

Durch eine Zeitungsmeldung erfuhr die Öffentlichkeit von einer Sitzung des Betriebsrates, in der dem Vorsitzenden Otto Peter das Mißtrauen ausgesprochen, er seines Postens enthoben und aufgefordert wurde, sein Betriebsratsmandat niederzulegen (Wolfsburger Nachrichten vom 18. November 1949, S. 8). Als Gründe dafür wurden Äußerungen vermutet, die er im Zusammenhang mit seiner Distanzierung zu öffentlichen Angriffen

16 Bittorf, W.: a.a.O., S. 70.

17 Hahn, D.H.: Das Volkswagenwerk von 1945 bis heute, in: Kreiskalender Gifhorn-Isenhagen, Wittingen 1950, S. 42.

der IG Metall gegen Nordhoff und die Werksleitung gemacht haben sollte und die in der letzten Versammlung einer Gewerkschaftsgruppe als Entgleisung des Betriebsratsvorsitzenden negativ gewertet wurden. »Für die politischen Hintergründe von Peters Rücktritt spricht auch die Tatsache, daß die meisten Vorwürfe gegen Peter teilweise schon Jahre zurückliegen«, berichteten die Wolfsburger Nachrichten am 19./20. November 1949. Zum gleichen Zeitpunkt wurde Rahm neuer Betriebsratsvorsitzender. Erst am 23. November wurden im Zusammenhang mit einem Brief des Betriebsrates an die Werksleitung die näheren Gründe für die Haltung des Betriebsrates bekannt. Der Betriebsrat hatte sich danach am 15. und 17. November 1949 mit der Angelegenheit »Peter« beschäftigt und seine Vorwürfe in fünf Punkten zusammengefaßt:

- Otto Peter soll eine Urlaubsfahrt mit einem Werkswagen durchgeführt haben, ihn ohne vorherige Rücksprache mit dem Betriebsrat bei der Werksleitung angefordert und die anfallenden Kosten zu Lasten des Betriebsratskontos verbucht haben. Diese Handlungsweise wird einstimmig vom Betriebsrat abgelehnt, und die angefallenen Kosten werden nicht vom Betriebsrat abgegolten.
- Otto Peter soll aus der Kasse des Betriebsrates laufend Geldbeträge an sich genommen haben, so daß ein Fehlbetrag entstanden ist. Der Betriebsrat verurteilt das Verhalten Peters einstimmig und bezeichnet es als Unterschlagung. Die Abstimmung ergibt einstimmiges Mißtrauen gegen den ehemaligen Betriebsratsvorsitzenden; bei der Bezeichnung »Unterschlagung« kann eine Stimmenthaltung festgestellt werden.
- Drittens soll sich Peter aus der Notunterstützungskasse einen Geldbetrag entliehen und nur einen geringen Betrag zurückgezahlt haben. Diese Entleihung wird vom Betriebsrat beanstandet, weil Peter seine Vertrauensstellung ausgenutzt hat, um die Geldbeträge zu bekommen.
- Bei einer Informationsfahrt soll sich Peter einen Geldbetrag von einer anderen Firma ausgeliehen haben. Der Betriebsrat beanstandet, daß Peter wahrscheinlich auf Grund seiner Stellung als ehemaliger Betriebsratsvorsitzender das Geld erhalten hat, und sieht darin eine Schädigung des Ansehens des Betriebsrates und des Volkswagenwerks.
- Im letzten Punkt werden ihm Unregelmäßigkeiten bei der Abrechnung von Kohlentransporten vorgeworfen. – Die Angelegenheit »Kohlentransport für Werksangehörige« anläßlich der Kohlenaktion im Winter 1947/48 wurde durch die IG Metall der Kriminalpolizei zur Klärung übergeben.

Zusammenfassend stellte der Betriebsrat in seinem Brief an die Werksleitung fest, daß Peter einstimmig das Mißtrauen ausgesprochen wurde, er nicht mehr 1. Vorsitzender sei, daß er aufgefordert wurde, sein Mandat als Betriebsratsmitglied zur Verfügung zu stellen und daß der Betriebsrat es für zweckmäßig erachte, ihn zu beurlauben.

In einem veröffentlichten Brief vom 24. November 1949 nahm Otto Peter zu den Vorgängen Stellung, die zu seiner Absetzung führten. Darin widerlegte er alle Vorwürfe des Betriebsrates und führte detailliert aus, daß nicht die fünf Punkte die wirklichen Gründe seiner Absetzung waren, sondern vielmehr politische Differenzen dazu geführt haben sollen. »Es genügen hierzu folgende Feststellungen, die beweisen, daß für meine Absetzung als Betriebsratsvorsitzender nur rein politische Gesichtspunkte maßgebend sein konnten«, heißt es in den Wolfsburger Nachrichten vom 24. November 1949. Gleichzeitig erhob er auch schwere Anwürfe gegen andere Betriebsratsmitglieder und gegen Vertreter der IG Metall, die ihre Mandate und Funktionen persönlich ausgenutzt haben sollten. So habe der IG-Metall-Sekretär laufend einen Kraftwagen auf Werkskosten gestellt bekommen, und Betriebsratsmitglieder hätten untilgbare Beträge aus der Notunterstützungskasse erhalten. »Man spricht jetzt im Betriebsrat und in Gewerkschaftskreisen viel von ›Sauberkeit‹ und wendet diesen strengen Maßstab nur in bezug auf meine Person an. Man verschweigt dabei zum Beispiel, daß in der Zwischenzeit, da ich nicht Vorsitzender war, von dem seinerzeitigen Geschäftsführenden Vorstand Rasierklingen an die Werksangehörigen verkauft wurden, die diese teuer bezahlen mußten, und der Betrag, etwa 350,– DM, für ein gemütliches Beisammensein in Winkel verwendet wurde. ... All dies muß als Beweis dafür dienen, daß es nicht darauf ankam, nun plötzlich dem Prinzip der Sauberkeit zum Sieg zu verhelfen, sondern einen Mann zu beseitigen, dem der örtliche Arbeitsfrieden über den Einfluß von außen her ging und der auf dem Wege zäher Verhandlungen der Belegschaft besser zu dienen glaubte als durch blinden Klassenkampf.« (Wolfsburger Nachrichten vom 24. November 1949, S. 8.)

In einer Stellungnahme der IG Metall vom 28. November 1949 wurden die Vorwürfe des Betriebsrates gegen Peter noch einmal wiederholt und weiter präzisiert. Seine Angriffe gegen Betriebsratsmitglieder und Gewerkschaft wurden gleichzeitig entschieden zurückgewiesen: »Peters persönliche Bereicherung läßt ihn nicht als ›Diener‹ der Belegschaft und als Gegner eines ›blinden Klassenkampfes‹, sondern als einen Betrüger an seinen Arbeitskollegen erscheinen. Peter oder jeder andere, der gegen die gewerkschaftlichen Grundsätze der Sauberkeit verstößt, wird ohne Rücksicht entfernt werden müssen. Der Betriebsrat warnt jeden Betriebsangehörigen, Gerüchte zu verbreiten. Er distanziert sich von den Machenschaften Peters und wird jeden Verleumder rücksichtslos zur Verantwortung ziehen.« (Wolfsburger Nachrichten vom 28. November 1949, S. 6.)

Der Konflikt eskalierte weiter. In der folgenden Betriebsversammlung, am 23. Dezember 1949, mußten die Betriebsrats- und Gewerkschaftsfunktionäre feststellen, daß die VW-Belegschaft ihren großen Unwillen gegenüber den Vorgängen innerhalb des Betriebsrates artikulierte. »Mit großer Mehrheit sprach die Belegschaft des Volkswagenwerkes auf einer Betriebsversammlung am Freitag dem amtierenden Betriebsrat das Mißtrauen aus und forderte Neuwahlen«, schrieben dazu die Wolfsburger Nachrichten in ihrer Weihnachtsausgabe 1949. In dieser Betriebsversammlung wurde von Sprechern darauf hingewiesen, daß das Eingreifen auswärtiger Gewerkschaftsfunktionäre den Arbeitsfrieden gestört habe und daß ein Mann wie Heinrich Nordhoff, der der Belegschaft Arbeit und Brot garantiere, nicht so, in einer Gewerkschaftsversammlung, persönlich angegriffen werden dürfe. Um den Termin nicht unnötig hinauszuschieben, sollte bereits auf dieser Betriebsversammlung ein Wahlvorstand gewählt werden. Hierzu kam es jedoch nicht, da der Versammlungsleiter, Betriebsratsmitglied Hillebrecht, die Versammlung sofort nach der Annahme des Mißtrauensantrages schloß. Darüber herrschte unter der Belegschaft starke Erregung, da man glaubte, daß die amtierenden Betriebsratsmitglieder dadurch die geforderte Neuwahl verzögern wollten. Nach dieser tumulthaften Betriebsversammlung diskutierten die Vertrauensleute die Rücktrittsaufforderung der Belegschaft. »Es wurde festgestellt, daß nach dem geltenden Betriebsrätegesetz ein Mißtrauensantrag aus der Mitte einer Betriebsversammlung nicht zu der Absetzung des Betriebsrates führen kann. Die Vertrauensleute gaben mit 125 Stimmen, bei 5 Stimmenthaltungen, dem Betriebsrat in seiner jetzigen Zusammensetzung ein Vertrauensvotum. Dennoch soll die Neuwahl des Betriebsrates so schnell wie möglich stattfinden.« (Wolfsburger Nachrichten vom 12. Januar 1950.)

Auch auf einer nachfolgenden Bezirksversammlung der IG Metall wurde über die geforderten Neuwahlen diskutiert. »Zum Fall Peter sagte Rahm, daß es die Werksleitung verstanden habe, Leute zu finden, die aus dem Fall Peter einen Fall Betriebsrat machten. Wenn der Leitung dies gelungen sei, so werde sie auch weiterhin versuchen, einen Keil zwischen Arbeiter und Rat zu treiben. Der 23. Dezember habe gezeigt, daß von einer wildgemachten Versammlung das Mißtrauen ausgesprochen wurde. Der Betriebsrat werde deshalb nicht kapitulieren, sondern könne nur eine gerechte Opposition anerkennen.« (So noch einmal die Wolfsburger

Nachrichten vom 14./15. Januar 1950.) In dieser Versammlung wurde von der IG Metall festgestellt, daß, wie in ganz Westdeutschland, so auch im Volkswagenwerk, die Neuwahlen des Betriebsrates zu dem allgemeinen festgelegten Termin erfolgen sollte. In einer Erklärung des Betriebsrates vom 19. Januar 1950 wurde noch einmal deutlich gemacht, warum es keine vorgezogenen Betriebsratswahlen geben sollte: »Das zur Zeit in Niedersachsen geltende Betriebsrätegesetz enthält über vorzeitige Abberufung des Betriebsrates durch die Belegschaft keine Angaben. Der Beschluß der Betriebsversammlung vom 23. Dezember könne in keiner Weise als echte demokratische Entscheidung angesehen werden. Vor allem aber habe die Zahl der Werksangehörigen, die bei der Abstimmung noch anwesend waren und sich auch an ihr beteiligten, nicht mehr als ein Zehntel der Gesamtbelegschaft betragen. Daher betrachte der Betriebsrat diese Abstimmung als rechtlich belanglos und ziehe aus ihr keine endgültigen Folgerungen für seine weitere Arbeit. Auf Grund der gesetzlichen Tatsachen und der tatsächlichen Lage bestehe keine Veranlassung, vor Ablauf der gesetzlich vorgesehenen Frist eine Betriebsversammlung einzuberufen.« (Wolfsburger Nachrichten vom 19. Januar 1950, S. 3.)

Nach weiteren Auseinandersetzungen, die sich bis zum April 1950 hinzogen, beruhigte sich die Situation erst nach der Betriebsratswahl, bei der die IG Metall 15 von 20 Mitgliedern des neuen Betriebsrates stellte. »Das in gewisser Hinsicht überraschende Ergebnis geht dahin, daß sich die Liste der Industriegewerkschaft ›Metall‹ trotz der Angriffe, denen sie zusammen mit der alten Betriebsratsmehrheit ausgesetzt war, eindeutig durchgesetzt hat... Die Opposition hat bei der Wahl selbst kaum mehr als einen Achtungserfolg errungen und sieht ihre Erwartungen deutlich enttäuscht.« (Wolfsburger Nachrichten vom 22./23. April 1950.)

Diese Auseinandersetzungen um den Betriebsratsvorsitzenden Otto Peter zeigen einen internen Machtkampf und tiefgreifende Differenzen in der Interessenvertretung der Arbeitnehmer. Der Fall Peter verdeutlicht auch, daß es um den gewerkschaftlichen Weg und um die Verteilung von Macht und Einfluß zwischen Werksleitung und Gewerkschaften nach Rückzug der Militärverwaltung ging. Dieser interne Machtkampf fand unter drei mehr oder weniger gefestigten Gruppen mit divergierenden inhaltlichen Vorstellungen statt. Die erste wurde durch Personen repräsentiert, die in den ersten Nachkriegsjahren die Schlüsselpositionen innehatten und eine pragmatische bis korrumpierende Interessenvertretungspolitik betrieben; die zweite Gruppe, wohl vor allem Angestellte und ehemalige Offiziere, verband ihre ultrakonservative bis neonazistische Gesinnung; die dritte Gruppe repräsentierten Sozialdemokraten und aktive Gewerkschafter, die nicht nur im Betrieb, sondern auch außerhalb des Betriebes den Gewerkschaftsaufbau aktiv vorantrieben. Gerade die Diskussion um Mitbestimmung und Einflüsse der Gewerkschaften in den Betrieben fiel in den zeitlichen Zusammenhang mit dem Fall Peter. In Wolfsburg stellte ein Vorstandsmitglied der IG Metall fest: ». . . sie haben keinerlei Mitbestimmungsrecht an den Entscheidungen, die durch autoritäre Anordnungen des Betriebsleiters gefällt werden. Wie wichtig aber gerade das sei, könne jeder auch an verschiedenen Vorgängen in Wolfsburg feststellen, . . . daß dieser (Betriebsrat) trotz des Widerstandes einer autoritären Betriebsleitung erhebliche Vorteile für die Arbeiterschaft erzielen konnte.«

Der Fall Peter bekommt vor diesem Hintergrund eine politische Begründung und muß als gewerkschaftlicher Klärungsprozeß im Werk betrachtet werden. Mit kräftiger Unterstützung des Bezirksleiters der IG Metall, Otto Brenner, und durch erste Aktivitäten gewerkschaftlicher Vertrauensleute gelang es der gewerkschaftlich orientierten Gruppe, sich durchzusetzen. Dieser etwa zwei Jahre andauernde Prozeß, der in voller Breite in der Öffentlichkeit ausgetragen wurde, ermöglichte es der Geschäftsleitung, ihre Position ohne Probleme zu zementieren.

3.3 Spannungen zwischen Nordhoff und Interessenvertretung

Daß es starke Spannungen zwischen Nordhoff und der Interessenvertretung gab, belegen zwei Presseberichte aus dem Januar 1950: »Der Generaldirektor wies weiter sehr entschieden die Behauptung zurück, daß Verhandlungen zwischen der Werksleitung und dem Betriebsrat von der Werksleitung in ablehnender Haltung geführt worden seien. Die Zusammenarbeit mit dem Betriebsrat sei ihm jederzeit wertvoll gewesen.« (Wolfsburger Nachrichten vom 18. Januar 1950, S. 3.) Er wollte aber nicht in die Streitigkeiten des Betriebsrates eingreifen, wobei er gleichzeitig auch Sympathie für die Belegschaft und ihren Mißtrauensantrag äußerte. In einer nachfolgenden Betriebsratssitzung einigten sich die Betriebsräte darauf, »daß das bestehende Verhältnis zwischen Betriebsrat und Werksleitung auf die Dauer nicht tragbar sei und daß von beiden Seiten alles getan werden müsse, um wieder zu einer für die gesamte Belegschaft gedeihlichen Zusammenarbeit zu kommen« (Wolfsburger Nachrichten vom 21./22. Januar 1950, S. 9).

Die Differenzen dienten aus heutiger Sicht der Festigung der starken Stellung Nordhoffs. Er konnte seine, ihm von den Engländern eingeräumten und von den Bundes- und Landesregierungen fortgeführten Befugnisse nicht nur erhalten, sondern auch gleichzeitig Mitbestimmungsabsichten der Gewerkschaft abwehren. Die mehr oder minder große Hilflosigkeit des Betriebsrates in diesem Zeitabschnitt wird auch dadurch deutlich, daß er seine inneren Probleme von der Werksleitung lösen lassen wollte. »Nach gewissenhafter Selbstprüfung sei der Betriebsrat zu der Überzeugung gekommen, daß zu Vorwürfen keinerlei Anlaß besteht. Trotzdem habe der geschäftsführende Vorstand des Betriebsrates die Werksleitung am 28. Dezember schriftlich gebeten, die angeblichen Verfehlungen des Betriebsrates durch einen von ihr bestellten neutralen Untersuchungsausschuß aus Mitgliedern der Rechts- und Revisionsabteilung klären zu lassen. Die Werksleitung habe diese Bitte durch eine schriftliche Mitteilung abgelehnt.« (Wolfsburger Nachrichten vom 19. Januar 1950, S. 3.)

4. Die industriellen Beziehungen in der Phase des Wiederaufbaus

Die Darstellung chronologischer und exemplarischer Ereignisse in der Entwicklungsphase des Wiederaufbaus zeigte einen wechselhaften und widersprüchlichen Verlauf, der insbesondere durch die ungünstigen Rahmenbedingungen, fehlende demokratische Traditionen und die Dominanz der Militärverwaltung geprägt wurde. Industrielle Beziehungen zeigten sich sowohl als Schicksalsgemeinschaft als auch als Konkurrenzstreben um Macht und Einfluß auf die Werkspolitik. Wechselbeziehungen zwischen formalen bzw. institutionellen Kompetenzen und Einwirkungen auf die Werkspolitik durch die gewählte Interessenvertretung und ihre Erfolge in der Wohnraum-, Nahrungsmittel- und Konsumgüterbeschaffung auf der einen Seite und interne Spannungen, kontroverse Auseinandersetzungen und der Entzug der Belegschaftsakzeptanz auf der anderen Seite sind weitere Kennzeichen. Der sprunghafte und brüchige Verlauf der industriellen Beziehungen und wenig gefestigte Vertretungsstrukturen deuten auf Instabilität hin und auf eine Interessenvertretung, die sich von einer Art »Ersatzwerksleitung« zu einer ohnmächtigen und einflußlosen Vertretungsinstanz entwickelte.

Zu analysieren ist, welche Merkmale das Verhältnis der Interessenvertretung zur Geschäftsleitung, Militärverwaltung bzw. zum neuen Generaldirektor Nordhoff im einzelnen bestimmten. Wurden hier trotz aller Wandlungen die Grundlagen der VW-Partizipation für Jahrzehnte gelegt, oder zerstörten die internen Differenzen der Belegschaftsvertretung stabile und kontinuierliche Partizipationsbeziehungen nachhaltig bzw. sind diese überhaupt ausgeprägt worden? Konnten Arbeitsformen für ein erfolgreiches Handeln so angelegt werden, daß neben pragmatischen auch gewerkschaftspolitische Neuordnungsprogramme in die Arbeit integriert wurden? Gerade die Beantwortung dieser Fragen kann dazu beitragen, Stabilität und Wandel in ihren Entstehungsbedingungen sichtbar zu machen, und sie kann zeigen, daß sich trotz extremer Schwankungen in den industriellen Beziehungen ein durchgängiger Stil der Interessenvertretungspolitik gebildet hat.

4.1 Verhältnis zwischen Interessenvertretung und Unternehmensleitung

Von der Militärverwaltung der britischen Besatzungsmacht wurde zwar eine Geschäftsleitung eingesetzt, die in Absprache auch eigene Entscheidungen treffen konnte, jedoch lagen die Rohstoffversorgung, die Sicherung und Produktion, die Versorgung der Belegschaft usw. in letzter Instanz im Entscheidungsbereich des Werkskommandanten. Daß sich eine klassische Arbeitgeber- und Arbeitnehmerbeziehung nicht entwikkelte, ist auf die Rolle des Werkes als Rüstungsbetrieb während des Krieges bzw. auf das NS-Image der VW-Produkte und die ungeklärten Eigentumsrechte, einschließlich der Demontagemöglichkeit durch die Alliierten, zurückzuführen. Um die Rolle der Geschäftsleitung unter dem Einfluß der Militärverwaltung und ihr Verhältnis zur Belegschaftsvertretung charakterisieren zu können, sollen beispielhaft die Handlungsmöglichkeiten und -beschränkungen des damaligen Werksleiters Brörmann und des Produktionschefs Steinmeier dargestellt werden.

Brörmann war nach einer zwölfjährigen Tätigkeit bei Opel als Leiter der Inspektion ins Werk gekommen. Von den Amerikanern als ihr Bevollmächtigter eingesetzt, übertrugen ihm auch die Engländer die Funktion des Werksleiters. Brörmanns Tätigkeit als Werksleiter war bestimmt von der Unsicherheit der Werkszukunft, denn »immer wieder wurde ihm gesagt, der Traum sei aus, niemals wieder würde es einen Volkswagen geben, und die Demontage sei nicht zu verhindern« (Wolfsburger Nachrichten vom 19. November 1952). Nur mit Bitten an den Werkskommandanten Hirst und nach vielen Bemühungen, so Brörmann, konnten die Engländer von einer Demontage abgebracht und vom Nutzen des Werkes als Reparaturwerkstatt für ihre Fahrzeuge überzeugt werden: »Nach wochenlangen Bemühungen, Enttäuschungen und Kämpfen gelang es Rudolf Brörmann und dem rastlosen und uneigennützigen Einsatz einiger beherzter Männer, den ersten Auftrag der Militärregierung hereinzubringen: 500 Lieferwagen für die ›Reichspost‹. Der britische General Horrocks, der Kommandeur der Besatzung von Niedersachsen, war bei einem Besuch im Werk von dieser Schaffensfreude so beeindruckt, daß er sich von der Notwendigkeit überzeugen ließ, das Russenlager in Wolfsburg abzubauen und für Deutsche freizumachen, die eigens zur Arbeit im Volkswagenwerk aus englischen Gefangenenlagern entlassen werden sollten. Insgesamt 6500 Deutsche sind, um im Volkswagenwerk zu arbeiten, dann als erste aus der Gefangenschaft entlassen worden.« (Wolfsburger Nachrichten vom 19. November 1952.) Brörmann und besonders Steinmeier als Produktionschef waren technische und organisatorische Spezialisten, denen aufgrund ihrer fachlichen Fähigkeiten die Leitung des Werkes übertragen wurde. Steinmeier arbeitete vor und während des Krieges in namhaften deutschen Industriebetrieben, zum Beispiel in der Flugzeugmotorenherstellung bei Henschel und als Werksleiter bei Junkers. 1946 vom Werkskommandanten als technischer Werksleiter eingesetzt, engagierte er sich im produktionstechnischen Bereich und überließ Brörmann und Münch die finanztechnische und personelle Leitung des Werkes.

Daß die Werkspolitik von den Engländern bestimmt wurde und die deutsche Werksleitung vom Wohlwollen der Militärs abhängig war, zeigt auch die Auseinandersetzung um die Entnazifizierungsmaßnahmen, bei denen führende Personen, so auch Brörmann, belastet wurden. »Insbesondere für vier noch belastete Personen im Werk wolle er (Major Ivan Hirst) persönlich die Verantwortung übernehmen. Darauf ließ sich der damalige Betriebsrat jedoch nicht ein, sondern bestand weiterhin vor allem auf einer Entlassung des deutschen Werksleiters R. Brörmann.«[18] Die Schwäche der Werksleitung wird besonders deutlich durch die Initiative der Militärverwaltung zur Bildung einer Belegschaftsvertretung. Man wollte eine gewählte Belegschaftsvertretung installieren, die die Werksleitung bei der Lösung der vielfältigen Personalprobleme unterstützen sollte.

Diese Initiative der Militärverwaltung um eine Belegschaftsvertretung zeigt jedoch nicht nur die schwache Stellung der Geschäftsleitung, sondern dokumentiert auch die Unzulänglichkeiten der Vertretungspolitik. Eigenständiges Engagement zur Schaffung gewerkschaftlicher und politischer Strukturen durch Personen, die vor der Machtergreifung der Nazis in demokratischen Institutionen Erfahrungen sammeln konnten, wurde hier nicht bzw. nur ansatzweise festgestellt, wie auch nur wenige Gewerkschafter vorhanden waren, die in der Tradition der deutschen Arbeiterbewegung Initiative ergriffen und unabhängig von der Militärverwaltung einen Neubeginn organisierten. Nur zögernd und unter Respektierung der von der Militärverwaltung eng gezogenen Grenzen diskutierte man in kleinen Gesprächskreisen über den Aufbau der Parteien und einer ge-

---

18 Doleschal, R.: a.a.O., S. 44.

werkschaftlichen Vertretung. Doch erst als die Militärs aktiv wurden, entwickelten sich aus den Gesprächen auch Handlungen. Festzuhalten bleibt, daß ausschießlich die Militärverwaltung und der Werkskommandant Autorität besaßen und daß sich das Verhältnis zwischen Interessenvertretung und Geschäftsleitung unter Anerkennung dieser Autorität entwickelte.

In den drei Jahren bis 1948 befanden sich Vertreter von Gewerkschaft, Belegschaftsvertretung und Sozialdemokratischer Partei in wichtigen kommunalen und betrieblichen Entscheidungsgremien und beeinflußten somit die Werks- und Stadtentwicklung nachhaltig. Ihre Machtstellung nutzten sie jedoch weder zum Aufbau eines funktionierenden Gemeinwesens noch zur Etablierung einer durch sie geprägten Werksführung. Sie begnügten sich mit einer pragmatischen Verteilungsrolle ohne inhaltliche bzw. ideologische Perspektive und fügten sich in ein System, das vom Übergang bestimmt war und der Zementierung alter Machtstrukturen nicht entschieden genug vorbeugte.

Die Stärkung der Interessenvertretung gegenüber der Geschäftsleitung wurde vor allem mit einer Politik erreicht, die praktische Hilfen und Initiativen für Belegschaft und Bevölkerung beinhaltete, wie beispielsweise die Beschaffung notwendiger Materialien und Rohstoffe für eine Automobilproduktion, die Verteilung der Lebensmittel im Werksauftrag, die Organisation der Wohnraumbeschaffung. Auf diese Weise kristallisierte sich eine Arbeitsteilung zwischen Betriebsrat und Werksführung heraus, wonach der Betriebsrat schwerpunktmäßig die Unternehmensbereiche soziale Fürsorge, Vermittlung von Übernachtungsmöglichkeiten und Lebensmittelbeschaffung, Überwachung und Organisation von Ausbildungs- und Arbeitssicherheitsangelegenheiten, Werkskantinen, Einrichtungsgegenständen und auch Einstellungen und Entlassungen – in Abstimmung mit dem Personalbüro – übernahm und personell ausfüllte. Aufgrund der so erreichten stärkeren Stellung und parallel zu den Ereignissen an der Ruhr, wo Stahlarbeiter gleichberechtigte Führungsfunktionen in den Betrieben übernahmen, sowie der breiten Diskussion um die Montanmitbestimmung unternahm die Belegschaftsvertretung einen Vorstoß bei der Militärverwaltung, um einen Arbeitsdirektor als eigenen Repräsentanten in der VW-Geschäftsleitung zu etablieren. »Nachdem sie sich die Vorschläge der Belegschaftsvertretung angehört hatten, wies ein Veteran der britischen Gewerkschaftsbewegung ihr Ansinnen als absurd ab und führte aus, daß es für eine Gewerkschaft oder eine Belegschaftsvertretung nicht zulässig sei, einen Sitz im Management zu haben, eine solche Regelung würde die ganzen Strukturen zwischen Arbeitern und

Management zerstören.«[19] Angesichts dieser starren Haltung gab die Belegschaftsvertretung ihre Pläne auf; auch eine Beteiligung an Gewerkschaftsinitiativen zum Montanmitbestimmungsgesetz in Form von Betriebsaktivitäten unterblieb.

Aus den vorgefundenen Materialien insgesamt geht jedoch hervor, daß der Werkskommandant ein Interesse an einer reibungslosen Zusammenarbeit mit der Belegschaftsvertretung hatte. Dafür spricht auch die große Kompetenz der Interessenvertretung bei der Werks- und Stadtentwicklung, die ihnen von der Militärregierung eingeräumt wurde bzw. die stillschweigende Duldung ausgeweiteter Einflußsphären in der konkreten Tagesarbeit durch den Werkskommandanten. Die gestärkte Position des Betriebsrates stand auch in engem Zusammenhang mit seiner Beteiligung an den Entnazifizierungsmaßnahmen, da die verbliebene oder neu eingesetzte Führungsschicht des Unternehmens unter dem Druck der Entnazifizierung stand. »In den dafür eingesetzten Kommissionen gaben führende Kommunalpolitiker den Ton an. Die Werksleiter hingen von dem Wohlwollen des Betriebsrates ab, der ebenfalls teilweise identisch mit in der Stadt führenden Politikern war. Auf der anderen Seite war die Bewegungsfreiheit der deutschen Werksleitung infolge der Beschlagnahme sowie durch die Anwesenheit des englischen Werkskommandanten, der nach Weisungen seiner vorgesetzten Dienststellen zu handeln hatte, weitgehend eingeschränkt.«[20] In der täglichen Praxis jedoch spielte der Konkurrenzkampf einzelner Personen um politischen Einfluß und Dominanz kaum eine Rolle, denn Belegschaftsvertretung und Geschäftsleitung arbeiteten eng und partnerschaftlich zusammen.

Betrachtet man nun das Verhältnis zwischen dem Werkskommandanten und der Belegschaftsvertretung, so zeigt sich, daß die Belegschaftsvertretung in eine Hilfs- und Vermittlerrolle zwischen der Geschäftsleitung, den Erwartungen der britischen Militärregierung und der Belegschaft gedrängt wurde. Die Belegschaftsvertretung engagierte sich bei unpopulären Maßnahmen, wie der Entnazifizierung, und bei den Versorgungsschwierigkeiten, die durch die Belegschaft kritisch begleitet wurden, und beugte dadurch möglichen Unruhen bzw. Widerständen vor. Dieses Handeln ermöglichte es der Militärregierung und der Geschäftsleitung, im Hintergrund zu bleiben. Für die Belegschaftsvertretung sicherte diese Arbeitsweise einerseits Einfluß und Darstellungsfelder, sie wurde zu einem Machtfaktor, andererseits agierte sie in Konfliktfällen als verlän-

19 Turner, I.: The Nazi Problem, London 1981, Dissertation, S. 48.
20 Hilterscheid, H.: a.a.O., S. 87.

gerter Arm der Geschäftsleitung und zugleich gegen die eigene Basis. Inwieweit diese Entwicklung bewußt in Kauf genommen wurde und man die Verankerung innerhalb der Belegschaft abgab zugunsten einer selbständigen und zum Teil autonomen Zuständigkeit im Personal- und Sozialbereich, oder ob die Einzelmaßnahmen im täglichen Handeln insgesamt zu diesem Ergebnis geführt haben, ist nicht schlüssig zu beantworten. Insbesondere das Unvermögen der Interessenvertreter, konsequent für die Interessen der Arbeitnehmer einzutreten, sowie die Notsituation der ersten Nachkriegsjahre machten es möglich, daß sich die Belegschaftsvertretung durch die tägliche Kleinarbeit fast automatisch zu einem Führungsorgan des Betriebes entwickelte. Dieser Eindruck wird bestärkt durch die Tatsache, daß die Belegschaftsvertretung im Personal- und Sozialbereich nicht nur die Einstellungen, den Arbeitseinsatz und die Unterbringung in Notunterkünften selbständig durchführte, sondern daß auch Maßnahmen zum Arbeits- und Leistungsverhalten der Belegschaft ergriffen bzw. vorgeschlagen und Disziplinarmaßnahmen verlangt wurden.

Schilderungen ehemaliger Betriebsratsmitglieder verdeutlichen die pragmatische und unternehmensorientierte Interessenvertretungspolitik jener Jahre. Danach reduzierte sich die Interessenvertretungspolitik auf die Wahrnehmung einer »Ersatzwerksleitungsfunktion«, die darauf bedacht war, mögliche Mängel in der Werkspolitik durch eigenes Engagement auszugleichen. Die Interessenvertretung in der Aufbauphase des Werkes nahm nach Maßgabe der Militärregierung eine wichtige unternehmenspolitische Rolle ein, förderte den Werksaufbau, stützte die Geschäftsleitung und wurde nach 1945 zu einem Teil der Führungsschicht. Ferner zeigt sich, daß die Belegschaftsvertretung durch gemeinsame Tätigkeits- und Aktionsfelder mit der Geschäftsleitung einen gleich großen, wenn nicht teilweise sogar dominierenden Einfluß auf die Werksentwicklung ausüben konnte.

In den Jahren 1948/49 wurden diese Merkmale fast vollständig durch neue ersetzt. Der dominierende Einfluß der Belegschaftsvertretung auf die Unternehmenspolitik war nicht mehr vorhanden. Eine ablehnende Haltung der Werksleitung und ein gespanntes Verhältnis zwischen Werksleitung und Betriebsrat wurden bemerkbar. Differenzen und Spannungen sowie eine relative Vertretungsohnmacht, die bis zur Hilflosigkeit reichte, strukturierten die Beziehungen neu. Beteiligung der Interessenvertretung war nur noch bei Verhandlungen über neue Gratifikationen und Lohnfragen festzustellen. Erst gegen Ende des hier skizzierten Zeitraumes wurden Informationsgespräche geführt, konnten in den Ausschüssen des

Betriebsrates auf den Gebieten Personal und Soziales und in der konkreten Betreuungsarbeit vor Ort Einflüsse geltend gemacht werden.

Diese Veränderung hing damit zusammen, daß die Betriebsratsarbeit sich ausschließlich auf Gebieten der Werkspolitik engagiert hatte, die auftragsgemäß von der Militärverwaltung übernommen worden waren. Mit dem Rückzug der Militärs erzwang nun Nordhoff als neue Autorität die Verlagerung aller Kompetenzen in seine Entscheidungsgewalt. Die Einflüsse der Belegschaftsvertretung wurden beschnitten, denn sie verfügte über keine Machtmittel, die ihre Kompetenzen hätten sichern können. Gerade der weitverbreitete Ärger in der Belegschaft über die Praktiken der Vertreter des Betriebsrates bei der Verteilung von Konsum- und Nahrungsmitteln schwächte ihre Position. Nordhoff war diesbezüglich völlig unbelastet und konnte durch Erfolge in der Produktions- und Beschäftigungspolitik die Belegschaftsakzeptanz für sich verbuchen. Die Aktivitäten der Belegschaftsvertreter beschränkten sich auf Kontroversen mit Nordhoff, die sich nicht an der Sache orientierten, sondern unvollkommene Versuche waren, ihn zu brüskieren und selbst in den Vordergrund zu treten. Nordhoff begegnete diesen Angriffen mit einer Harmonisierungsstrategie, indem er ein Bild von Gemeinsamkeiten und Perspektiven zeichnete, das Fortschritt und Wohlstand für alle beinhaltete: »Nur gemeinsame Arbeit kann zu gemeinsamem Wohl führen. Das hemmungslose Fechten um Einzelinteressen belastet nur die Gesamtheit und hemmt den Fortschritt. Wie es keinem Arbeiter besser gehen kann als seinem Betrieb, so kann kein Unternehmen erfolgreicher sein als die Summe der einzelnen, die in ihm arbeiten. Es gibt wirklich nur ein gemeinsames Interesse.«[21] Es wird von einer Begebenheit aus dem Jahr 1949 berichtet, bei der Nordhoff auf einer Betriebsversammlung eine Lohnforderung ablehnte und die Unterstützung der Belegschaft dafür bekam. Unter anderem führte er aus: »Wenn wir die Kuh, von deren Milch wir leben wollen, jetzt schlachten, wie uns die Volksbeglücker raten, weil sie ein bißchen Fett angesetzt hat, dann geht das nicht, dann haben wir keine Zukunft, dann versacken wir allesamt.«[22]

Diese Strategie hatte nicht nur Erfolg bei der Belegschaft, sondern sie förderte auch die Spannungen innerhalb der Belegschaftsvertretung. In den Interviews finden sich Andeutungen, die den Eindruck entstehen lassen, daß einzelne Betriebsratsmitglieder den Versuch unternahmen, über Nordhoff Führungspositionen im Werk zu bekommen. Da die Fähig-

---

21 Schenzinger, K. A./Simon, H./Zischka, A.: Heinrich Nordhoff, München 1969, S. 154.
22 Schenzinger/Simon/Zischka: a.a.O., S. 167.

keiten und Unterstützungsmaßnahmen der Betriebsräte zur Aufrechterhaltung der Produktion und zur Steuerung des Sozialgefüges innerhalb des Werkes nun nicht mehr gebraucht wurden, schwand auch ihr Einfluß in den Gremien und Institutionen der Stadt. Bei den Kommunalwahlen dominierten ultrakonservative und national orientierte Personen und Gruppen.

Festzuhalten bleibt, daß sich die Gewichtung von Belegschaftsvertretung und Geschäftsleitung bzw. ihr Einfluß auf die Werkspolitik nach dem Rückzug der Militärverwaltung und der Währungsreform eindeutig zugunsten der Geschäftsleitung verschoben und die Belegschaftsvertretung zu einer bloß geduldeten Institution ohne Machtmittel und Einfluß wurde.

4.2 Selbstverständnis, Struktur und Organisation der Interessenvertretung

Die Belegschaftsvertretung beim Volkswagenwerk hat zu der damaligen Zeit ihren Vertretungsauftrag ausschließlich pragmatisch interpretiert. Eine gewerkschaftliche Orientierung wurde weder angestrebt noch als Handlungsmaxime verstanden; die eigene Organisation wurde vollständig in den Werksaufbau integriert und als Rahmen für die Dominanz einzelner Personen pervertiert. Erst sehr spät wurde die Interessenvertretungsarbeit im Betrieb als gewerkschaftliche Vertretungsarbeit verstanden und danach neu strukturiert. Insbesondere persönliche Differenzen und Gruppenegoismen verhinderten in der Zeit des demokratischen Neubeginns eine Organisation, die zum Träger veränderter betrieblicher Strukturen hätte werden können.

Widersprüche und sich gegenseitig ausschließende Orientierungen im Selbstverständnis sind von Anfang an feststellbar. Einen ersten Eindruck hiervon vermittelt das breite Spektrum der aktiven Belegschaftsmitglieder und der Betriebsratsmitglieder. Sozialdemokraten und Kommunisten waren ebenso unter ihnen wie ehemalige Offiziere und Konservative. »Schon durch die Anwesenheit von so vielen sich unterschiedlich gebärdenden Phantasten, die sich christlich gaben, traten Spannungen auf. Es waren ja Leute ohne jegliche Erfahrung, wobei man natürlich objektiverweise sagen muß, daß die Erfahrung in bezug auf gewerkschaftliche Arbeit ja eigentlich auch nur bei den Älteren vorhanden war, denn auch unsere jüngeren Kollegen hatten ja durch die zwölfjährige Pause keine Möglichkeit in bezug auf das Sammeln von Erfahrungen«, heißt es in einem Interview. Einigkeit bestand nur bezüglich der Abwehr bzw. des Ausschlusses der Kommunisten aus dem Vertretungsspektrum – was auch schon bei der zweiten Wahl zur Belegschaftsvertretung fast vollständig gelang – und in dem Bestreben, alles Notwendige zu tun, um das Werk aufzubauen.

Zu einem ganz anderen Eindruck vom Selbstverständnis der Belegschaftsvertretung der ersten Jahre kommt man, wenn man die Betriebsordnung vom 19. Mai 1947 betrachtet. In den zehn allgemeinen Grundsätzen für die Arbeit im Volkswagenwerk heißt es unter anderem: »Alle Arbeit im Werk ist daher Dienst am Volke zum Nutzen der Allgemeinheit. Eine Ausbeutung der Arbeiter oder die Verfolgung privater Interessen kommen deshalb nicht in Betracht.« Kann hier eine antikapitalistische bzw. sozialistische Orientierung der im Betrieb Handelnden unterstellt werden, so hatten diese Grundsätze dennoch weder für die Geschäftsleitung noch für die Belegschaftsvertretung praktische Bedeutung. Das Zustandekommen der Grundsätze erklärt sich damit, daß Einzelaktivitäten von Betriebsratsmitgliedern möglich waren und die gesellschaftliche Diskussion in den Besatzungszonen zum Thema »Neuordnung und Sozialisierung« widersprüchlich verlaufen ist.[23] Weder im Vorfeld der Verabschiedung der Betriebsordnung noch in der Folgezeit traten erkennbare antikapitalistische bzw. sozialistische Wirkungen auf. Das Selbstverständnis war vor allem pragmatisch bestimmt.

In diesem Zeitraum entwickelte sich aus einer mehr dem Zufall und der Spontaneität überlassenen Betriebsratsarbeit eine arbeits- und aufgabenteilige Organisationsform. Schriftliche Protokollführung, Tagesordnungen und Einladungen sowie ein unterschiedlicher Kompetenzgrad für die Betriebsratsspitze waren Anzeichen für die Entstehung einer eigenen Hierarchie. Doch in Ausnahmesituationen reagierte man unkompliziert. Nach den persönlichen Erinnerungen von H. Chall wurde 1948 ein Gespräch mit Nordhoff verabredet, an dem er, ein Vertreter des Gewerkschaftsbundes sowie der Betriebsratsvorsitzende teilnehmen sollten: »Als ich hochkam, da waren wir ungefähr 15 Mann. Es nahm damals jeder regen Anteil an allem. Ob er dafür befähigt war oder ob er delegiert war; es saßen 15 Mann da und wollten Verhandlungen führen.«

Ein pragmatisches Selbstverständnis auf der einen Seite und kaum gefestigte Vertretungsformen insbesondere in den Beziehungen zur Geschäftsleitung auf der anderen Seite paarten sich auffällig mit den geringen demokratischen Erfahrungen aus der Weimarer Zeit und dem weitgefächerten politischen Spektrum im Betriebsrat. Anders als in den meisten deutschen Großbetrieben und Gemeinden vollzog sich die Übernahme der politischen Verantwortung durch demokratische Kräfte bei VW nicht

23 Kleßmann, Ch.: Die doppelte Staatsgründung. Deutsche Geschichte 1945–1955, Göttingen 1982.

reibungslos; es gab keine Persönlichkeiten mit großen gewerkschaftlichen und politischen Erfahrungen aus der Weimarer Zeit. Dieser Mangel an Tradition hat die ungünstigen Bedingungen für einen neuen Anfang noch verstärkt.

Konnten persönliche Differenzen und Spannungen bis 1948/49 unterdrückt und durch Einflüsse auf die Werkspolitik minimiert werden, so zeigte sich nun eine konfliktträchtige Arbeitsatmosphäre innerhalb der Belegschaftsvertretung. Ein Klärungsprozeß setzte ein, der sich ebenso zwischen Einzelpersonen und Gruppen abspielte wie zwischen Personen innerhalb der IG Metall. Ein erster Konflikt resultierte aus den Vorbereitungen der Gewerkschaften und Fachverbände für einen einheitlichen Gewerkschaftsverband in den Westzonen. Die unorganisierten und mehr standesgewerkschaftlich orientierten Mitglieder der VW-Belegschaftsvertretung mußten nun Stellung beziehen und sich für einen Verbleib in oder einen Austritt aus der gewerkschaftlichen Organisation entscheiden. Dies führte zu großen Differenzen und Spannungen, da gerade dieser Personenkreis jede ideologische Bindung für sich bzw. für sein Handeln ausschloß. Ein weiterer Konflikt betraf die veränderte Werkssituation. Es bestand nun nicht mehr die Notwendigkeit der Anfangsjahre, Gemeinsamkeiten herzustellen und in Sachfragen zusammenzuarbeiten, um überleben zu können. Die Leitlinie, Kompromisse auf kleinstem gemeinsamen Nenner zu finden, wurde aufgegeben, da sie weder erfolgreich mit der Unternehmensleitung umgesetzt werden konnte noch Akzeptanz bei der Belegschaft sicherte.

Wie nachhaltig sich die veränderte Werkssituation und die sich im Wandel befindlichen Gewerkschaftsstrukturen auf die ungefestigten Strukturen der Betriebsratsarbeit auswirkten, zeigt der Klärungsprozeß innerhalb des Betriebsrates bei den Auseinandersetzungen um den Betriebsratsvorsitzenden Otto Peter. Hier ging es im Kern nicht um die Person selbst, sondern um die zukünftige Ausrichtung des Betriebsrates. Die Personen um den Betriebsratsvorsitzenden waren durch Skandale und undurchsichtige Finanzgeschäfte in der Öffentlichkeit diskreditiert. Ihre Politik des persönlichen Vorteils und der »Vetternwirtschaft« können als Begründung für den schwindenden Einfluß auf die Werkspolitik und die Niederlagen bei den Kommunalwahlen herangezogen werden. Diese korrumpierte Gruppe hatte kein Interesse daran, eng mit der außerbetrieblich agierenden gewerkschaftlichen Organisation zusammenzuarbeiten. Die Abstinenz gewerkschaftlicher Forderungen bzw. die fehlende Unterstützung der gewerkschaftlichen Demonstrationen seitens des VW-Betriebsrates führten zu Konflikten und Differenzen. Seitens der gewerkschaftlichen Organisation entstand so der Eindruck, daß der Betriebsrat eine Betriebsgewerkschaft anstrebe und sich nicht in eine einheitliche Gewerkschaftsorganisation einfügen werde.

Die stärker gewerkschaftlich geprägten Betriebsratsmitglieder um die Personen Rahm und Gründel, unterstützt von den ersten Vertrauensleuten, gingen nun gemeinsam mit dem Bezirksleiter Otto Brenner auf Konfliktkurs, um eine gewerkschaftliche Orientierung im Betriebsrat mehrheitsfähig zu machen. Diese Konfliktstrategie führte zunächst allerdings dazu, daß die konservativen und national orientierten Betriebsratsmitglieder um den Mitgründer der Sozialistischen Reichspartei Hillebrecht, die ein Programm zur willfährigen Unterstützung der Geschäftsleitung vertraten, bei den Betriebsratswahlen die besten Stimmenergebnisse für sich verbuchen konnten.

Die Effektivität der Interessenvertretungspolitik wurde durch die internen Machtkämpfe und Fraktionierungen geschwächt. Autonome Zuständigkeitsbereiche im Personal- und Sozialwesen und in der Leitung der Wirtschaftsbetriebe wurden aus der Betriebsratsverantwortung herausgelöst und zu eigenen Werksabteilungen unter Zuständigkeit der Geschäftsleitung erhoben. Ein Dialog mit der Geschäftsleitung fand nur noch in Ausnahmefällen statt. Ohne diese Einflußsphären und Machtmittel des Betriebsrates entstanden Brüche im Verhältnis zur Belegschaft. Scheinen die negativen Einflüsse des internen Machtkampfes den Betriebsrat auch zu einer ohnmächtigen Vertretungsinstanz gemacht zu haben, so erwies sich dieser Klärungsprozeß, betrachtet man die weitere Entwicklung, doch als vorteilhaft. Es bildete sich eine gewerkschaftlich orientierte Vertretungsinstanz heraus, die in einen überregionalen gewerkschaftlichen Rahmen eingebunden war. Interessenvertretungspolitik konzentrierte sich nun auf die Lohn- und Sozialpolitik, nachdem die Arbeitsfelder der »Ersatzwerksleitung« entfallen waren. Ein neues Selbstverständnis und veränderte Strukturen in der Arbeit der Interessenvertretung waren jedoch zu dieser Zeit noch nicht erkennbar. Erst mit der Übernahme des Betriebsratsvorsitzes durch Hugo Bork traten hier Änderungen ein, die eine Reorganisation der Arbeit mit sich brachten.

4.3 Veränderungen durch gesetzliche Normen

Es kann unterstellt werden, daß die Satzung der Betriebsvertretung der Wolfsburger Motorenwerke vom 28. November 1945, das Kontrollratsgesetz vom 10. April 1946, die Betriebsordnung der Volkswagenwerk GmbH vom 10. Mai 1947 und die tarifvertraglichen Regelungen ab 1948 die industriellen Beziehungen nicht nur formal strukturierten, sondern sie ebenso prägten, wie sie Wirkungen entfalteten. Doch anders als in einigen Betrieben Norddeutschlands, in denen Streikbewegungen entstanden, um Kompetenzen von Belegschaftsvertretungen abzusichern, sind in Wolfsburg keine Solidarisierungsmaßnahmen, aber auch keine Initiativen zur Durchsetzung dieser Ziele ergriffen worden. Weder der Bode-Panzer-Streik in Hannover noch die Widerstände in Braunschweig gegen die Bestimmungen des Kontrollratsgesetzes zur betrieblichen Mitbestimmung trugen dazu bei, daß die VW-Interessenvertretung die Sensibilität entwikkelte, die notwendig gewesen wäre, um der gesellschaftlichen und ökonomischen Restauration begegnen zu können. Bedeutung erlangten lediglich die Bestimmungen, die den formalen Rahmen der Wahl, die Anzahl der Belegschaftsvertreter und die Freistellungspaxis betrafen. In Fragen der Arbeits- und Sozialordnung des Betriebes und der Mitwirkungs- und Mitbestimmungsrechte der Belegschaftsvertretung überließ man der Militärverwaltung die Interpretation und Anwendung der gesetzlichen Normen. Es ist daher symptomatisch, daß Gewerkschafter und Belegschaftsvertreter jener Zeit den Einfluß des normativen Rahmens auf ihre Arbeit äußerst gering einstuften. »Wir haben ... nach dem Kontrollratsgesetz gearbeitet, was ja im wesentlichen ein da capo der gesetzlichen Bestimmungen des Betriebsrätegesetzes von 1920 war, in dem also formal, juristisch und so aus der linken Hand heraus etwas zusammengetragen wurde, um diese Arbeit zu fundieren ...; es war eigentlich Makulatur. Sicher hat man in irgendeiner Form sich danach gerichtet und mal reingeguckt, aber ich könnte mir nicht denken, daß das für unsere Entscheidungen maßgebliche Bedeutung gehabt hat. ...« (Äußerung im Interview.) Hier bestätigen sich die schon beschriebenen entideologisierten und entpolitisierten Verhaltensweisen der Gewerkschafter und Betriebsvertreter im Wolfsburger Raum und im Volkswagenwerk. Eine wichtige Ausnahme, jedoch ohne Wirkungen auf die Interessenvertretungspolitik, bildet nur die Vereinbarung »10 Grundsätze für die Arbeit im Volkswagenwerk« vom 10. Mai 1947. Hier heißt es unter anderem: »Das Volkswagenwerk wird zweifellos Eigentum des Deutschen Volkes werden und durch seine selbstgewählten Repräsentanten vertreten sein. ... Alle Arbeit im Werk ist daher Dienst am Volke zum Nutzen der Allgemeinheit. ... Sämtliche Arbeiter und Angestellten im Volkswagenwerk bilden eine geschlossene, demokratisch geführte Leistungsgemeinschaft. ...«

Diese Grundsätze wurden von Dr. H. Münch, dem Treuhänder, und F. Hesse für den Betriebsrat unterzeichnet. Demgegenüber sind die konkreten Bestimmungen der Betriebsordnung von den Betriebsratsvertretern Peter und Zeis ratifiziert worden. Dieser Umstand bestätigt die politische und persönliche Orientierung bzw. das Selbstverständnis von Interessenvertretungspolitik ebenso, wie es darauf hinweist, daß gerade zu dieser Zeit die entpolitisierten und ausschließlich pragmatisch ausgerichteten Belegschaftsvertreter im Vertretungsspektrum dominierten.

Betrachtet man die konkreten Punkte der Betriebsordnung, so finden sich sehr detaillierte Pflichten des Arbeitnehmers, die dem Ziel eines reibungslosen Produktionsablaufes dienen, beispielsweise Schutz- und Ordnungsbestimmungen zur Aufrechterhaltung der Disziplin im Werk, Beginn und Ende des Arbeitsverhältnisses, Arbeitszeitfestsetzungen und Arbeitszeitkontrollen, ferner Leistungen des Werkes an die Arbeitnehmer, so unter anderem die Lohn- und Gehaltszahlungen, Vergütungen bei Arbeitsunfall, Unfallversicherungsschutz, Urlaubsanspruch und umfangreiche Sozialleistungen, einschließlich eines freien, bezahlten Waschtags im Monat für Frauen.[24]

Die auf der Grundlage des Kontrollratsgesetzes Nr. 22 vereinbarte Betriebsordnung bildete bis zum Inkrafttreten des Betriebsverfassungsgesetzes im Jahre 1952 eine den gesetzlichen Normen vergleichbare Grundlage für die Arbeit der betrieblichen Interessenvertretung im Volkswagenwerk Wolfsburg. Sie zementierte wichtige unternehmenspolitische Vorteile, aber auch Disziplinierungsmaßnahmen, die weder von der Belegschaftsvertretung kritisch gesehen, noch vom Betriebsrat durch Formen und Gegenleistungen für den eigenen Handlungsrahmen genutzt wurden. Es entsteht heute der Eindruck, daß dem Betriebsrat erst im Vorfeld der Diskussion um ein Betriebsverfassungsgesetz die in der Betriebsordnung eingeräumten eigenen Möglichkeiten und Einflußchancen bewußt geworden waren.

4.4 Belegschaft und Interessenvertretung

Es zeigen sich Merkmale, die Berührungspunkte von Vertretungspolitik und Vertretenen vermissen lassen, Abstinenz der Beschäftigten gegenüber der Belegschaftsvertretung und eher ein Nebeneinander bzw. teilweise auch Gegeneinander dokumentieren.

Wie nachhaltig die Werksgründung in dieser ländlich strukturierten Region die Bevölkerung und das Leben in dieser Region, einschließlich der gewerkschaftlichen und politischen Entwicklungen, veränderte bzw. prägte, wird deutlich, wenn man die Herkunft der Belegschaft, die sozialen Bedingungen und das Arbeiten in diesem Industriebetrieb darstellt. So kamen die Beschäftigten vor und während des Krieges aus der

24 Vgl. Volkswagenwerk GmbH, Betriebsordnung vom 10. Mai 1947, S. 7 ff.

Landwirtschaft und aus Kleinbetrieben der näheren Umgebung des VW-Standortes, aus Notstandsgebieten Deutschlands mit hoher Arbeitslosenquote, aus der Heimindustrie und aus der amerikanischen und deutschen Automobilindustrie. In der Anfangszeit achtete man bei den Fachkräften darauf, daß eine NSDAP-Mitgliedschaft vorlag, da ja der Musterbetrieb der nationalsozialistischen Motorisierungskampagne auch eine »Musterbelegschaft« aufweisen sollte. Hinzu kamen die italienischen, zum Teil zwangsverpflichteten Arbeitskräfte, die mit dem Werksaufbau beschäftigt waren. Während des Krieges setzte dann ein Austausch der Belegschaft ein, indem die kriegstauglichen Beschäftigten eingezogen wurden und Kriegsgefangene, Zwangsverschleppte und Fremdarbeiter an ihre Stelle treten mußten. Dadurch stiegen die deutschen Beschäftigten automatisch in Führungs- und Leitungspositionen auf. Als die amerikanischen Truppen am 11. April 1945 die Stadt besetzten, lebten etwa 12000 Deutsche und 8000 Ausländer in Wolfsburg.

Das politische Verhalten der Bevölkerung bildete mit der Bevölkerungsstruktur eine Einheit. Ihr waren die unmenschlichen Bedingungen, unter denen die ausländischen Arbeitskräfte im Werk arbeiten mußten, ihre schlechte Verpflegung und der Terror bekannt gewesen, unbekannt war aber nun die Reaktion der Alliierten darauf. In diesem Klima der Angst und Ungewißheit tauchte man erst einmal unter und wartete ab. Diese Haltung förderte geradezu den Verdrängungsprozeß, der sich anfangs in Form von Resignation, später in Unterwürfigkeit gegenüber der Besatzungsmacht und in der Hinwendung zu neuen Autoritäten, von denen man sich Schutz und Hilfe versprach, äußerte und den demokratischen Neubeginn nachhaltig behinderte. Ein Personenkreis, der unbelastet war und gegen die NS-Diktatur gekämpft hatte, existierte kaum. Ebenso waren hier gewerkschaftliche und parteipolitische Erfahrungen aus der Weimarer Republik weitgehend unbekannt und durch Personen nicht darstellbar. Verschärfend kam hinzu, daß Wolfsburg zu einer Sammelstätte und einer Durchreisestation für Flüchtlinge, Vertriebene und Kriegsheimkehrer wurde. Einen Eindruck davon vermittelt die Fluktuationsrate des Werkes, die auch ein Indiz für eine ungefestigte Belegschaftsstruktur insgesamt ist. Für die Jahre 1945 bis 1947 liegen keine Angaben für Neueinstellungen und Entlassungen vor, doch kann aus dem hohen Abwesenheitsstand bei den Lohnempfängern – 1945: 29,6 Prozent, 1946: 14,5 Prozent, 1947: 32,6 Prozent – eine große Fluktuationsquote abgelesen werden.

Es hat den Anschein, als ob nicht nur die Stadt als Durchreisestation betrachtet wurde, sondern daß auch die Tätigkeit im Volkswagenwerk oftmals nur von kurzer Dauer war. Die Abwesenheitsrate sank 1948 auf 9,1 Prozent, sie lag 1949 bei 10,4 Prozent und 1950 bei 7,9 Prozent. 2165 Neueinstellungen im Jahre 1948 standen 1828 Entlassungen gegenüber. 1949 wurden 2279 Neueinstellungen und 771 Entlassungen vorgenommen. 1950 erhöhte sich die Belegschaft auf 5553 bei einer Entlassungszahl von 814. Bis 1952 stieg die VW-Belegschaft auf 17381 Beschäftigte.

Stand	Lohnempfänger gemäß ihrer Tätigkeit und Entlohnung				Gehalts-empfänger	Insgesamt
	Fach-arbeiter	An-gelernte	Un-gelernte	Gesamt		
1.01.1946	2 406	501	2 552	5 459	574	6 033
31.12.1946	2 905	547	3 899	7 351	910	8 261
31.12.1947	2 731	568	3 891	7 190	1 192	8 382
31.12.1948	2 762	570	4 162	7 494	1 225	8 719
31.12.1949	3 362	1 740	3 744	8 846	1 381	10 227
31.12.1950	5 874	2 931	4 517	13 322	1 644	14 966
31.12.1951	5 539	2 795	4 004	12 338	1 809	14 147
31.12.1952	5 696	2 908	6 796	15 400	1 991	17 391

Quelle: VW AG, Personalabteilung, Belegschaftsentwicklung 1946 bis 1976.

Die Tabelle zeigt eine nur geringfügige Erhöhung der Belegschaft bis Ende 1948 und in den folgenden Jahren einen sprunghaften Anstieg bis 1952, mit weiteren Steigerungstendenzen. Das Verhältnis von Facharbeitern zu an- und ungelernten Beschäftigten veränderte sich stark in Richtung der an- und ungelernten Tätigkeiten/Beschäftigten. Von 15390 Lohnempfängern entfiel 1952 nur noch etwa ein Drittel auf Facharbeiter. 1948 hatte dieses Verhältnis noch eins zu zwei betragen. Der Anteil der Angestellten an der Gesamtbelegschaft lag – relativ konstant – in den Jahren 1945 bis 1952 bei rund 12 Prozent. Die Abwesenheitsrate, verbunden mit Neueinstellungen und Entlassungen, deutet darauf hin, daß sich erst in den Jahren nach 1948 eine Stammbelegschaft im Werk entwickelte: »Allmählich formte sich erst einmal wieder eine Werksbelegschaft. Im ersten Jahr setzte sie sich einmal um, das heißt, sie verzeichnete so viel Abgänge und Zugänge, wie die Gesamtbelegschaft zählte. 1947 noch wurden 3921 Zugänge und 3800 Abgänge bei einem Beschäftigungsstand von 8382 am Jahresende verzeichnet.«[25]

Diese hohe Fluktuationsrate könnte mit den schwierigen Wohnraum- und Versorgungsproblemen zusammenhängen, aber auch mit den für diesen in Wolfsburg eintreffenden Personenkreis ungewohnten Arbeitsbedingun-

25 Becker, H. D.: a.a.O., S. 63.

gen im Werk verbunden sein. Vorher als Landarbeiter, kleine Gewerbetreibende und Handwerker beschäftigt, wurden diese Menschen oft erstmalig mit einem Industriebetrieb und industrieller Massenfertigung konfrontiert. Die ungewohnte Arbeit, der Verlust der sozialen Beziehungen, die Auseinandergerissenheit der familiären Bindungen, persönliche Erfahrungen mit dem Krieg, verbunden mit der unverarbeiteten NS-Ideologie, prägten die Interessen und das Verhalten der Belegschaft. Verschärfend kam noch hinzu, daß die Flüchtlinge, Vertriebenen und Kriegsheimkehrer nicht auf intakte und traditionsreiche soziale Strukturen in Stadt und Werk trafen. Vielmehr war ihre eigene desolate Situation identisch mit der der Stadt und des Werkes. Dieser Umstand prägte nicht nur die Belegschaft, sondern auch das Verhältnis von Belegschaft und Interessenvertretung zueinander, aber auch die Interessenvertretung selbst.

Verständlich wird vor diesem Hintergrund, daß sich das Interesse der Belegschaft weniger politischen oder gewerkschaftlichen Neuordnungsvorstellungen und dem Aufbau einer anderen Gesellschaftsordnung zuwandte, als vielmehr von dem Hinwenden zu den neuen Autoritäten (Werksleitung, Betriebsrat, Stadtverwaltung) mit dem Wunsch nach Befriedigung ihrer persönlichen Überlebensbedürfnisse gekennzeichnet war, wobei sie selbst nicht durch gemeinsame Aktionen in Erscheinung getreten ist. Auch die geringen gewerkschaftlichen Mitgliederzahlen und die Schwierigkeiten der Mitgliederwerbung im Werk belegen diesen Zusammenhang. Betrachtet man andererseits die Wahlbeteiligung bei den Betriebsratswahlen als weiteren Aspekt des Verhältnisses von Belegschaft und Betriebsrat, so ist folgendes festzustellen: 1948 betrug die Beteiligung 78 Prozent, 1950 stieg sie auf 86,1 Prozent und 1951 auf 85,5 Prozent. Diese Zahlen lassen ein großes Interesse an der Arbeit des Betriebsrates erkennen, wobei vielleicht auch die bis 1951 durchgeführten Persönlichkeitswahlen dazu beigetragen haben könnten.

Eine Beteiligung der Belegschaft an den innerbetrieblichen Geschehnissen kann auch aus der Teilnahme- und Diskussionsbereitschaft bei Betriebsversammlungen ersehen werden. Insbesondere nahm die Belegschaft regen Anteil an den Auseinandersetzungen um den Betriebsratsvorsitzenden Otto Peter. Die Behauptung, daß nur etwa zehn Prozent der Belegschaft die Haltung des Betriebsrates und der Gewerkschaft Metall kritisch begleiteten, erscheint als nicht ganz zutreffend. Auch wenn nur zehn Prozent der Beschäftigten dem Mißtrauensantrag gegen den Betriebsrat in der Betriebsversammlung zugestimmt haben, so hatte dies in der Qualität des Verhältnisses zwischen Betriebsrat und Belegschaft doch erhebliche Auswirkungen:

- Erstens wählte die Belegschaft bei den darauffolgenden Betriebsratswahlen nicht den neuen Vorsitzenden Rahm mit dem größten Stimmenanteil in den Betriebsrat, sondern einen Kandidaten, der aus dem rechten politischen Spektrum stammte, und zwar ihren Arbeitskollegen Hillebrecht aus der Inspektionsabteilung, ehemals Major der Luftwaffe und Ritterkreuzträger, nach dem Krieg Mitglied der Sozialistischen Reichspartei und – der Industriegewerkschaft Metall. (»Ich stimme mit den Gewerkschaftspraktiken nicht voll überein, gehe aber trotzdem hinein, um von innen heraus zu wirken«, so seine Auffassung.)[26] An zweiter Stelle folgte eine Kandidatin der DAG, erst an sechster Stelle wurde Rahm in den Betriebsrat gewählt.
- Zweitens wurde eine vorher vermutlich vorhandene Vertrauensbasis durch Fälle von Korruption stark beeinträchtigt.
- Drittens verspielte der Betriebsrat durch diesen Vertrauensverlust seine Autorität im Spannungsfeld Geschäftsleitung und Betriebsrat in der Belegschaft, mit der Folge, daß Nordhoff große Teile der Beschäftigten recht problemlos für sich gewinnen konnte.
- Viertens verschob sich die gewerkschaftliche Organisationsbereitschaft der Belegschaft zuungunsten der IG Metall, und die eher zum rechten Spektrum zählenden Gruppen und Grüppchen bekamen stärkeren Zulauf.

Neben der Wahlbeteiligung und der regen Beteiligung an Betriebsversammlungen sind weitere Belegschaftsaktivitäten, zum Beispiel Streiks oder Protestkundgebungen, im VW-Werk nicht aufgetreten.

Dieses Verhalten der Belegschaft, einschließlich der Abkehr von den Betriebsräten der ersten Jahre und der Hinwendung bzw. Anpassung an die Politik und die Philosophie der Geschäftsleitung zeigen detaillierte Merkmale im Verhältnis zwischen Belegschaft und Interessenvertretung, die wie folgt zu beschreiben sind: Die Belegschaftshaltung war geprägt durch politische Apathie, Streben nach Harmonie und Suchen nach Hilfestellung zur Überwindung der Kriegsfolgen. In den ersten Jahren erfüllte die Belegschaftsvertretung diese Erwartung und erlangte dadurch den Zuspruch weiter Teile der Belegschaft. Vom Zeitpunkt der Politisierung bzw. inhaltlicher Differenzen innerhalb der Interessenvertretung an traten Brüche im Verhältnis Belegschaft/Interessenvertretung auf. Erst nachdem sich die Verhältnisse beruhigten, die Interessenvertretungspolitik sich als vorteilhaft für den einzelnen erwies und weitgehend unbela-

26 Becker, H. D.: a.a.O., S. 71.

stete Personen das Vertrauen der Belegschaft zurückgewinnen konnten, stellte sich die Belegschaftsakzeptanz wieder ein. Die Belegschaft selbst wurde jedoch auch anschließend nicht zu einem aktiven Teil der Interessenvertretungspolitik, sondern sie bewertete und gewichtete durch ihr Wahlverhalten die Arbeit durch Zuspruch oder Ablehnung.

4.5 Gewerkschaftliche Organisation und Vertrauensleute

Es gab vielfach Anstrengungen und Versuche, eine gewerkschaftliche Organisation im Werk zu etablieren, Vertrauensleute zur Unterstützung des Betriebsrates zu gewinnen und außerhalb des Betriebes gewerkschaftliche Arbeitsformen zu entwickeln, die die betriebliche Arbeit unterstützen sollten. Die betriebliche und außerbetriebliche Organisation war jedoch nur in Ansätzen in die bundesweite Diskussion zur Bildung einer Einheitsgewerkschaft eingebunden. Der innergewerkschaftliche Klärungsprozeß sowie die Tendenz der führenden Betriebsratsmitglieder in Richtung Betriebsgewerkschaft, verbunden mit den antigewerkschaftlichen Einstellungen weiter Teile der Belegschaft, weisen auf eine gespaltene Interessenvertretung mit wenig Gemeinsamkeiten hin.

Im einzelnen wird die Gewerkschaftsarbeit in den Jahren 1945 bis 1950 als äußerst desolat geschildert. So wechselten die hauptamtlichen Sekretäre häufig, ein detaillierter Überblick über die Gewerkschaftsmitglieder, die im Werk arbeiteten, fehlte völlig, Werbungs- und Aufklärungsarbeit sowie die Beitragskassierung wurden nicht kontinuierlich durchgeführt. Vieles war dem Zufall überlassen; »Kungeleien« bzw. persönliche Rivalitäten beherrschten die betriebliche und außerbetriebliche Gewerkschaftsarbeit. Betriebsratsmitglieder wirkten in der Belegschaftsvertretung eher an der Erhaltung, als an der Veränderung dieser unbefriedigenden Situation mit.

Zur gewerkschaftlichen Situation in Wolfsburg wird in Ausführungen und Notizen aus dem Jahre 1963 wie folgt Stellung genommen: Durch die Kriegsheimkehrer, Offiziere und Soldaten entstand eine besondere politische Situation. »Damals habe es einen Volksaufruhr bewirkt, wenn von Kriegsverbrechern geredet wurde«, heißt es. Der geringe Organisationsgrad der VW-Beschäftigten hinge mit der politischen Einstellung zusammen. Auch fehlte ein gefestigter Facharbeiterstamm, der durch gewerkschaftliche Tradition geprägt war und Gewerkschaftsaufgaben hätte wahrnehmen können. Anders als in Salzgitter mußten die VW-Beschäftigten nicht gegen eine Demontage der Werksanlagen durch die Alliierten kämpfen. Von den führenden Gewerkschaftern in Salzgitter sei damals »Kopf und Kragen riskiert« worden, und der Kampf um den Arbeitsplatz habe die Arbeiter zur Gewerkschaft gebracht. In Wolfsburg hingegen sei die Entwicklung für die Gewerkschaft äußerst ungünstig gewesen: »Eine Demontage fand nicht statt, der Werkskommandant sei ein Glücksfall geworden, die Ernährungslage konnte durch Schwarzmarktgeschäfte erträglich gestaltet werden, und Nordhoff wurde eine Kreuzung zwischen Diva und Sozialreformer.« Gleich nach dem Kriegsende sei sehr viel Treibholz auch bei den Gewerkschaften nach oben gekommen, außerdem habe es sehr viele Versager gegeben. Bei der Verteilung von Tauschwaren und Schwarzmarktgeschäften hätte sich der Betriebsrat aktiv beteiligt, und es seien Unregelmäßigkeiten aufgetreten, die zu großem Ärger führten. Es habe im Werk sehr viele Oppositionsgruppen gegeben. Obgleich der Deutsche Arbeiterverein nie mehr als hundert Mitglieder hatte, konnte er bei Betriebsratswahlen sehr viele Stimmen erringen. Neben den Christlichen Gewerkschaften habe es noch verschiedene andere, kleinere Gruppen gegeben. Bei den Angestellten habe die DAG dominiert.

Wendet man sich von der offiziellen Gewerkschaftspolitik ab und konzentriert sich in der Betrachtung auf Strömungen bzw. Ansätze einer von der offiziellen Politik abweichenden Entwicklung, so stößt man schon in den ersten Jahren auf Vertrauensleute, die später wichtige gewerkschaftliche Funktionen wahrnahmen. Namen wie Rahm, Tyrankowski, Bork, Ehlers und Schuster tauchen hier auf; sie bildeten den gewerkschaftlichen Flügel der Interessenvertretung, und ihre Tätigkeit konzentrierte sich auf die gewerkschaftliche Mitgliederwerbung und die direkte Vertretung ihrer Arbeitskollegen vor dem jeweiligen Vorgesetzten. Treffen nach der Arbeitszeit und Bildungsveranstaltungen am Wochenende ließen aus diesem Personenkreis die Gewerkschaftsfraktion innerhalb der Belegschaftsvertretung hervorgehen, die sich nach dem Fall Peter mehrheitlich durchsetzen konnte. In drei wesentlichen Punkten unterschied sich diese Gruppe von der Gruppe des ehemaligen Betriebsratsvorsitzenden Peter: Sie war nicht an Tausch- und Schwarzmarktgeschäften beteiligt und frei von Korruption. Sie engagierte sich in der Vertrauensarbeit vor Ort und leistete gewerkschaftliche Aufbauarbeit. Sie unterstützte die Politik der Bezirksleitung der IG Metall und die Dominanz von Otto Brenner in der gewerkschaftlichen Tarifpolitik.

Diese Unterschiede bildeten auch das neue gewerkschaftliche Vertretungskonzept nach 1950. Gewerkschaftspolitik wurde danach gemeinsam durch die externe Organisation (in Form von Tarifverträgen) und konkrete Betriebsratspolitik (in Form der Betreuungsarbeit in den Arbeitsbereichen der Beschäftigten) realisiert. Vertrauensleute wurden zur Klammer zwischen Gewerkschaft und Betriebsrat, sie sollten die Mitgliederwerbung vorantreiben und den Informationsfluß sicherstellen.

Aus den Trümmerruinen 1945 ...

... entstehen die Produktionsstätten der ersten »Käfer«.

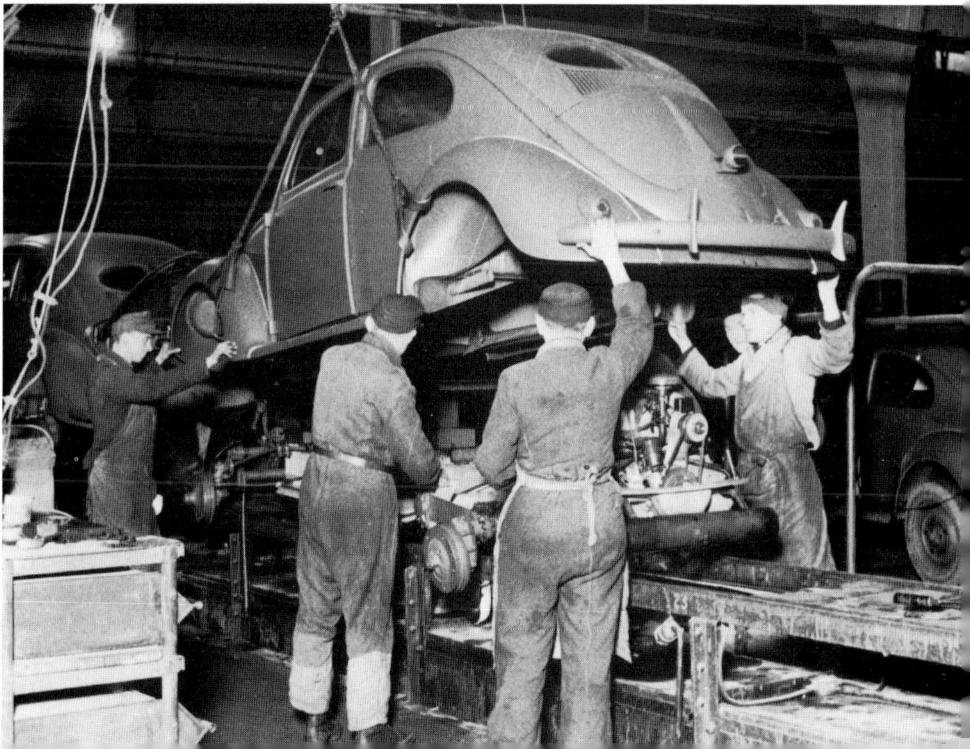

Arbeitsplätze für Tausende unter schwierigen Produktionsbedingungen.

Arbeiten und Leben normalisieren sich im »Wirtschaftswunder«.

links:
Hugo Bork, langjähriger Betriebsratsvorsitzender.

unten:
Betriebsversammlung: Informieren – Mitgestalten.

Der Stil der Betriebsratsarbeit bei VW in diesen Jahren läßt sich wie folgt zusammenfassen:

- Die Belegschaftsvertretung war einerseits Vollzugsorgan der Militärregierung und andererseits Akteur zwischen Belegschaft, Geschäftsleitung und Werkskommandant. Durch eine Art Arbeitsteilung übernahm die Belegschaftsvertretung Unternehmensfunktionen mit autonomen Zuständigkeitsbereichen. In der zweiten Phase, zeitlich versetzt, stellte sich das Vertretungsorgan ohne Einfluß dar, den Entscheidungen der Geschäftsleitung fast vollständig ausgeliefert. Erste Anzeichen wurden jedoch erkennbar, die darauf zielten, die geschwundenen Einflüsse auf der Basis von Tarifverträgen neu zu erstreiten.
- Eine Vertretung der Belegschaftsinteressen fand nur dann statt, wenn die Maßnahmen gleichzeitig auch für den Werksaufbau nützlich waren. Dabei wurde weder eine Verankerung innerhalb der Belegschaft noch eine Förderung gewerkschaftlicher Arbeit angestrebt. Die Belegschaftsvertretung war von großen Teilen der Belegschaft isoliert, wurde zum Teil scharf kritisiert und auch aktiv bekämpft.
- Parallel dazu entwickelte sich langsam eine erste gewerkschaftliche Orientierung, mit Wahlen von Vertrauensleuten und Mitgliederwerbeaktionen. Aus diesem Personenkreis wurden dann die Belegschaftsvertreter gewählt.

5. Instabilität als Bestandteil der Interessenvertretungspolitik

Warum, so ist nun zu fragen, konnte die Interessenvertretung die errungenen Partizipationsmöglichkeiten nicht kontinuierlich nutzen bzw. über den gesamten Zeitraum stabilisieren? Folgt man den Äußerungen der Interviewpartner, so werden die Rahmenbedingungen dafür verantwortlich gemacht. Betrachtet man demgegenüber die konkrete Partizipation, so entstehen Zweifel an dieser Begründung. Zusätzlich ist daher zu fragen, inwieweit die Partizipationsform der ersten Jahre die Grundlage der Neubestimmung und Instabilität der industriellen Beziehungen war.

In den Zeitraum 1948/49 fielen drei wichtige Veränderungen: Nordhoff wurde zum Generaldirektor berufen; der Schwarzmarkt- und Tauschhandel wurde durch die Währungsreform beseitigt; die Militärverwaltung übertrug ihre Kompetenzen auf deutsche Institutionen. Die ungünstigen Voraussetzungen der ersten Jahre, eine zusammengewürfelte Bevölkerung, ungefestigte Sozialstrukturen und demokratiefeindliche Einstellungen wurden jetzt erst in ihrer gesamten Spannweite sichtbar, da das Gebot der ersten Nachkriegsjahre, Differenzen und Streitigkeiten zurückzustellen, an Bedeutung verlor. Normalität in den Rahmenbedingungen führte nun auch zur Normalität in den industriellen Beziehungen, was gleichzusetzen ist mit der Zementierung alter Macht- und Einflußfaktoren bzw. mit der Einfluß- und Bedeutungslosigkeit von Betriebsrat und Gewerkschaft. Sie hatten ihren Anteil am Werksaufbau geleistet und wurden nun nicht mehr gebraucht. Man kann nun diesen Bedeutungsverlust auf die Interessenvertretung selbst zurückführen, da sie doch eher eine Unterabteilung des Werkes bzw. der Militärverwaltung darstellte. Dagegen spricht aber, daß die Betriebsräte bei einer relativ hohen Wahlbeteiligung in ihre Funktionen gewählt wurden und oft auch bei den Kommunalwahlen die Akzeptanz der Bevölkerung erzielten. Es hat daher den Anschein, daß die ungünstigen Rahmenbedingungen der ersten Jahre und der nachhaltige Wandel in den Jahren 1948/49, verbunden mit der Instabilität der industriellen Beziehungen, auf die Interessenvertretungspolitik selbst zurückzuführen sind.

Betrachtet man nun die dominierenden Merkmale, die die Interessenvertretungspolitik strukturierten, so zeigt sich eine Festlegung auf Funktionen, die dem Werksaufbau dienten und dem reibungslosen Produktionsablauf nützlich waren. Die eigene Orientierung, die Vertretungspolitik im einzelnen und das Verhältnis von Geschäftsleitung/Militärverwaltung/Interessenvertretung zeigten dies nachhaltig. In der Zeit der ungeklärten Kompetenzen, einer möglichen neuen Gesellschaftsordnung und der Kritik an den kapitalistischen Machtstrukturen konnten die vorgefundenen Merkmale der Interessenvertretungspolitik positiv wirken. Je deutlicher sich die Entwicklung in Richtung Restauration abzeichnete, um so weniger Machtmittel oder Einflüsse blieben der Interessenvertretung, mit denen sie ihre Position hätte stabilisieren bzw. die Restauration verhindern oder beeinflussen können. Die Anzeichen einer Anbiederung gegenüber der neuen Autorität Nordhoff oder gegenüber der Belegschaft blieben ohne größere Resonanz, desgleichen der Versuch, ohne Machtmittel Kritik an der Unternehmenspolitik zu äußern, um Einflüsse zu sichern, ohne über die notwendigen Machtmittel zu verfügen. Die »neue Macht«, durch die Betriebsräte personifiziert, wurde in der Zeit der Mangelwirtschaft durch die Kumpanei- und Vetternwirtschaft desavouiert. Sicherlich folgten die Betriebsräte in ihrem Handeln den Notwendigkeiten jener Zeit, doch war die damit verbundene Wirkung äußerst schädlich. Vor- und Nachteile für einzelne, Gerüchte über Bereicherungen bzw. Unzufriedenheit insgesamt kompensierten positive Wirkungen dieser Politik und verkehrten sie ins Gegenteil. Außerdem deckte sich dieses Handeln nicht mit den Idealen einer neuen Gesellschaft, die zwar nicht vor Ort, doch aber in der überörtlichen Diskussion dargestellt wurde. Diese Politik verspielte Vertrauen und Glaubwürdigkeit und konnte weder Sympathie noch Unterstützung durch die Belegschaft erlangen.

Die Form der Partizipation in der Phase des Wiederaufbaus und deren vorherrschendes Strukturmerkmal Instabilität machen es erforderlich, die innere Logik der Interessenvertretungspolitik und deren Wirkungsweise näher zu betrachten. Dabei kann unterstellt werden, daß die durchgängige Werksorientierung, die Formen der Sicherung der Belegschaftsakzeptanz und das Machtstreben ohne konzeptionelle Grundlagen den Stil der Arbeit in seiner Gesamtheit charakterisieren.

5.1 Das Prinzip der Werksorientierung

Das Prinzip der Werksorientierung war dadurch gekennzeichnet, daß die Interessenvertretungspolitik immer dann in den Hintergrund treten mußte, wenn der Werksaufbau, die Produktion oder die Werkspolitik der Unterstützung durch die Interessenvertretung bedurften. Diese Orientierung reichte von der Aufgabe des eigenen Vertretungsanspruchs über die eigene Forderungsbegrenzung bis zur Darstellung von Betriebsnotwendigkeiten gegenüber der Belegschaft. Wie nachhaltig dieses Prinzip die Arbeit und das Selbstverständnis von Betriebsrat und gewerkschaftlicher Organisation prägte, zeigte sich sowohl in den ersten Jahren, als die Interessenvertretung zur »Ersatzwerksleitung« degenerierte, als auch in den folgenden Jahren, da die Werksleitung unter Nordhoff auch von der Interessenvertretung als Autorität anerkannt wurde. Die Entwicklung des Werkes hatte auch in der gewerkschaftlichen Forderungspolitik absoluten Vorrang. Auseinandersetzungen traten hier nicht auf, denn es bestand Konsens darüber, daß nur solche Verträge zustande kommen durften, die auch für die Werksleitung von Nutzen waren. Die personelle Ausdehnung zu Beginn der fünfziger Jahre und erste Erfolge der Lohn- und Gehaltspolitik im Rahmen des Haustarifs wirkten sich günstig auf die Rekrutierung von Beschäftigten aus, eröffneten der IG Metall aber auch eine erste Legitimationsbasis.

5.2 Belegschaftsakzeptanz durch Dienstleistung

Im Vertretungskonzept der Interessenvertretung spielten die Beschäftigten nur als Empfänger von errungenen Leistungen und als Wähler eine Rolle. Die Wahlen wurden als Erfolgsbarometer und Akzeptanzmessung angesehen. Eine Beteiligung der Belegschaft war weder bei der Forderungserhebung noch bei der Umsetzung der Vertretungspolitik vorgesehen. Betrachtet man in diesem Zusammenhang die Merkmale des gesamten Untersuchungszeitraums, so gab es große Brüche nie aufgrund einer veränderten Belegschaftsorientierung, sondern nur bei Nichterfüllung des Dienstleistungsanspruchs. Dies zeigte sich

in der ersten Phase, als der Betriebsrat seinen Vertretungsauftrag als »Ersatzwerksleitung« interpretierte und Belegschaftsakzeptanz erzielte;

in der zweiten Phase, als die Neuorientierung nicht mit den Belegschaftserwartungen korrespondierte und die Belegschaft mit Verweigerung reagierte.

In der dritten Phase, als der Betriebsrat erste Erfolge durch die Tarifpolitik und die Wahrnehmung der individuellen Schutzfunktion erreichte, stellte sich zögernd wieder eine Akzeptanz durch die Belegschaft ein. Vertretungspolitik als Dienstleistung wurde somit zu einem Element, das Belegschaftsakzeptanz erreichte und gleichzeitig die Rolle der Interessenvertretung bestimmte.

5.3 Vertretungspolitik ohne konzeptionelle Grundlagen

Die vorgefundenen Merkmale zeigen ein durchgängiges Verhalten der Interessenvertretung, das auf die Herausbildung eigenständiger Positionen verzichtete, das Vertretungspolitik im Sinne von Konsens interpretierte und das sich im Streben nach Kompetenzen, Einflüssen und Anerkennung Autoritäten und Widerständen beugte. Der Verzicht auf ein eigenes Profil und die Anpassung durch selbst auferlegte Beschränkungen zeigte sich besonders deutlich in der Phase des Umbruchs. Doch trotz des Verzichts auf eigenständige Forderungen, Handlungsvollzüge und autonome Positionen entwickelte sich das neugestaltete Verhältnis zwischen Betriebsrat und Werksleitung bis zur vollständigen Aufgabe des eigenen Vertretungsanspruchs; denn von der Werksleitung wurde der Kompromiß weder angestrebt noch als notwendig erachtet.

Dieser Sachverhalt verdeutlicht, daß eine durch Kompromisse geprägte Vertretungspolitik nur dann Einflüsse der Interessenvertretung stabilisieren kann, wenn der Kompromiß mit Vorteilen für die andere Seite oder für die Belegschaft verbunden ist. Ohne diese Vorteile bzw. ohne Macht- und Sanktionsmittel entstehen Brüche im Vertretungsspektrum, das heißt, die Verhältnisse verändern sich in Richtung Instabilität. Der Umbruch in den Jahren 1948 bis 1950 ist auch ein Kennzeichen für den Verzicht der Werksleitung auf kompromißhaften Ausgleich und das Ergebnis einer konzeptionslosen Vertretungspolitik. Es handelte sich also um eine Interessenvertretung, die Partizipation als Bestandteil des betrieblichen Herrschaftssystems anstrebte, sie in diesem Sinne partiell praktizierte und damit zur Stabilisierung der Herrschaftsordnung beitrug. Ihre Partizipation war vor allem eine willfährige Unterstützung restaurativer Machtstrukturen, wobei das Streben, selbst diese Macht zu erlangen und längerfristig auszuüben, scheiterte. In prägnanter Form zeigt sich eine Interessenvertretung, die ein Organ der Werksleitung war und Ordnungsfunktionen im Werksinteresse wahrnahm, ohne sich zum anerkannten Partner der Werksleitung entwickeln zu können, die die Akzeptanz der Belegschaft verlor und nur spärliche gewerkschaftliche Vertretungsformen bzw. -inhalte in die eigene Politik aufnahm.

III. Wirtschaftswunder – Partnerschaft – Eigenständigkeit: das VW-Modell zeigt erste Konturen

Mit einer dynamischen, sich fast überschlagenden wirtschaftlichen Entwicklung des Volkswagenwerkes wird ein Zeitabschnitt charakterisiert, der bis heute synonym mit dem Wirtschaftswunder im Nachkriegsdeutschland genannt wird. Ende des Jahres 1953 beschäftigte das Werk schon über 20 000 Arbeitnehmer, am 3. Juli 1953 wurde der fünfhunderttausendste Volkswagen produziert; der Anteil des Volkswagenwerkes an der Pkw-Herstellung im Bundesgebiet stieg auf 42,5 Prozent. Mit einer durchschnittlichen Tagesproduktion von 673 Wagen wurde am 5. August 1955 der einmillionste Volkswagen fertiggestellt. Neue Produktionsstätten im In- und Ausland, der stetige Anstieg der Beschäftigten auf 35 672 im Jahre 1956 und die Erweiterung der Produktpalette zeigten ein Unternehmen, das sich zu einem Weltkonzern entwickelte. 1968 arbeiteten im VW-Konzern weltweit 145 401 Arbeitnehmer und in den inländischen Werken 118 000. In diesem Jahr, am 29. November, lief der fünfzehnmillionste Volkswagen vom Band. Erst Mitte der sechziger Jahre wurde der VW-Boom gebremst, was zu ersten Produktionsrückgängen und Kurzarbeiterperioden führte, wobei sich dies weder auf die Absatz- noch auf die Produktstrategie des Unternehmens auswirkte. »Nach einer kürzeren Zeit rückläufigen Wachstums kommt es 1966/67 zu einem ersten größeren Konjunktureinbruch, der den VW-Konzern zu einer Zurücknahme der Produktion um 22,7 Prozent nötigte (branchendurchschnittlicher Rückgang der Pkw-Produktion 18,9 Prozent). Der Rückgang erwies sich allerdings als nicht so dramatisch: Dank der wieder einsetzenden Nachfrage konnte der Rückgang innerhalb eines Jahres wieder aufgeholt werden.«[27]

Entsprechend der wirtschaftlichen Entwicklung des Unternehmens entwickelte sich das betriebliche und tarifvertragliche Gratifikations- und Sicherungssystem für die Beschäftigten überproportional gegenüber der Metallindustrie insgesamt. Auf der Grundlage eines Haustarifs, abgekop-

---

27 Kasiske, R.: Krisen sind programmiert, in: Doleschal, R.: a.a.O., S. 92.

pelt von den regionalen Tarifverhandlungen, wurde das Volkswagenwerk auch hinsichtlich der Lohnhöhe und der Sozialleistungen zu einem Musterbeispiel. Ein ausgeprägtes Engagement zur Schaffung einer sozialen Infrastruktur, dringend benötigten Wohnraums und Schenkungen (neben den Steuerabgaben wurden Mittel beispielsweise zum Bau eines Freizeitbades aufgewendet) im Freizeitbereich, unterstreicht die Philosophie Nordhoffs und seiner Belegschaft, nicht nur Autos zu produzieren, sondern eine wohlhabende und glückliche »VW-Familie« zu kreieren. Jedoch gegen Ende dieses Entwicklungszeitraumes dämpften wirtschaftliche Probleme diese Euphorie merklich. »Am ersten Arbeitstag im Jahre 1967 kündigte Professor Heinrich Nordhoff für die Monate Januar, Februar und März Kurzarbeit an. ... Diese Nachrichten trübten die Zuversicht der Wolfsburger Bürger, waren sie doch alle auf irgendeine Weise von VW abhängig. Man hatte sich an ständig steigende Löhne und Gehälter, Sonderschichten, Neueinstellungen und ein stetiges Anwachsen der Produktion gewöhnt.«[28]

Die fünfziger und sechziger Jahre zeigten auch ein Unternehmen, in dem die Arbeitnehmervertretung, die gewerkschaftlichen Vertrauensleute und die Industriegewerkschaft Metall mit den Vertretern des Unternehmens relativ konfliktfrei kooperierten. Die Partizipation der Belegschaft am wirtschaftlichen Erfolg des Unternehmens wurde nicht nur der sozialen Einstellung des Managements zugeschrieben, sondern auch der Aktivität der Interessenvertretung, der es auch gelang, ihren Anteil an der Umverteilung hervorzuheben. Dies zeigte sich in der stetig steigenden Akzeptanz der IG-Metall-Vertreter im Betrieb, die durch die Betriebsratswahlen und die steigenden Mitgliederzahlen der IG Metall ersichtlich wurde. Das Verhältnis zwischen Interessenvertretung und Unternehmensleitung war dadurch gekennzeichnet, daß beide es verstanden, vorteilhaft mit dem anderen zu kooperieren. Getragen wurde dieses Verhältnis von Heinrich Nordhoff für das Management und von Hugo Bork für die Interessenvertretung der Beschäftigten. Beide dominierten eindrucksvoll in ihren Einfluß- und Entscheidungsbereichen und wurden zudem von der gesamten Belegschaft akzeptiert. Sie prägten ein partnerschaftliches Verhältnis, das auf gegenseitiger Anerkennung und Verständnis für die Zwänge des anderen basierte.

28 Stadt Wolfsburg, Kapitel über die Jahre 1960 bis 1970, 1978 o. S.

1. Volkswagen wird zum Sinnbild des deutschen Wirtschaftswunders – die Entwicklung zum multinationalen Konzern

Der enorme Pkw-Nachholbedarf im Inland und die hohe Nachfrage im Ausland führten zur ständigen Steigerung der Produktionszahlen und machten das Volkswagenwerk sozusagen zum Symbol des »deutschen Wirtschaftswunders«. Gestützt auf das Modell »Käfer« und ergänzt durch den VW-Transporter vollzog sich die inländische Ausweitung, aber auch die Entwicklung der VW AG zum multinationalen Konzern.

Im Inland verlief die Expansion kontinuierlich: Nach der Produktion des Volkswagens in Millionenhöhe wurde 1956 für die Transporter-Herstellung das Werk Hannover in Betrieb genommen, einschließlich der Motorenerzeugung. Im Werk Braunschweig, in dem ursprünglich die Lehrlingsausbildung zentralisiert werden sollte, wurden zu dieser Zeit Einzelteile für den Wagen hergestellt, in der Hauptsache Vorderachsen. Getriebe für Personenwagen und Transporter wurden im Werk Kassel gefertigt sowie VW-Austauschaggregate überholt und Ersatzteile hergestellt. Über die Hälfte der Erzeugnisse wurde exportiert. Zur Steigerung der täglichen Fertigung um 450 Wagen wurde 1964 in Emden ein fünftes VW-Werk errichtet. In diesem Werk wurde die Montage von Volkswagen aufgenommen. Für den Übersee-Export wurden 1965 rund 100 000 Volkswagen montiert; die Einzelteile hierfür wurden aus den vier Werken Wolfsburg, Braunschweig, Kassel und Hannover auf dem Schienenweg nach Emden befördert. 1965 erfolgte die Übernahme einer Beteiligung von 75,3 Prozent an der Auto-Union GmbH in Ingolstadt; die restlichen Anteile an der Auto-Union GmbH wurden 1966 übernommen.

Ein Blick in die Geschichte des Volkswagenwerkes zeigt seit dem Jahre 1948 Aktivitäten, die darauf gerichtet waren, Personenkraftwagen nicht nur für den inländischen Markt zu produzieren, sondern sich über den Export weltweit Marktanteile zu sichern. Wurden 1948 durch den Export nach Dänemark, Luxemburg, Schweden und in die Schweiz etwa 23 Prozent der Produktion im Ausland verkauft, so betrug dieser Anteil in den siebziger Jahren – und das ist bis heute so geblieben – rund 50 Prozent. Parallel zu dieser Exportstrategie wurden in den fünfziger Jahren nicht nur neue inländische Produktionsstätten errichtet, sondern im Gleichklang zur inländischen Ausdehnung erfolgte der Aufbau von Produktionsstätten im Ausland. »Das Volkswagenwerk erwirbt (1956) die Aktien des südafrikanischen Importeurs und gründet eine Tochtergesellschaft als Montagebetrieb. ... In São Bernardo do Campo in der Nähe von São Paulo wird am 7. Januar (1959) in Anwesenheit des brasilianischen Staatspräsidenten das neue Werk der Volkswagen do Brasil von Professor Nordhoff seiner Bestimmung übergeben. ... Die Volkswagen de Mexico S.A. de C.V. wird (1964) gegründet. Ihre Aufgabe: in Mexiko Volkswagen mit möglichst vielen Teilen aus einheimischer Produktion zu bauen.« (Volkswagenwerk: Kleine Chronik 1981, S. 35, 39, 47.)

1.1 Internationale Produktion und Beschäftigung

Die Internationalisierung des Unternehmens ging einher mit dem weltweiten Aufbau von Vertriebs- und Kundendienstwerkstätten. Produktionszahlen, Umsatz und Investitionen zeigen plastisch die rasanten Steigerungsraten insgesamt und den hohen Exportanteil.

Die Umbildung des VW-Werkes zu einem multinationalen Konzern, der auf dem inländischen Automobilsektor eine ebenso starke Stellung entfaltete wie auf den internationalen Märkten, war gegen Ende des hier dargestellten Zeitraums in seinen Grundzügen abgeschlossen.

Jahr	Gesamtproduktion Konzern	Export aus Inlandfertigung	Konzernumsatz (in Millionen)	Investitionen in Sach- und Finanzanlagen Konzern (in Millionen)
1951	105 712	35 742	479	43,0
1952	136 013	46 881	658	32,6
1953	179 740	68 754	822	63,7
1954	242 373	108 839	1 076	94,9
1955	329 893	177 657	1 444	217,0
1956	395 690	217 683	1 788	188,0
1957	472 554	270 987	2 236	195,5
1958	557 088	315 717	2 719	313,5
1959	705 243	404 185	3 544	487,8
1960	890 673	489 272	4 607	564,8
1961	1 007 113	533 420	5 190	591,6
1962	1 184 675	627 613	6 382	337,4
1963	1 209 591	685 763	6 843	413,4
1964	1 410 715	797 468	7 997	639,6
1965	1 594 861	868 989	9 268	757,8
1966	1 650 487	978 776	9 998	872,0
1967	1 339 823	832 195	9 335	787,0
1968	1 777 320	1 128 701	11 206*	708,0
1969	2 094 438	1 226 846	13 386	1 258,0
1970	2 214 937	1 207 326	15 113	1 647,0

* Ab 1968 *ohne* Umsatzsteuer in Brasilien.

Quelle: VW-Geschäftsbericht.

Diese Unternehmenspolitik zeigte sich für die Beschäftigten, die Interessenvertretung und die deutsche Öffentlichkeit insgesamt so erfolgreich, daß kritische Stimmen ausblieben; denn trotz oder wegen der Multinationalität des Unternehmens stieg die Zahl der Beschäftigten im Inland und im Werk Wolfsburg weiter kontinuierlich an.

Der »Mythos« des Volkswagenwerkes setzte sich trotz erster Stagnationsphasen gegen Ende der sechziger Jahre weitgehend fort. Zwar fehlte eine den veränderten Marktbedingungen angepaßte Modellpalette, und Produktionseinschränkungen mit Kurzarbeitsperioden wiesen in Richtung Krise, doch nicht Unsicherheit, Kritik und Umorientierung traten ein, sondern das Volkswagenwerk strahlte Faszination und Sicherheit auch in dieser Zeit aus.

1.2 Expansive Beschäftigungspolitik: Nachfrage an Beschäftigten

Die Ausschöpfung regionaler Arbeitsmärkte, der Aufbau neuer Produktionsstätten und ein hoher Anteil an Ausländerbeschäftigung zeigen eine Personalentwicklung, die der Produktionsentwicklung kontinuierlich folgte. Das Volkswagenwerk entwickelte sich dabei in den fünfziger Jahren überproportional zum Branchendurchschnitt der Automobilindustrie. Während sich im Fahrzeugbau zwischen 1950 und 1960 ungefähr eine Verdoppelung der Beschäftigten ergab, kam es im gleichen Zeitraum im Volkswagenwerk zu einer Erhöhung um mehr als das Vierfache.

Als die Beschäftigung in den Werken Wolfsburg und Braunschweig mit über 30 000 den Arbeitskräftebedarf der Produktion nicht mehr deckte, die regionalen Arbeitsmärkte aber voll ausgeschöpft waren, erfolgten der Bau bzw. Ankauf der Werke Hannover und Kassel. »Die Arbeitnehmervertreter im Aufsichtsrat unterstützten diese Unternehmenspolitik aus der Notwendigkeit, daß der Arbeitsbedarf in dem Wolfsburger Raum nicht mehr ausreichte – in der ersten Hälfte der fünfziger Jahre mußten jeweils 13 Sonderzüge aus Braunschweig, Hannover und Helmstedt eingesetzt werden – und der Wohnungsbau nicht mehr gesteigert werden konnte ... So ergaben dann lange Beratungen: das VW-Werk mußte dezentralisiert werden. Nach der Entscheidung zum Standort Hannover – wenn ich mich recht erinnere, hatten sich über 200 deutsche Gebietskörperschaften um die Ansiedlung beworben – wurden weitere Werke gekauft oder völlig neu aufgebaut. Da alle Voraussetzungen berücksichtigt worden waren, in wirtschaftlichen Passivräumen zu investieren, was im Interesse des Landes lag, war natürlich die Zustimmung der Arbeitnehmervertreter im Aufsichtsrat kein Problem.« (Erinnerung eines Interviewpartners.)

Die folgende Tabelle zeigt die Entwicklung der Belegschaft in der VW

AG und die Auffächerung der Belegschaft in sechs Werke mit dem Schwergewicht beim Stammwerk Wolfsburg.

Entwicklung der Beschäftigten nach Werken der VW AG

Jahr	Gesamt	Wolfsburg	Braun-schweig	Hannover	Kassel	Emden	Salzgitter
1950	14 966	14 061	905				
1951	14 147	13 365	782				
1952	17 381	16 572	809				
1953	20 569	19 656	913				
1954	25 283	24 161	1 122				
1955	31 570	29 703	1 495	372			
1956	35 672	28 991	1 727	4 954			
1957	41 290	32 634	2 587	6 044	25		
1958	44 004	32 826	3 354	6 969	855		
1959	54 120	36 124	3 502	13 370	1 124		
1960	64 139	36 652	3 833	17 548	6 106		
1961	69 446	38 511	4 398	17 928	8 609		
1962	78 004	43 578	4 773	20 248	9 405		
1963	80 426	43 722	4 728	22 348	9 628		
1964	88 126	46 276	5 120	23 834	12 106	790	
1965	94 343	48 623	5 661	23 376	13 667	3 016	
1966	91 645	46 691	5 490	21 649	13 328	4 487	
1967	91 869	45 614	5 477	22 306	13 070	5 402	
1968	104 975	52 127	6 213	25 147	14 913	6 557	
1969	112 454	55 603	6 845	26 817	16 140	7 002	47
1970	124 792	59 200	7 381	27 447	17 533	8 123	5 108

Quelle: VW-Geschäftsbericht.

Daß es Schwierigkeiten bereitete, die benötigten Arbeitskräfte zu bekommen, wird auch durch den hohen Anteil der Pendler deutlich. Im untersuchten Zeitraum lebten rund 50 Prozent der Beschäftigten des Werkes nicht in Wolfsburg. Reduziert man dies um die Zahl der Pendler aus der näheren Umgebung, so bleibt immer noch ein Anteil von etwa 35 Prozent Pendlern aus der weiteren Umgebung des Werkes. Insbesondere die Belastung durch lange Fahrzeiten zum Arbeitsplatz und zurück zur Wohnstätte, aber auch das soziale, vor allem ländlich strukturierte Umfeld der Pendler wirkten sich negativ auf die Herausbildung von gefestigten, gewerkschaftlich orientierten Sozialstrukturen innerhalb der Belegschaft aus. Daneben blieben Wolfsburg und das VW-Werk weiter Anziehungspunkt für die Flüchtlinge aus dem Osten. »Die meisten Einwohner haben ihre Jugend in sehr verschiedenen Gegenden des alten Reichsgebietes und zum Teil sogar jenseits der alten Reichsgrenzen verlebt. Die amtliche Statistik kann darüber nur unvollkommen Auskunft geben. Sie gab für

Ende 1959 an, daß 37,2 Prozent der Wolfsburger aus Ostdeutschland, 4,7 Prozent aus Mitteldeutschland (Ostzone) geflohen oder vertrieben worden waren und daß 2,3 Prozent Auslands- oder sogenannte ›Volksdeutsche‹ seien. Erfaßt werden konnten nur die Inhaber amtlicher Flüchtlingsausweise. Zählt man die nichtregistrierten Ostzonenflüchtlinge hinzu, so steigt der Bevölkerungsanteil der Flüchtlinge und Heimatvertriebenen auf über 50 Prozent.«[29]

1.3 Struktur der Beschäftigten

Die Beschäftigtenstruktur verdeutlicht den hohen Anteil an Tätigkeiten, die keine oder nur eine einfachste Qualifikation für das Arbeiten im Volkswagenwerk verlangten; so überwog in diesen Jahren mit rund 50 Prozent der Anteil der An- und Ungelernten, die Facharbeiter folgten mit etwa 40 Prozent. Die Angestellten hielten in diesen Jahren einen Anteil von rund 10 Prozent an der Gesamtbelegschaft.

Jahr	Lohnempfänger				Gehaltsempfänger			Insgesamt
	Facharbeiter	Angelernte	Ungelernte	zusammen	kaufmännisch	technisch	zusammen	Beschäftigte
1950	5 874	2 931	4 517	13 322	915	729	1 644	14 966
1951	5 539	2 795	4 004	12 338	1 009	800	1 809	14 147
1952	5 686	2 908	6 796	15 390	1 117	874	1 991	17 381
1953	5 862	3 065	9 391	18 318	1 256	995	2 251	20 569
1954	6 185	5 498	11 037	22 719	1 448	1 116	2 564	25 283
1955*	6 648	9 936	12 022	28 606	1 695	1 269	2 964	31 570
1956	10 473	16 363	5 433	32 269	1 995	1 408	3 403	35 672
1957	11 442	19 115	6 983	37 540	2 189	1 561	3 750	41 290
1958	12 962	20 552	6 280	39 794	2 434	1 776	4 210	44 004
1959	16 098	25 693	7 581	49 372	2 720	2 028	4 748	54 120
1960	19 986	29 972	8 517	58 475	3 241	2 423	5 664	64 139
1961	23 491	30 236	9 165	62 892	3 680	2 874	6 554	69 446
1962	27 609	35 676	6 744	70 029	4 042	3 124	7 166	78 004
1963	29 563	36 387	6 937	72 887	4 164	3 375	7 539	80 426
1964	33 171	39 270	7 221	79 662	4 562	3 902	8 464	88 126
1965	36 281	41 098	7 540	84 919	5 013	4 411	9 424	94 343
1966	37 131	37 768	6 665	81 564	5 248	4 833	10 081	91 645
1967	36 969	37 781	6 886	81 636	5 194	5 039	10 233	91 869
1968	40 521	44 602	8 887	94 010	5 657	5 308	10 965	104 975
1969	43 684	47 360	9 393	100 437	6 201	5 816	12 017	112 454
1970	47 305	53 470	10 193	110 968	7 111	6 713	13 824	124 792

* Änderung der Erfassungsmethode nach Einführung der EDV-Auswertung gemäß Tätigkeit und Entlohnung.

Quelle: Geschäftsbericht der Volkswagen AG.

29 Schwonke, M.: a.a.O., S. 64.

Die Gruppeneinteilung in der Tabelle bezieht sich auf Tätigkeitsbereiche im Werk, sie gibt nicht Auskunft über die vorhandene Qualifikation bzw. den ursprünglich erlernten Beruf der Beschäftigten. »So klagte das Arbeitsamt Wolfsburg in seinem Strukturbericht von 1957 darüber, daß es schwer sei, das Fleischer- und Bäckergewerbe mit Arbeitskräften zu versorgen. Gleichzeitig waren bei den Lohnempfängern im Volkswagenwerk über 700 gelernte Bäcker beschäftigt, ferner rund 500 Schneider, ebenso viele Schuhmacher, rund 200 Friseure und über 1000 Arbeitnehmer im Lohnverhältnis, die eine abgeschlossene kaufmännische Lehre vorweisen konnten. Von den Lohnempfängern der Werksbelegschaft hatten 55,8 Prozent eine abgeschlossene Lehre, aber nur 29,5 Prozent waren als Facharbeiter beschäftigt, der Rest war also berufsfremd eingesetzt.«[30]

Die Tätigkeiten der An- bzw. Ungelernten bestanden in Arbeiten, die durch die in der Automobilindustrie in besonderer Weise vorherrschende monotone, kurzzyklische Arbeit gekennzeichnet waren. Insbesondere der Anteil der Bandarbeiter lag weit über dem industriellen Durchschnitt. Ihr Einsatz unmittelbar in der Fertigung nach verbindlichen Stückzeiten im Einzel- bzw. Gruppenakkord mit den größten Arbeitsplatzbelastungen aller Beschäftigten und dem wöchentlichen Wechsel im Zwei-Schicht-System entfaltete unmittelbare Auswirkungen auf das soziale und gewerkschaftliche Leben innerhalb des Werkes, aber auch auf die außerbetriebliche Gewerkschaftsarbeit und ihre Aktivierung. »Einen äußerlich noch stärker sichtbaren Einfluß auf das städtische Leben nimmt das Werk durch seine Arbeitszeitregelung. Die Mehrzahl der Werksangehörigen arbeitet im Zwei-Schicht-Betrieb. In einer Woche arbeiten sie von morgens 5.30 Uhr bis 14.00 Uhr, in der nächsten Woche von 14.00 Uhr bis 22.30 Uhr.«[31]

Die ausländischen Arbeitnehmer wurden überwiegend als Akkordlöhner eingesetzt. In der Chronik der Stadt Wolfsburg heißt es dazu: »Zu Beginn der Ausländerwelle kamen hauptsächlich männliche Arbeitskräfte nach Wolfsburg. ... Mitte der sechziger Jahre befanden sich in zunehmendem Maße Frauen, Kinder oder sonstige Familienangehörige unter den ausländischen Neuankömmlingen. ... Berücksichtigt man die Tatsache, daß gerade im Süden Italiens auch die Städte von 10 001 bis 50 000 Einwohner eine weitgehend dörfliche Struktur besitzen, so stammen 84,0 Prozent der Süditaliener in Wolfsburg aus agrarischen und handwerklichen

30 Schwonke, M.: a.a.O., S. 49.
31 Schwonke, M.: a.a.O., S. 48.

Verhältnissen.« Zur Situation der italienischen Arbeitnehmer in ihrer Heimatregion wird ausgeführt: »Ein Drittel der Männer und zwei Drittel der Frauen sind Analphabeten und nie weiter als bis in die nächsten zwei oder drei umliegenden Dörfer gekommen.«

Die bisher dargestellte Zusammensetzung der Belegschaft zeigt, daß in den fünfziger und sechziger Jahren noch keine gefestigte Struktur vorhanden war. Dafür spricht auch der hohe Fluktuationsgrad innerhalb der VW AG in diesen Jahren.

Wanderungsbewegung der Beschäftigten

Jahr	Zugänge Lohn-empfänger	Angestellte	Gesamt	Abgänge Lohn-empfänger	Angestellte	Gesamt
1959	14 269	798	15 067	4 691	260	4 951
1960	15 609	1 237	16 846	6 506	321	6 827
1961	11 608	1 214	12 822	7 191	324	7 515
1962	17 969	1 054	19 023	10 023	442	10 465
1963	13 908	858	14 766	11 859	485	12 344
1964	18 929	1 444	20 373	12 154	519	12 673
1965	16 636	1 526	18 162	11 379	566	11 945
1966	8 754	1 339	10 093	12 109	682	12 791
1967	7 135	837	7 972	7 063	685	7 748
1968	21 696	1 424	23 120	9 322	692	10 014
1969	19 635	1 833	21 468	13 208	781	13 989
1970	27 245	2 655	29 900	16 714	848	17 562

Quelle: VW AG – Personalstatistik/Jahresstatistik.

1.4 Die Belegschaft partizipiert am Erfolg: Die Entwicklung des Gratifikationssystems

In der VW-Firmengeschichte ist zu lesen, daß die Belegschaft erstmals im Jahre 1954 eine jährliche Erfolgsprämie erhielt. Die Höhe dieser Prämie war im Vergleich zur Gesamtheit aller tariflichen und betrieblichen Leistungen zwar unbedeutend, doch war sie ein unmittelbarer Ausdruck davon, daß auch die Belegschaft am VW-Erfolg beteiligt werden sollte. Partiell entstand sogar der Eindruck, als wetteiferten Unternehmensleitung und IG Metall bzw. Interessenvertretung um materielle Verbesserungen für die Belegschaft, die sie dann aber auch als Erfolge »ihrer« Politik darstellten.

Der kontinuierliche Ausbau des Gratifikationssystems war nur möglich auf der Grundlage des Haustarifvertrages. Dieser Haustarif sah Tarifverträge ausschließlich für die Werke der VW AG vor, für die zwischen den

Tarifvertragsparteien Volkswagenwerk und IG Metall-Bezirksleitung Hannover Vereinbarungen ausgehandelt wurden. Die Löhne konnten im Vergleich zur übrigen Industrie überproportional angehoben werden, der Manteltarifvertrag erlaubte die Vereinbarung einer Vielzahl weiterer lohnbeeinflussender Leistungen. Der Betriebsrat nutzte das Mittel der Betriebsvereinbarung, um im Vorfeld späterer Tarifverhandlungen, aber auch in Ergänzung vorangegangener, weitere materielle Leistungen zu fixieren.

Der Manteltarifvertrag vom 29. Januar 1954 stellte den Umfang des Gratifikationssystems besonders plastisch dar: In einundzwanzig Paragraphen wurden auf dreißig Seiten Zuschläge für Mehr-, Sonntags-, Feiertags- und Nachtschichtarbeit geregelt, eine Urlaubsstaffelung sah zusätzliche Urlaubstage vor, zum gesetzlichen Krankengeld wurde ein Zuschuß gewährt. In den folgenden Jahren wurde dieser Vertrag durch mannigfaltige Ergänzungen, Nachträge und Neuinterpretation noch erweitert. 1956 erhöhte sich der Urlaubsanspruch um 3 Tage auf nunmehr 21 Tage, 1957 wurde unter dem Stichwort »verlängertes Wochenende« in einem Sonderflugblatt der IG Metall zur Betriebsratswahl 1957 angemerkt: »Heute können wir feststellen, daß aufgrund dieser Forderung die Normalschicht während des Jahres 1956 zusätzlich 23 freie Arbeitstage, jeweils am Wochenende erhielt. Die Wechselschicht hat nur an 13 Sonnabenden gearbeitet.« Eine Lohngarantie bei betrieblichen Umsetzungen wurde erstmalig 1959 vereinbart.

Neben der Erläuterung einer weiteren Erhöhung der Lohn- bzw. Gehaltstarifverträge und der Verkürzung der Wochenarbeitszeit wurde im Rechenschaftsbericht der IG Metall zur Betriebsratswahl 1965 ausgeführt: ». . . vom Urlaubsjahr 1965 ab wird ein Urlaubsgeld gezahlt, das um 30 Prozent höher liegt, als die bisherigen Urlaubsvergütungen. . . . Die Neuregelung garantiert jeder Kollegin, jedem Kollegen ein zusätzliches Urlaubsgeld – im Durchschnitt (es kann also im Einzelfall weniger, aber auch mehr sein) sind es rund 210 DM. . . . Durch die Vertragsabschlüsse der IG Metall stieg der Durchschnittsstundenlohn im Volkswagenwerk in den vergangenen zwei Jahren abermals um 82 Pfennige. Vor zwei Jahren, 1963, hatten wir im Volkswagenwerk einen Durchschnittsstundenlohn von 3,96 DM – seit Oktober vergangenen Jahres beträgt er 4,78 DM. . . . Der 24. Dezember und Silvester sind seit 1964 arbeitsfrei, ohne daß die ausgefallene Arbeitszeit vor- oder nachgearbeitet werden muß. Die Stunden einer ausgefallenen Schicht werden vergütet. Die Neuregelung wurde von der IG Metall vertraglich vereinbart, gewährt also einen Rechtsanspruch.«

1968 wurde ein Vertrag zur Sicherung des sozialen Besitzstandes für Lohnempfänger und Angestellte der Volkswagenwerk AG verhandelt. Dieses sogenannte »Rationalisierungsabkommen« sah unter anderem vor, daß »freigesetzte Werksangehörige nach Möglichkeit auf gleichwertige Arbeitsplätze« umgesetzt werden, daß bei der Umsetzung der bisherige Verdienst für den laufenden und weitere sechs Monate garantiert wird, daß, falls Umschulungen erforderlich werden, das Unternehmen die anfallenden Kosten tragen muß, und ferner, daß bei unvermeidbarer Entlassung an die über vierzig Jahre alten Werksangehörigen, sofern sie mindestens zehn Jahre im Betrieb beschäftigt waren, eine Abfindung gezahlt wird. In dieser Verhandlungsrunde wurden auch höhere Löhne, eine Erhöhung des Kurzarbeitergeldes von bisher 40 Prozent auf 60 Prozent, eine Erhöhung der Angestelltengehälter und Vereinbarungen zur Minderleistungsfähigkeit von Arbeitnehmern erreicht.

Zum Gratifikationssystem zählten neben den Lohn- und Gehaltszahlungen, den Betriebsvereinbarungen und den Paragraphen des Manteltarifvertrages auch die zusätzlichen Leistungen des Unternehmens, beispielsweise Mittel zum Aufbau einer betrieblichen Altersversorgung, einer Sterbegeldversicherung, Erfolgsprämien und Mittel für den Wohnungsbau.

»Wir können mit besonderer Freude berichten, daß wir der Belegschaft neben einer 1953 gezahlten Prämie anläßlich der Fertigstellung des tausendsten Wagens nach dem Kriege eine weitere Prämie in Höhe von 4 Prozent des Bruttojahreseinkommens von 1953, die 1954 ausgezahlt wurde, gewähren konnten. ... Hierin eingeschlossen sind die Aufwendungen für den Wohnungsbau, Weihnachtsgratifikationen, allgemeine Fürsorgeeinrichtungen, außerordentliche Not- und Härtefälle, wie auch für die Altersversorgung und Sterbegeldversicherung zugunsten der Werksangehörigen, ferner öffentliche Stiftungen und Spenden.« So hieß es im Geschäftsbericht der Volkswagenwerk GmbH für die Jahre 1951 bis 1953.

Zusätzlich zu den bisherigen Maßnahmen des Unternehmens wurden im Geschäftsbericht 1963 folgende Gratifikationen aufgeführt: »Aus Anlaß des fünfundzwanzigjährigen Geschäftsjubiläums wurde 1963 neben der Jahresprämie für 1962 ein zusätzlicher Bonus von 1 Prozent des Jahresverdienstes gewährt. ... Bei der Staffelung der Weihnachtsgratifikation für das Jahr 1963 wurden Familienstand und Betriebszugehörigkeit mehr als bisher berücksichtigt. Die Richtlinien für die Altersversorgung wurden zugunsten der Bezieher von Einkommen, die unter der Beitragsbemessungsgrenze für die Rentenversicherung liegen, geändert.« In den folgenden Jahren (bis 1968) wurden nur noch die bestehenden Maßnahmen, wie der Wohnungsbau, die Erholungsverschickung, die Aus- und Weiterbildungsprogramme und Prämien für Verbesserungsvorschläge genannt. Neue Gratifikationen kamen nicht hinzu: hier wurde vielmehr auf die Verbesserungen durch Tarifverträge hingewiesen.

2. Persönlichkeiten prägen die Entwicklung

Für das Unternehmen war die Dominanz des Generaldirektors Nordhoff unbestritten und prägend für die Unternehmenspolitik und das Verhältnis zwischen Geschäftsleitung und Interessenvertretung. Hugo Bork wurde zur entscheidenden Persönlichkeit und prägenden Figur innerhalb der Interessenvertretung, wobei beide, Nordhoff und Bork, nicht nur in den jeweils eigenen Kompetenzbereichen unbestritten waren, sie gestalteten die industriellen Beziehungen im Werk bzw. später im Unternehmen nachhaltig. »Sicherlich aus unterschiedlichen Motiven, konnten sowohl bei der Geschäftsleitung als auch beim Betriebsrat gleiche Ansichten festgestellt werden. Beide hatten den Wunsch, möglichst schnell das Volkswagenwerk aufzubauen und durch gemeinsame Arbeiten wichtige Grundlagen für die Zukunft zu schaffen. Da dieser Aufbau nur gemeinsam zwischen Unternehmensleitung und Betriebsrat möglich war, wurden auch beide Seiten in ihrem teilweise unterschiedlichen Streben toleriert und auch unterstützt. Nur mit dieser gemeinsamen Kooperation war es möglich, das heutige Volkswagenwerk zu schaffen. Dieses war auch eng mit den handelnden Personen verbunden, mit ihren Erfahrungen vor und wahrend des Krieges, ihrer Arbeitertradition und ihrem Selbstbewußtsein.« (Auszug aus einem der Interviews.)

2.1 Der Betriebsratsvorsitzende Hugo Bork

Hugo Bork wurde am 20. November 1907 in Graudenz/Westpreußen geboren. Im Jahre 1920 siedelte sich die Familie Bork in der damaligen Provinz Hannover, in der Nähe von Burgdorf, an. Die Arbeitsstätte für den Vater und die älteren Brüder war der Bau des Mittellandkanals im Abschnitt Sehmde/Peine; für Hugo Bork begann nach seiner Schulentlassung eine Ausbildung als Betriebsschlosser. Zum gleichen Zeitpunkt wurde er Mitglied der Sozialistischen Arbeiterjugend und der Gewerkschaft. Nach einem weiteren Umzug nach Gronau/Westfalen nahe der holländischen Grenze und einer abgebrochenen Lehre arbeitete Hugo Bork von 1922 bis 1939 in der Textilindustrie. In einem Betrieb der

Textilindustrie mit rund 3000 Beschäftigten wurde er Betriebsratsmitglied, in Gronau/Westfalen Vorsitzender des SPD-Ortsvereins und Ratsherr. Durch seine politische, betriebliche und außerbetriebliche Tätigkeit und als Vorsitzender des republikanischen Schutzbundes »Reichsbanner Schwarz-Rot-Gold« war er, wie alle Gegner des Nationalsozialismus, nach der Machtergreifung von 1933 dem Terror der neuen Machthaber ausgesetzt. Nach mehrmaliger sogenannter Schutzhaft, einer Untersuchungshaft von neun Monaten wegen Hochverratsverdachts und schließlich einer Verurteilung zu mehreren Monaten Gefängnis stand er in der Folgezeit als politisch Vorbestrafter unter der ständigen Kontrolle der Sicherheitsorgane des nationalsozialistischen Staates. Schwierigkeiten bei der Arbeitssuche, kaum längere Arbeitszeiten im gleichen Betrieb und ständige Furcht vor weiteren Schikanen und Unterdrückungsmaßnahmen der Nazis beherrschten die Jahre bis 1939.

In diesem Jahr wurde ihm nahegelegt, einen Arbeitsplatzwechsel zum Volkswagenwerk vorzunehmen. Durch eine schriftliche Bewerbung als Hilfsarbeiter für die Automobilindustrie beim Arbeitsamt wurde ihm eine Tätigkeit als Karosseriearbeiter zugewiesen. Er arbeitete zunächst als Karosseriefacharbeiter und wurde schon kurz nach seiner Einstellung als VW-Angehöriger an die Firma Siemens & Halske ›ausgeliehen‹; er arbeitete dort in der Elektromontage. Später wurde er im Volkswagenwerk der selbständigen Schwachstromabteilung zugeordnet und arbeitete hauptsächlich an der Erhaltung des Telefonnetzes. In dieser Zeit ging der SPD-Funktionär und aktive Gewerkschafter in die ›innere Emigration‹. »... Ich muß ja sagen, daß ich besondere Veranlassung hatte, mich nicht in irgendeiner Form zu exponieren: ... Niemand wußte von dem anderen, woher er kam und wohin er ging, und jeder umgab sich möglichst mit dem, daß er aufgrund irgendwelcher materieller Erwägungen hier nach Wolfsburg gekommen ist«, sagte Hugo Bork in einem Interview 1979.

Durch Gespräche am Arbeitsplatz richtete sich später die Aufmerksamkeit des Betriebsratsmitglieds Rahm auf Hugo Bork, und dies führte in der Folge zu seiner Wahl als Vertrauensmann. In den Jahren 1948 und 1949 gehörte er dem Wahlausschuß für die Betriebsratswahlen an. Durch eine von ihm getragene Aktion zur Veränderung der Lohngruppen im Bereich der mechanischen Werkstatt erlangte er einen höheren Bekanntheitsgrad und wurde schließlich 1950 in den Betriebsrat gewählt. Betriebsratsvorsitzender (seit 1951) und Mitglied des Aufsichtsrates (seit 1953) blieb er in ununterbrochener Folge bis zum Jahr 1971. Mitglied des Rates der Stadt Wolfsburg war er von 1956 bis 1976, Oberbürgermeister von 1961 bis 1974. Von 1953 bis 1974 war er als Vorsitzender der Vertreterversammlung der Betriebskrankenkasse der VW AG tätig. Neben anderen wichtigen gewerkschaftlichen Funktionen gehörte er ferner siebzehn Jahre dem Beirat der IG Metall an.

Als Begründung für seinen kometenhaften Aufstieg ist der Umstand anzusehen, daß sich die Metaller der ersten Jahre, beispielsweise Rahm und Gründel, die schon Betriebsratsvorsitzende waren, so sehr in den Fall Peter verstrickt hatten, daß sie es nicht mehr vermochten, Mehrheiten für die IG Metall zu erringen. Hugo Bork hingegen war von solchen Affären unbelastet und fand zudem leicht Anerkennung von der Belegschaft und von den anderen Gruppierungen im Betriebsrat. So kam es, daß er schon ein Jahr nachdem er in den Betriebsrat gewählt worden war, als Kompromißkandidat aller Gruppierungen in die Funktion des Betriebsratsvorsitzenden gewählt wurde. Aus seiner Sicht stellte sich dies 1983 so dar: »Ach, wissen Sie, ich beurteile mich da selbst nur sehr ungern. Aber ich führe meine Beliebtheit in Wolfsburg, auf die ich sehr stolz bin, darauf zurück, daß ich noch nie von Ehrgeiz besessen war. Das mag ein stolzes Wort sein, das ich da ausspreche, aber ich bin sowohl in die Position des Betriebsratsvorsitzenden als auch in die des Oberbürgermeisters mehr oder weniger hineingeschoben worden. Es waren einfach die Ereignisse, die mich jeweils forderten, und wahrscheinlich war jedesmal kein Geeigneterer da.« Hugo Bork sprach es nicht aus, doch es ist nicht zu übersehen, daß er damals die Rolle des Mehrheitsbeschaffers für die IG Metall übernommen hatte.

Schon damals, aber auch später, spielten seine Charaktereigenschaften eine bedeutende Rolle, war er doch ein Mann, der pragmatisch und sachlich nach kompromißhaften Lösungen suchte. Weniger kämpferisch, ideologisch orientiert, noch kompromißlos in der Auseinandersetzung mit politischen Gegnern und mit dem Management, sondern ausgleichend, pragmatisch und an der Sache orientiert ging es ihm um möglichst konfliktfreie Regelungen. 1966 wurde über ihn in der Wolfsburger Allgemeinen Zeitung geschrieben: »Sozialist von Herkunft, war er immer in erster Linie Bürger, Demokrat von Leib und Seele.« Diese Tugenden übertrug er auch auf seine politische Arbeit, gepaart mit freiheitlicher, demokratischer Gesinnung und demokratischem Verständnis, indem er Fairneß und Toleranz nicht nur als Vokabel oder Schlagwort gebrauchte, sondern beides auch selbst praktizierte. Dies schätzte nicht nur die Arbeiterschaft, sondern ebenso die Unternehmensleitung: »Als Mitglied des Betriebsrates und als dessen langjähriger Vorsitzender hat Herr Bork sehr zur inneren Befriedung im Betrieb beigetragen. Er hatte wesentlichen Anteil an dem inneren Ausgleich zwischen Werksleitung und Belegschaft. Das langjährige gute Betriebsklima sowohl im Hauptwerk als auch in den zahlreichen Zweigwerken ist anerkanntermaßen seinem maßgebenden Einfluß zu verdanken gewesen. Bei den zahlreichen Tarifverhandlungen, an denen er beteiligt war, ging sein Bestreben stets dahin, auf das Gleichgewicht zwischen den Interessen der Arbeitnehmer und denen des Unternehmens zu achten. Als von allen Seiten geschätzter Mann des Ausgleichs hatte er stets einen Blick dafür, was möglich war und was nicht verwirklicht werden konnte.« (Stadt Wolfsburg – Hauptamt, 17. November 1972.) Ob jedoch seine ausgleichende Haltung und die Vermeidung eines Interessenstreits oder seine persönlichen Umgangsformen bzw. seine Charakterzüge ihm die starke Stellung und Anerkennung in der VW-Belegschaft gaben, muß offen bleiben.

Festzuhalten ist, daß seine Auffassung von Interessenvertretung für die Arbeitnehmer zur Politik der Interessenvertretung insgesamt wurde. Bork war unbestrittene Autorität, Berufungsinstanz und Konfliktregulator. Er agierte zunehmend patriarchalisch, je länger er diese Position innehatte, indem er mit wenig augenfälligen Mitteln, in ruhiger, jedoch bestimmter Durchsetzungskraft seine Felder besetzte. »In den Betriebsratssitzungen hat er immer versucht und in jedem Falle erreicht, Meinungsverschiedenheiten im Interesse der Belegschaft auszugleichen«, meinte die Wolfsburger Allgemeine Zeitung in einem Artikel vom 20. November 1957.

2.2 Der Generaldirektor Heinrich Nordhoff

Als zweitältester von drei Söhnen eines Privatbankmannes 1899 im niedersächsischen Hildesheim geboren, studierte Heinrich Nordhoff nach dem Ersten Weltkrieg an der Technischen Hochschule Berlin und ging als Ingenieur zur Autofirma BMW. Nach einem Wechsel zu den Opel-Werken in Rüsselsheim und nach gelegentlichen Aufenthalten in den USA wurde er 1940 Chef der neuen Opel-Lastwagenfabrik in Brandenburg. Zwei Jahre nach dem Ende des Zweiten Weltkrieges bot ihm der britische Oberst Radclyffe, der Chef der Industrie-Abteilung der britischen Militärregierung, die Leitung des Volkswagenwerkes an. Er nahm Radclyffes Angebot an, aber er stellte die Bedingung, daß ihm die Engländer nicht hineinreden dürften. Er bekam die Blankovollmacht und war damit unumschränkter Generaldirektor des Volkswagenwerkes. Am 1. Januar 1948 übernahm er die Leitung des Werkes in Wolfsburg und hatte mit seiner Unternehmensstrategie – Steigerung der Produktion, Forcierung des Exports und Hervorhebung des Modells »Käfer« – durchschlagenden Erfolg. Er selbst beschrieb 1960 diese Entwicklung, indem er insbesondere auf die arbeitenden Menschen einging: »Ordnung statt Chaos. Einsatzbereitschaft und Verantwortungsgefühl statt Verzweiflung und müdes Achselzucken. Mit einem Wunder, wie man es so leicht und verschwommen abtun möchte, hat dieser Erfolg nichts zu tun. Er ist das Ergebnis harter und zielstrebiger Arbeit. Sie hatte hauptsächlich zwei Seiten, eine mehr technische und eine menschliche. ... Die Menschen leben gern hier (in Wolfsburg), und sie arbeiten gern in ihrem Werk, wo Arbeitsbedingungen und Löhne ausgezeichnet sind, wo die Sozialbetreuung ein vordringliches Anliegen der Geschäftsführung darstellt und wo gutes Einvernehmen zwischen Belegschaft und Geschäftsleitung selbstverständlich sind. ...«

Neben dem wirtschaftlichen Erfolg des Werkes wurde Nordhoff auch ein besonderes Verhältnis zu seinen Arbeitnehmern und ein von ihm geprägtes Arbeitsklima zugerechnet. Dies brachte ihm im Werk selbst die Rolle eines Patriarchen und außerhalb des Werkes die Bezeichnung »König Nordhoff« ein. Zeitzeugen charakterisierten ihn so: Im Erfolg seiner Arbeit sah er den einzigen Maßstab. Mit Arbeitgeberverbänden und Gewerkschaften hielt er kaum eine Verbindung. Er ging davon aus, daß jeder einzelne Arbeitnehmer nach seiner Leistung entlohnt, eingesetzt und befördert werden sollte.

Nordhoff selbst verstand sich als Unternehmenslenker und Sozialreformer gleichzeitig. Seine Auffassung formulierte er so: »Der Arbeiter weiß, wie sehr seine Existenz mit der des Werkes verwachsen ist. Er hat noch immer Angst, mit dem Werk seinen Arbeitsplatz zu verlieren. Ihm diese Unsicherheit zu nehmen, war in diesen Nachkriegsjahren die erste Aufgabe jeder gewissenhaften Betriebsführung. Durch die Erfüllung dieser Aufgabe entsteht ein neues Verhältnis zwischen Führung und Arbeiter: die menschliche Beziehung. Dieses Verhältnis ist produktiv und dem unfruchtbaren Klassenkampf diametral entgegengesetzt.«[32] Der Aspekt der VW-Familie, die hier angedeutet wird, war eng mit der Person Nordhoff verknüpft und stand ganz im Zeichen seiner Unternehmensphilosophie: »Die starke Position des Wolfsburger Werkes und die Schlagkraft von Nordhoffs Programm sind die eine Ursache für den famosen Zusammenhalt der VW-Organisation. Der andere Grund ist ein nicht in Zahlen und Direktiven ausdrückbares, doch darum nicht weniger wirksames Phänomen, das man in Wolfsburg den ›VW-Geist‹ nennt. Der ›VW-Geist‹, der am deutlichsten natürlich in Wolfsburg selbst zu spüren ist, beeindruckt in der Tat viele Besucher. ... Der ›VW-Geist‹ ist die menschliche und

32 Schenzinger/Simon/Zischka: a.a.O., S. 111/112.

soziale Seite des VW-Erfolges und diejenige seiner Errungenschaften, die Heinrich Nordhoff am höchsten schätzt...«, schrieb Bittorf 1960.[33]

In diesen Zusammenhang gehören auch seine kontinuierlichen Werkfunkansprachen und seine Ausführungen auf Betriebsversammlungen. Nach der stets vorangestellten Begrüßungsformel »Meine lieben Arbeitskameraden« sprach er davon, daß sie, wie er, alles verloren hätten und daß die Arbeit und das Werk ihre gemeinsame Hoffnung seien. Dazu nochmals ein Zitat von Bittorf: »Er schwor ihnen, sie würden sich entweder gemeinsam eine neue Existenz aufbauen oder gemeinsam vor die Hunde gehen. ... Er infizierte sie mit seinem Glauben an den Erfolg. Und er gab ihnen sein Wort, daß die Früchte des Erfolgs denen gehören sollen, deren Anstrengung das Werk gerettet und aufgerichtet hat: ihnen, den Arbeitern. ... Er ließ jedem Werksangehörigen ausführliche gedruckte Geschäftsberichte schicken, in denen die Bilanz allen schwer verständlichen Fachjargons entkleidet ist, um jedem begreiflich zu machen, was geschehen ist und welche Wirkung es hatte. Das interessierte die Arbeiter mehr als alles andere. Er weckte ihr Verständnis, gab ihnen ein Gefühl für den Sinn ihrer Arbeit, flößte ihnen einen grimmigen Stolz auf ›unseren Volkswagen‹ und ›unser Werk‹ ein. Und er verlangte Opfer.«

Nordhoff verfolgte nicht nur gegenüber seinen Arbeitnehmern und den Interessenvertretungsorganen eine eigenwillige und unkonventionelle Unternehmenspolitik; auch gegenüber anderen hielt er an seinem Stil fest. Der VW-Haustarifvertrag, die Haltung Nordhoffs gegen die Privatisierungsabsichten der Bundesregierung und zur schnellen Arbeitszeitverkürzung in den sechziger Jahren führten zu Vorwürfen wegen autokratischer und diktatorischer Werksführung. – Der Diplomingenieur (1926 TH Berlin), Dr.-Ing. ehrenhalber (1950 TH Braunschweig) und Ehrenbürger der Stadt Wolfsburg Heinrich Nordhoff verstarb am 12. April 1968 im Alter von 69 Jahren.

3. Die IG Metall wird zur stärksten Kraft

Gegen Ende dieses Zeitraums wies die IG Metall im Volkswagenwerk eine innerbetriebliche Organisation auf, die sie zur stärksten Kraft im Betriebsrat und gegenüber der Unternehmensleitung machte. Hohe gewerkschaftliche Mitgliederzahlen, Tariferfolge, herausragende Betriebsratswahlergebnisse und ein funktionstüchtiger gewerkschaftlicher Ver-

33 Bittorf, W.: a.a.O., S. 68.

trauenskörper belegten dies augenfällig. Um diese Position zu erreichen, mußte sie enorme Schwierigkeiten der Anfangsjahre bewältigen: So hatte sie in den ersten Jahren einer Belegschaft gegenübergestanden, die nur wenig Bereitschaft zeigte, sich gewerkschaftlich zu organisieren; die Betriebsratswahlen brachten zu dieser Zeit keine Mehrheiten für die Kandidaten der IG Metall, der kleine Kreis der Vertrauensleute wurde von den betrieblichen Vorgesetzten und den Belegschaftsgruppen eher geduldet als akzeptiert.

3.1 Anfänge und Aufbau einer gewerkschaftlichen Organisation

Die ersten durchdachten und systematisch vorangetriebenen Schritte zum Aufbau einer gewerkschaftlichen Organisation für das Volkswagenwerk Wolfsburg begannen zu Beginn der fünfziger Jahre. Eine Überprüfung der Mitgliederkartei ergab, daß von den rund 6000 Mitgliedern nur etwa die Hälfte noch im Volkswagenwerk arbeitete bzw. regelmäßig ihren Mitgliedsbeitrag bezahlte. »Die Situation im Betrieb war, wenn man es heute zurückliegend betrachtet, in bezug auf gewerkschaftliche Dinge, man kann ruhig sagen, verheerend. Der Bestand aus den vierziger Jahren war eine riesige Mitgliederkartei mit vielen Karteileichen, wie man so sagt. Wir haben damals sehr viel Aufbauarbeit leisten müssen«, so eine Aussage vom Jahr 1983. Zu dieser Zeit arbeiteten schon über 14 000 Beschäftigte im Werk Wolfsburg. Zur Begründung für diesen schlechten Organisationsgrad der IG Metall im VW-Werk verweisen damals aktiv handelnde Betriebsratsmitglieder und Gewerkschafter auf den fehlenden Facharbeiterstamm innerhalb der VW-Belegschaft und auf die fehlende gewerkschaftliche Tradition der VW-Beschäftigten.

Mit dem Beginn der hauptamtlichen Tätigkeit von Bernhard Tyrakowski bei der Verwaltungsstelle Wolfsburg im Jahre 1954 begann auch eine normale gewerkschaftliche Arbeit bei der Wolfsburger IG Metall. Neben der Aufnahme eines regelmäßigen Bürobetriebes und der Einrichtung von gewerkschaftlichen Gremien außerhalb des Betriebes unternahmen die hauptamtlich tätigen Funktionäre vor allem Anstrengungen, im Volkswagenwerk einen funktionstüchtigen Vertrauenskörper aufzubauen. »Es begann dann eine ziemlich anstrengende Arbeit, die auch darin mündete, daß die achtzig Vertrauensleute, die wir hatten, mehr hatten wir nicht, fast jeden Sonnabend, zumindest alle vierzehn Tage sonnabends, in drei Gruppen eingeteilt, Wochenendschulungen gemacht haben: zunächst Organisationspolitik, reine Organisation und die Inhalte der Tarifverträge, besonders des guten Manteltarifvertrages. Das ist auch so ein Kuriosum, wie also seinerzeit mit diesem schlechten Organisationsgrad wir in Wolfsburg damals den besten Manteltarifvertrag der Bundesrepublik abgeschlossen haben..., obwohl unser Organisationsgrad erst bei ca. 20 Prozent lag.« (Aus einem Interview mit IG-Metall-Vertretern.) Das Bildungsniveau der Vertrauensleute in allgemeiner wie auch in gewerkschaftlicher Hinsicht stellte ein großes Problem dar. Den Vertrauensleuten mußte häufig erst klargemacht werden, daß die abgeschlossenen Tarifverträge eingehalten werden mußten und daß sie an den gewerkschaftlichen Schulungen teilnehmen sollten. Es war eine Zeit, in der die IG Metall einerseits über einen geringen gewerkschaftlichen Organisationsgrad, ein geringes Beitragsaufkommen und wenig gewerkschaftlich orientierte Vertrauensleute verfügte. Andererseits bildeten die in der IG Metall organisierten Betriebsratsmitglieder dennoch die stärkste Gruppe im Betriebsrat und stellten mit Hugo Bork den Betriebsratsvorsitzenden. Als Tarifvertragspartei vereinbarte die IG Metall umfassende Tarifverträge mit dem Volkswagenwerk; durch den »Dreiklang« von Tarifpolitik, Betriebsratsarbeit und Vertrauensleutepolitik wurde eine Strategie gewählt, die sich am Ende dieser Zeitperiode als sehr erfolgreich herausstellte.

3.1.1 Einflüsse durch die Tarifpolitik

Die Tarifpolitik und die Tarifverträge im Volkswagenwerk sind eng mit der Person Otto Brenners, dem Vorsitzenden der IG Metall, verbunden. »In bezug auf die Situation für die Gewerkschaft ... müssen wir auch von Otto Brenner reden. ... Otto Brenner kam aus der Verwaltungsstelle Hannover, wurde Bezirksleiter, und hat in seiner Arbeit, in seiner Sachlichkeit und in seiner für ihn vertrauten Argumentation viel vermocht, auch bei Nordhoff, und das hat sich später, in zwanzig Jahren im Aufsichtsratsgremium, gezeigt, daß Nordhoff viel Wert darauf gelegt hat, die Stimme von Otto Brenner zu hören, nicht nur zu hören, sondern sich auch danach zu richten.« (Interview) Nicht die Wolfsburger IG Metall, sondern die Bezirksleitung Hannover verhandelte mit dem Unternehmen, und der Verhandlungsführer war Otto Brenner. »Otto Brenner hat für uns, die Belegschaft der VW AG, Großes geleistet. ... Otto Brenner war Mitglied des Beirates des VW-Werkes, des Vorläufers des Aufsichtsrates. Er war von Anfang an im Aufsichtsrat dieser Gesellschaft und gleichzeitig stellvertretender Vorsitzender. Otto Brenners Wort hatte Gewicht. Durch seine Arbeit konnten viele soziale und tarifliche Verbesserungen in unserem Bereich durchgesetzt werden«, heißt es in »Wir vom Volkswagenwerk«, Ausgabe vom Mai 1982. Da Nordhoff es ablehnte, dem Arbeitgeberverband beizutreten, bildete die Grundlage dafür der Haustarifvertrag, abgeschlossen zwischen dem Volkswagenwerk und der IG

Metall. Tarifverhandlungen zwischen der IG Metall und dem Volkswagenwerk wurden somit nur für die VW-Beschäftigten geführt. Für die Beschäftigten der übrigen Betriebe der niedersächsischen Metallindustrie handelte die IG Metall mit den Vertretern des Arbeitgeberverbandes regionale Tarifverträge aus. Diese Eigenständigkeit von VW brachte sowohl der IG Metall als auch dem Volkswagenwerk insgesamt große Vorteile. Gewerkschaftliche Forderungen konnten aufgrund der Wirtschaftskraft des Werkes eher eingelöst werden, als dies in anderen Bereichen möglich war.

3.1.2 Wahlen zum Betriebsrat

Bei den Betriebsratswahlen am 15. und 16. April 1953 entfielen bei einer Wahlbeteiligung von 85,0 Prozent auf die IG Metall 11 Sitze, auf die »Wahlgemeinschaft Unorganisierte« 4 Sitze und auf die DAV (Deutscher Arbeiter-Verband) 5 Sitze bei der Arbeitergruppe; in der Angestelltengruppe errangen die DAG 4 Sitze und die IG Metall 1 Sitz. Die Listenverbindung DHV (Deutscher Handlungsgehilfen-Verband), VDT (Verband deutscher Techniker) und Unorganisierte erreichte keinen Sitz im Betriebsrat, bekam aber im Angestelltenbereich nur vier Stimmen weniger als die IG Metall. Insgesamt verfügten also die IG Metall über 12 und die anderen Gruppen und Vereinigungen über 13 Betriebsratssitze. Bei der anschließenden Konstituierung des Betriebsrates wurde Hugo Bork von der IG Metall wieder zum Vorsitzenden des Gremiums gewählt.

Erst die Wahl 1955 brachte eine Mehrheit der IG Metall bei den Betriebsratsmandaten. Bei einer Wahlbeteiligung von 80,8 Prozent in der Arbeitergruppe wurden 13 Betriebsratsmitglieder aus der Liste der IG Metall, 3 Vertreter des DAV und des »Christlich-Sozialen Blocks« und 2 der »Wahlgemeinschaft Unabhängige« in den neuen Betriebsrat des VW-Werkes Wolfsburg gewählt. Die Wahlbeteiligung bei der Angestelltengruppe betrug 78,3 Prozent und brachte für die DAG 3 Sitze, für die Listenverbindung DHV/VDT 1 Sitz und für die IG Metall gleichfalls 1 Sitz. Damit verfügte die IG Metall über 14 von 25 Betriebsratssitzen und stellte mit Hugo Bork erneut den Vorsitzenden.

Den Durchbruch bei der Anzahl der Betriebsratsmandate konnte die IG-Metall-Liste bei der Wahl 1957 erreichen. Einer Wahlbeteiligung von 88,8 Prozent bei der Arbeitergruppe – mit 24 Sitzen für die IG Metall – standen 2 Sitze für die DAV und 3 Sitze für den CGB (Christlicher Gewerkschaftsbund Deutschlands – Metallarbeiterverband) gegenüber. Die DAG errang (bei einer Wahlbeteiligung von 76,8 Prozent der Angestellten) 4 Sitze und die IG Metall 2 Sitze.

Ergebnisse der Betriebsratswahlen im Volkswagenwerk Wolfsburg in den Jahren 1953 bis 1968 nach Lohn- und Gehaltsempfängern

Lohnempfänger	in Prozent								nach Mandaten							
	1953	1955	1957	1959	1961	1963	1965	1968	53	55	57	59	61	63	65	68
IG Metall	54,4	58,5	80,9	83,3	81,1	82,8	79,4	79,5	11	13	24	25	24	24	23	24
DAV	26,8	17,8	9,4	4,6	–	–	–	–	5	3	2	1	–	–	–	–
Unabhängige	18,8	13,4	–	–	–	–	–	–	4	2	–	–	–	–	–	–
Christlicher Metallarbeiter-Verband	–	9,6	9,7	12,0	18,8	17,1	20,6	17,7	–	2	3	3	5	5	6	5

Gehaltsempfänger	in Prozent								nach Mandaten							
	1953	1955	1957	1959	1961	1963	1965	1968	53	55	57	59	61	63	65	68
IG Metall	15,7	21,0	32,0	33,8	43,6	44,1	47,9	50,1	1	1	2	2	3	3	3	3
DAG	68,9	54,8	55,4	57,5	56,3	55,8	43,0	38,6	4	3	4	4	3	3	3	3
DHV und VDT	15,4	24,2	12,5	8,5	–	–	9,0	11,2	–	1	–	–	–	–	–	–

Quelle: VW AG – Personalabteilung – Wahlergebnisse.

Die Tabelle zeigt die kontinuierliche Aufwärtsentwicklung der IG Metall bei den Betriebsratswahlen in den Jahren 1953 bis 1968. Standen den 11 Betriebsratsmitgliedern der IG Metall 1953 noch 9 DAV-Vertreter und Unabhängige gegenüber, so verschob sich das Verhältnis bis 1968 auf 24 Vertreter der IG Metall und 5 CMV-Mitglieder im Betriebsrat. Bei den Angestellten wurden in diesen Jahren die Minderheitsposition der IG Metall (1 Betriebsratsmitglied gegenüber 4 DAG-Vertretern) gestärkt und die dominierende Stellung der DAG zurückgedrängt. 1968 stellten IG Metall und DAG jeweils 3 Betriebsratsmitglieder.

3.2 Die Mitgliederzahlen der IG Metall steigen

Konnte vor allem durch die Personen Bork und Brenner die geringe gewerkschaftliche Verankerung, verbunden mit dem schlechten Organisationsgrad und den fehlenden Funktionären, ausgeglichen werden, so zeigten sich ab 1955 auch erste Erfolge bei den Betriebsratswahlen. Das Erringen der Mehrheit an Mandaten im Betriebsrat durch die IGM-Listen vollzog sich parallel mit der Verbesserung des gewerkschaftlichen Organisationsgrades im Werk selbst.

Ausgehend von der Entwicklung der Mitgliederzahl der IG Metall in der Verwaltungsstelle Wolfsburg (7493 Mitglieder 1953 und 29 808 Mitglieder 1968), ergibt sich mit angenäherten Werten ein gewerkschaftlicher Organisationsgrad im VW-Werk, der die 50-Prozent-Marke erst 1967 erreichte.

3.3 Gewerkschaftliche Vertrauensleute

Begann die gewerkschaftliche Arbeit im Volkswagenwerk mit den in der IG Metall organisierten Betriebsratsmitgliedern und mit etwa 80 Vertrauensleuten, so erhöhte sich deren Anteil bis 1963 auf rund 600. »Im Werk Wolfsburg werden für die nächsten zwei Jahre mehr als 600 Vertrauensfrauen und Vertrauensmänner den Kolleginnen und Kollegen mit Rat und Tat zur Seite stehen. Die Vertreter dieser zur Zeit 623 Vertrauensleute wählten am 6. Juli 1964 in einer Konferenz ihre Leitung«, schrieb »Wir im Volkswagenwerk« 1964. Um diese Ergebnisse zu erzielen, wurden Ende der fünfziger Jahre verstärkte Anstrengungen in Form von umfangreichen Werbemaßnahmen durchgeführt. Zielgruppen waren insbesondere weibliche und jüngere Angestelltengruppen. »Je mehr wir sind, um so besser können wir unsere Forderungen durchsetzen. ... Wer sich nochmals überlegt, wie wichtig die Vertrauensleute sind, der wird, so hoffen wir, nicht vor diesem Amt zurückscheuen.« (»Wir vom Volkswagenwerk« Nr. 34/1959.) Es schien sich erst ab Mitte der sechziger Jahre eine gewisse eigenständige gewerkschaftliche Organisation im Werk zu konstituieren: »Nach dem neuesten Stand besteht der Vertrauenskörper der IG Metall bis jetzt aus 759 Vertrauensfrauen und Vertrauensmännern. Bis zur Neuwahl umfaßte der Vertrauenskörper 612 Kolleginnen und Kollegen. ... In einer Konferenz am 3. Dezember 1966 wurde die Leitung des neuen Vertrauenskörpers gewählt«, schrieb die Werkszeitung 1966 zur Vertrauensleutewahl.

Tarifliche Sicherungen zur Ausübung des gewerkschaftlichen Mandats, eine Einteilung in 12 dezentrale Betreuungsbereiche, die das gesamte Werk flächendeckend erfaßte, wirkten positiv auf die Arbeit der Vertrauensleute. Alle 14 Tage stattfindende Sitzungen während der Arbeitszeit ohne finanzielle Einbußen, verbunden mit der Kompetenz, die Listen zur Betriebsratswahl zu bestimmen, ließen den Einfluß des Vertrauenskörpers ansteigen: »Die Kandidaten zur Betriebsratswahl 1968 wurden von den fast 800 Vertrauensleuten der IG Metall in 11 Sitzungen und 5 Konferenzen nominiert. Es steht kein Kandidat auf einer Liste der IG Metall, der nicht die absolute Mehrheit des jeweiligen Wahlkörpers erhalten hat.« (»Wir vom Volkswagenwerk«, Nr. 54/1968.)

3.4 Andere Gruppierungen und Organisationen verlieren an Einfluß

Kennzeichnend für die Arbeit der Gruppen und Organisationen außerhalb der IG Metall war ihr großes Interesse an Betriebsratsmandaten. Mit Ausnahme der DAG existierten bei den übrigen Gruppen neben der Betriebsratsarbeit weder organisatorische Strukturen, noch bemühte man sich ernsthaft, mit dem Unternehmen Tarifverhandlungen zu führen. Ohne inhaltliche Aussagen bzw. Programme befanden sie sich ausschließlich in Opposition zur IG Metall. Häufig wechselten die Namen dieser Gruppen, obwohl der Personenkreis der gleiche blieb. So wurde aus dem Christlich-Sozialen Block der CGD später der CMV (Christlicher Metallarbeiter-Verband). Die Unabhängigen und der DAV orientierten sich Anfang der sechziger Jahre hin zur christlichen Gruppierung. Parallel zur Ausweitung des Einflusses der IG Metall und zur Festigung der Organisation nahm der Zuspruch der Belegschaft zu diesen Gruppen, insbesondere im Arbeiterbereich, ab. Der CMV konnte jedoch kontinuierlich bei den Betriebsratswahlen einen Anteil bis zu 20 Prozent behaupten. Die DAG hatte bis zum Anfang der sechziger Jahre im Angestelltenbereich eine dominierende Stellung. Erst später konnte die IG Metall gleichziehen und dann sogar 1968 die DAG mit einem Ergebnis von 50,1 Prozent übertreffen.

Festzuhalten bleibt, daß die IG Metall in dieser Zeit zur stärksten Kraft im Betriebsrat und auch gegenüber der Unternehmensleitung wurde. Sie baute einen funktionstüchtigen gewerkschaftlichen Vertrauenskörper auf und sicherte damit ihre Verankerung in der Belegschaft.

4. Die Auseinandersetzungen um die Privatisierung und um die Arbeitszeitverkürzung

Die Aktionen um die Privatisierung des Unternehmens und der Streit um die Arbeitszeitverkürzung waren die einzigen Auseinandersetzungen, die den im stillen verlaufenden Ausgleich zwischen Interessenvertretung und Unternehmensleitung störten. »Am 9. Mai 1960 wird durch den Bundestag schließlich gegen den Widerstand der Gewerkschaften ein Gesetz erlassen, nach dem ... alle Geschäftsanteile der NS-Vermögensorganisationen am Volkswagenwerk der Bundesrepublik zugestanden werden. Was für die Gewerkschaften eine Niederlage bedeutete, war für die Adenauer-Regierung ein voller Erfolg ihrer wirtschafts- und vermögenspolitischen Vorstellungen in Sachen Volksaktien.«[34] In der Frage der Arbeitszeitverkürzung konnten IG Metall und Betriebsrat schon recht frühzeitig (als erstes Unternehmen in der Bundesrepublik) einen Stufenplan zur Senkung der Wochenarbeitszeit mit der Unternehmensleitung vereinbaren. In beiden Konflikten, Privatisierung und Arbeitszeitverkürzung, reagierte die Unternehmensleitung äußerst zurückhaltend. Sie war eher geneigt, die Interessenvertretung zu unterstützen, als an der Seite der CDU und des Arbeitgeberverbandes zu stehen, weil sie um ihre Eigenverantwortlichkeit bei der Unternehmensführung fürchtete. Die Interessenvertretung hingegen sah die Gratifikationspolitik gefährdet und erwartete für den Fall der Privatisierung härtere Auseinandersetzungen bei Tarifverhandlungen.

4.1 Die Eigentumsverhältnisse in ihrer Entwicklung

Die Volkswagenwerk Aktiengesellschaft ist durch Umwandlung aus der »Volkswagenwerk Gesellschaft mit beschränkter Haftung« entstanden, die von ihrer Gründung im Jahre 1937 bis 1938 die Firma »Gesellschaft zur Vorbereitung des Deutschen Volkswagen mbH« führte. Die Geschäftsanteile der »Volkswagen GmbH« befanden sich bis Kriegsende in den Händen der »Treuhandgesellschaft für wirtschaftliche Unternehmungen GmbH« und der »Vermögensverwaltung der Deutschen Arbeitsfront

34 Doleschal, R.: a.a.O., S. 49.

GmbH«. Aufgabe der Volkswagenwerk GmbH waren die Herstellung, Weiterentwicklung und der Vertrieb des Volkswagens im Auftrage der Deutschen Arbeitsfront. Das Vermögen der Gesellschaft wurde nach Kriegsende von der britischen Militärregierung aufgrund des Gesetzes Nr. 52 beschlagnahmt. Am 6. September 1949 wurde durch Anordnung Nr. 202 der britischen Militärregierung die Beschlagnahme gemäß Gesetz Nr. 52 aufgehoben und die Gesellschaft der Treuhänderschaft der Bundesregierung unterstellt. Gemäß dieser Anordnung übte zunächst das Land Niedersachsen im Auftrag und nach Weisung der Bundesregierung die Treuhänderschaft über die Gesellschaft aus.

Durch das »Gesetz über die Regelung der Rechtsverhältnisse bei der Volkswagenwerk GmbH« vom 9. Mai 1960 wurden die Geschäftsanteile der Volkswagenwerk GmbH rückwirkend ab 24. Mai 1949 in das Eigentum der Bundesrepublik Deutschland überführt. Die Gesellschafterversammlung der Volkswagenwerk GmbH beschloß am 6. Juli 1960 gleichzeitig mit einer Erhöhung des Stammkapitals auf 600 Millionen DM die Umwandlung der GmbH in die Volkswagenwerk Aktiengesellschaft nach den Vorschriften der §§ 269 ff. des Aktiengesetzes. Durch das »Gesetz über die Überführung der Anteilsrechte an der Volkswagenwerk Gesellschaft mit beschränkter Haftung in private Hand« vom 21. Juli 1960 wurde der Bundesregierung auferlegt, Aktien im Gesamtnennbetrag von 360 Millionen DM (60 Prozent des Grundkapitals) zu veräußern. Die restlichen 40 Prozent des Grundkapitals verblieben zu gleichen Teilen bei der Bundesrepublik Deutschland und beim Land Niedersachsen. In diesem Vertrag wurde unter anderem festgelegt, daß der Erlös aus dem Verkauf der Aktien im Werte von 360 Millionen DM und die jährlichen Gewinne aus den dem Bund und dem Land Niedersachsen verbleibenden Aktien der »Stiftung Volkswagenwerk« zufließen, die vom Bund und vom Land Niedersachsen mit dem Zweck errichtet worden ist, Wissenschaft und Technik in Forschung und Lehre zu fördern.

4.2 Die Position von Interessenvertretung und Unternehmensleitung zur Privatisierung

Nach Bekanntwerden der Pläne der Bundesregierung im Jahre 1955 bis zur Privatisierung im Jahre 1960 mobilisierten IG Metall und Betriebsrat gegen diese Maßnahme. Man befürchtete, daß sich der Spielraum des Unternehmens für die Tarifpolitik und die innerbetrieblichen Sozialleistungen nach der Privatisierung verengen und der Einfluß externer Kapitalvertreter im Aufsichtsrat die Beziehungen insgesamt neu strukturieren könnten.

In der Ausgabe Nr. 18/1957 der von der IG Metall herausgegebenen Zeitung »Wir vom Volkswagenwerk« wurden die Bundestagsdebatte zur Privatisierung und die entsprechenden Forderungen der IG Metall wiedergegeben: »Keine Privatisierung unseres Werkes! Wir wenden uns weiterhin gegen jede Privatisierung des Volkswagenwerkes. Wir wollen nicht für eine Handvoll von Aktionären arbeiten, schon gar nicht in einer Zeit, in der die sozialen Folgen der in der Automobilindustrie immer umfangreicher werdenden Automatisierung noch gar nicht zu übersehen sind. Unser Ziel ist es, das Risiko zu verringern. Privatisierung würde es erhöhen. Wir streben danach, die sozialen Leistungen zu verbessern, die Privatisierung würde sie beschneiden.« Schon 1955 wurde öffentlich gegen die Privatisierung mobilisiert. Mit Argumenten, die den wirtschaftlichen Erfolg des Unternehmens auch ohne Eigentümer garantiert sahen, die die hohe Produktivität und den großen Anteil der Beschäftigten am Werksaufbau betonten, wandte man sich gegen die Vorstellungen von CDU und FDP. Man wollte das Werk gegen den Zugriff von Spekulanten verteidigen. Neben der sonst nicht üblichen Wortradikalität von IG Metall und Betriebsrat wurden auch erstmalig die Beschäftigten selbst in die Auseinandersetzungen einbezogen. Im Rahmen einer Betriebsumfrage wurden sie aufgefordert, namentlich gegen die Privatisierung zu protestieren: »Deshalb soll hiermit namentlich erklärt werden: Ich bin gegen die Privatisierung des Volkswagenwerkes (gegen die Überführung der Anteilsrechte in private Hand).« (»Wir vom Volkswagenwerk«, Nr. 20/1957.) Auf diesem Flugblatt hieß es weiter, es gelte, durch eine von jedem abgegebene Willenserklärung der Öffentlichkeit zu zeigen, welche Meinung jeder einzelne Arbeiter und Angestellte des Volkswagenwerkes habe.

Die geringe Resonanz seitens der Beschäftigten auf diese Protestaktion und der Wahlsieg der CDU bei der Bundestagswahl führten zu Vorschlägen, die die Umwandlung der Eigentumsrechte in eine »Stiftung deutsches Volkswagenwerk« vorsahen. Zur Untermauerung der Kompromißvorschläge wurde am 30. November 1959 eine Protestversammlung in Hannover durchgeführt. Jedoch nur etwa 3000 Beschäftigte aus den Betrieben des Volkswagenwerkes in Wolfsburg, Hannover, Braunschweig und Kassel folgten dem Aufruf von IG Metall und DGB. Auch Briefe der Betriebsratsvorsitzenden der VW-Werke an den Bundeskanzler, den Präsidenten des Bundestages und an die Fraktionen verhinderten die Privatisierung nicht.

Einen Schlußpunkt setzten IG Metall und Betriebsrat durch einen Artikel mit der Überschrift »Kesseltreiben gegen VW-Kleinaktionäre« im Jahre

1963: »Die Spekulation um die Volksaktien des VW-Werkes hat die Eigentumspolitik der Bundesregierung ad absurdum geführt. Was unter dem Scheinmotiv der ›breiten Streuung von Vermögen in Arbeitnehmerhand‹ zur Privatisierung des Volkswagenwerkes führte, entpuppt sich in diesem zweiten Akt der Börsenspekulation als ihr wahres Ziel: Dieses größte Automobilwerk Europas sollte aus der Kontrolle der öffentlichen Hand, auf dem Umweg über die Volksaktie, den kapitalkräftigen Kreisen der Wirtschaft zugespielt werden.« (»Wir vom Volkswagenwerk«, Nr. 41/1963.)

Berücksichtigt man, daß Nordhoff die Unternehmensleitung verkörperte und nur einem Beirat rechenschaftspflichtig war, so konnte sich die Änderung der Besitzverhältnisse nur negativ auf seine Position auswirken. Nach geltendem Aktienrecht mußte ein Aufsichtsrat gebildet werden, der über mehr Kompetenzen verfügte als ein Beirat. Auch mit der Berufung weiterer Vorstandsmitglieder war für Nordhoff die Gefahr verbunden, eigene Kompetenzen abgeben zu müssen. Aus Nordhoffs Sicht sprach dies gegen die Privatisierungspläne der Bundesregierung. Doch nicht nur der mögliche Machtverlust veranlaßte ihn, an der Seite der IG Metall gegen die Privatisierung zu argumentieren, sondern auch sein sozialer Habitus und die Gefährdung seiner Philosophie der »glücklichen VW-Familie«. »Generaldirektor Dr. Nordhoff hat in der letzten Betriebsversammlung in sehr entschiedener Form zur Frage der Privatisierung des Volkswagenwerkes Stellung genommen. Seine Ausführungen ließen erkennen, daß er hier denselben Standpunkt vertritt wie die Industriegewerkschaft Metall«, schrieb die Zeitung »Wir vom Volkswagenwerk« in ihrer Ausgabe Nr. 1/1955. Daß sich Nordhoff ansonsten zurückhaltend gab und den Kampf gegen die Privatisierung der IG Metall und dem Betriebsrat überließ, ist wohl darauf zurückzuführen, daß er die notwendige Loyalität gegenüber der Bundesregierung für eine mögliche spätere Zusammenarbeit bewahren wollte, um auch zukünftige Regelungen beeinflussen zu können.

4.3 Kontroversen um die Arbeitszeitverkürzung

An der Frage der Arbeitszeitverkürzung drohte der Konsens zwischen Interessenvertretung und Unternehmensleitung kurzfristig zu zerbrechen. Zur Forderung der IG Metall stellte Generaldirektor Nordhoff in einer Ansprache fest: »Durch die ziemlich oberflächlich-demagogische Parole des Gewerkschaftsbundes ›40 Stunden sind genug‹ ist dieses Thema sehr in den Vordergrund gerückt worden, was wohl zu verstehen ist. ... Der Wunsch nach Arbeitszeitverkürzung war nie laut geworden, und ich bezweifle, ob er unter der Arbeiterschaft überhaupt besteht, ... Wägt man die drei Möglichkeiten Preisermäßigung, Lohnerhöhung und Arbeitszeitverkürzung, kritisch und bewußt stark aus der Perspektive des Arbeiters gesehen, gegeneinander ab, so ist zunächst festzuhalten, daß man, wie das im Leben so zu sein pflegt, nicht auf drei Hochzeiten tanzen kann. ... Die Verkürzung der Arbeitszeit kommt an letzter Stelle. ... Sicher wäre ein freier Samstag für viele ein schönes Geschenk, aber für viele auch ein Fluch.«

Durch eine moderate Stellungnahme der IG Metall sollte ein offener Konflikt mit Nordhoff vermieden werden; eigene Forderungen wurden jedoch nicht aufgegeben: »Die Forderung nach Verkürzung der Arbeitszeit ist in erster Linie ein humanitäres Anliegen: und deswegen ein Problem, das keineswegs allein mit dem Rechenstift gelöst werden kann, wie Professor Dr. Nordhoff glaubt. Der Generaldirektor hat diese und andere Bemerkungen in der Pressekonferenz gemacht, die anläßlich des Produktionsjubiläums am 6. August abgehalten wurde. Sicher hat Professor Dr. Nordhoff dabei auf Gegenstimmen gerechnet. Vielleicht wollte er auch nur die Diskussion in Gang bringen. Das kann man oft am besten durch überspitzte Formulierungen.« (»Wir vom Volkswagenwerk«, Nr. 6/1955.)

Einige Monate später, am 25. Oktober 1955, ließ Nordhoff seine Bereitschaft erkennen, im Volkswagenwerk die 40-Stunden-Woche einzuführen. Doch auch diese Ausführungen führten zu Protesten: »Der Generaldirektor Dr. Nordhoff hat in der Zwischenzeit der Einführung der 40-Stunden-Woche grundsätzlich zugestimmt. Aber seine Ausführungen vor der Betriebsversammlung waren eine zu offensichtliche Mischung von ›Zuckerbrot und Peitsche‹ und haben deshalb nicht dazu beitragen können, die weitverbreitete Unlust zu beseitigen. Mehr als die Pfiffe sollte die mangelnde Resonanz, die seine Ausführungen fanden, den Generaldirektor über die Unzufriedenheit im Betrieb belehren«, wurde in der Ausgabe 8/1955 in »Wir vom Volkswagenwerk« festgestellt. In der Frankfurter Allgemeinen Zeitung wurde am 2. November demgegenüber gemeldet: »Das Volkswagenwerk hat am Dienstag erklärt, entgegen in der Presse erschienenen Mitteilungen sei in naher Zukunft nicht mit der Einführung der 40-Stunden-Woche zu rechnen.«

Zu verstehen ist Nordhoffs widersprüchliches Verhalten nur im Zusammenhang mit den Reaktionen der Bundesregierung und des Arbeitgeberverbandes. Die IG-Metall-Zeitung meinte dazu: »Das Verbot an die Geschäftsleitung, mit der IG Metall die Arbeitszeitverkürzung tarifvertraglich in allen Stufen zu vereinbaren, wurde von den beiden Treuhändern des Werkes, den Bundesministern Erhard und Schäffer, ausgesprochen. ... Diese unverschämte Macht wird ausgeübt von der Bundesvereinigung der Deutschen Arbeitgeberverbände, die vor keiner Täuschung zurückschreckt und es darauf anlegt, unabhängige Menschen wie Marionetten herabzuwürdigen. ... Durch die Minister Erhard und Schäffer ließ die Bundesvereinigung der Arbeitgeberverbände der Geschäftsleitung des Volkswagenwerkes verbieten, einen beispielgebenden Vertrag über die Arbeitszeitverkürzung abzuschließen.«

1956 gelang dem Betriebsrat der erste Erfolg zur Verkürzung der Wochenarbeitszeit durch eine Betriebsvereinbarung. Diese Vereinbarung sah vor, daß die Beschäftigten der Normalschicht jeden zweiten Samstag, die in zwei Schichten Arbeitenden jeden vierten Samstag und die im Drei-Schichtbetrieb Tätigen jeden dritten Samstag im Werk arbeiten mußten. Ein Jahr später erfolgte die tarifliche Absicherung. Die IG Metall berichtete darüber in einem Extrablatt von »Wir vom Volkswagenwerk«: »Im Frühjahr 1957 erfolgte im Volkswagenwerk der Übergang zur 5-Tage-Woche bei entsprechender Verkürzung der Arbeitszeit. Damit erreichten wir endgültig eines unserer Hauptziele: das verlängerte Wochenende mit dem arbeitsfreien Sonnabend auch tarifvertraglich abzusichern. Die IG Metall vereinbarte mit der Geschäftsleitung einen Nachtrag zu unserem Manteltarifvertrag. Darin wurde festgelegt, daß jede Arbeit, die in Ausnahmefällen am Sonnabend geleistet werden muß, als Mehrarbeit gewertet werden soll.«

Zur Betriebsratswahl 1961 wurde – ebenfalls in einem Extrablatt – ausgeführt: »Mit dem sogenannten Abkommen von Bad Homburg konnte die IG Metall ihre Forderungen nach allgemeiner Einführung der 40-Stunden-Woche in der Metallindustrie nunmehr endgültig durchsetzen. Wenn auch für einen erheblichen Teil der im Volkswagenwerk beschäftigten Angestellten eine so weitgehende Arbeitszeitverkürzung von der IG Metall schon vor vier Jahren erreicht wurde, so ist dieses neue, zentrale Abkommen dennoch auch für uns bedeutungsvoll: Es erfüllt unsere Forderung nach gleicher Arbeitszeit für alle Schichten. Auch die gegenwärtig noch 42,5 Stunden arbeitenden Kolleginnen und Kollegen werden auf Grund dieses Abkommens ab 1. Januar 1963 in den Genuß einer weiteren Arbeitszeitverkürzung kommen.«

In den folgenden Jahren wurde es recht still um die Arbeitszeitverkürzung. Erst 1966 konnte berichtet werden: »Ab dem 2. Januar 1967 arbeitet auch die Normalschicht nur noch 8 Stunden am Tag. Durch eine Vereinbarung zwischen der Volkswagenwerk AG und der IG Metall vom

7. März 1966 konnte dieser Traum unserer Väter Wirklichkeit werden.« (»Wir vom Volkswagenwerk«, Nr. 50/1966.)

Mit der Vereinbarung der Stufenpläne zur Arbeitszeitverkürzung, die sich später im Gleichklang mit der übrigen Industrie befanden, wurde ein Kompromiß gefunden, der einen Bruch zwischen Nordhoff und der betrieblichen Interessenvertretung verhinderte. Für die IG Metall bedeutete dies einen wichtigen Einstieg in die Arbeitszeitverkürzung, der gleichzeitig für Regierung und Arbeitgebervereinigung akzeptabel war.

Die Arbeitszeitverkürzung und die Privatisierung zeigen, daß sich die industriellen Beziehungen nicht ohne Einflüsse von »außen« gestalteten. Trotzdem wollte Nordhoff eher die vorhandenen betrieblichen Verhältnisse bewahren, als Wünsche und Forderungen anderer zu realisieren. Die Interessenvertretung vertrat insgesamt eigenständige, auch konfliktreiche Positionen, ohne jedoch gewonnenen Einfluß aufs Spiel zu setzen. Allerdings verhielt sie sich in grundsätzlichen Fragen kompromißbereit und war stets darauf bedacht, Konflikte mit der Unternehmensleitung nicht eskalieren zu lassen.

5. Die industriellen Beziehungen in der Phase der ökonomischen Prosperität

Der wirtschaftliche Aufstieg des Werkes zu einem weltumspannenden Unternehmen, eine sozialpartnerschaftliche Unternehmensphilosophie und eine Interessenvertretungspolitik, die die Beschäftigten am Unternehmenserfolg partizipieren lassen konnte, prägten die industriellen Beziehungen in der Phase ökonomischer Prosperität. Persönlichkeiten wie der Generaldirektor Nordhoff und der Betriebsratsvorsitzende Bork verkörperten einen friedvollen Interessenausgleich zwischen Arbeit und Kapital und ließen das Werk zu einem Paradebeispiel des deutschen Wirtschaftswunders werden. Differenzen zwischen der Unternehmensleitung und der Interessenvertretung der Beschäftigten wurden zur Ausnahme, Erfolge der Interessenvertretung wurden durch die Belegschaft honoriert, die IG Metall wurde zur stärksten gewerkschaftlichen Kraft im Werk, und Angriffe aus dem politischen Bereich, so bei der Frage der Privatisierung, und aus dem Arbeitgeberlager, wie bei der Frage der Arbeitszeitverkürzung, wurden durch die Unternehmensleitung und die Interessenvertretung gemeinschaftlich abgewehrt bzw. in ihren Wirkungen begrenzt.

Vor diesem Hintergrund deutet sich ein völlig neuer Stil industrieller Beziehungen an, der weder auf Traditionen der Jahre des Wiederaufbaus fußen konnte, noch durch totale Anlehnung an die Unternehmensleitung charakterisiert werden kann.

Bei dieser Politik herrschten eher Gemeinsamkeiten vor als konflikthafte Kontroversen. Pragmatisches Handeln strukturierte die Beziehungen ebenso wie Kompromißbereitschaft unter Respektierung der unterschiedlichen Interessenlagen und Legitimationszwänge.

5.1 Verhältnis zwischen Interessenvertretung und Unternehmensleitung

In den ersten Jahren des Untersuchungszeitraumes hatte, wie schon berichtet, die Dominanz der Unternehmensleitung deren Verhältnis zur Interessenvertretung bestimmt. Daher strebte die Interessenvertretung an, Ansehen und Unterstützung in der und durch die Belegschaft zu gewinnen und gleichzeitig als Gesprächs- und Verhandlungspartner von der Unternehmensleitung respektiert und anerkannt zu werden. Die Betriebsratsmitglieder organisierten eine dezentrale Vertretung, um täglich auftretende Arbeitsplatzprobleme in den Hallen und Abteilungen aufgreifen und diese vor Ort mit den betrieblichen Vorgesetzten besprechen und lösen zu können. Jedoch wurde dieser Dialog nicht durchgängig praktiziert; vielmehr lag es in der Hand der betrieblichen Vorgesetzten (Meister, Abteilungsleiter usw.), die jeweils zuständigen Betriebsratsmitglieder zur Problemlösung hinzuzuziehen oder auf einen Dialog zu verzichten. Kam aber ein Dialog zwischen Betriebsrat und betrieblichen Vorgesetzten zustande, dann bezogen sich die Gesprächsinhalte auf konkrete Arbeitsplatzprobleme von einzelnen Beschäftigten oder Beschäftigtengruppen. Die Betriebsräte konzentrierten sich ausschließlich auf Probleme des Alltags am Arbeitsplatz und deren Beseitigung durch Regelungen, die für alle tragbar waren. Dabei zeigten sie durchgängig Kompromißbereitschaft und machten den betrieblichen Vorgesetzten auf diese Weise deutlich, daß Problemlösungen nur über den Betriebsrat möglich waren. Diese Arbeitsweise ließ eine Vertrauensbasis zwischen Betriebsrat und betrieblichen Vorgesetzten entstehen, die auch positiv für die Unternehmensseite wirkte, da ein Klima der Zusammenarbeit geschaffen wurde. Dadurch, daß der Betriebsrat eine »Ventilfunktion« für Arbeitnehmersorgen übernahm und somit für die sozialen Beziehungen im Betrieb zuständig wurde, wurden die betrieblichen Vorgesetzten entlastet, die sich nun auf die technische Komponente der Produktion konzentrieren konnten.

Auch der Dialog zwischen dem Gremium Betriebsrat und der Unternehmensleitung beinhaltete Arbeitsplatzprobleme und Belegschaftssorgen bzw. Forderungen des Betriebsrates zur Lösung im Belegschaftsinteresse.

So wurden zum Beispiel Unfallschwerpunkte in der Produktion festgestellt und die Einhaltung der Unfallverhütungsvorschriften gefordert, die Ausdehnung der ärztlichen Betreuung auf die Wechselschichten hervorgehoben, die Einsprüche von Angestellten gegen die Gehaltseinstufung unterstützt. »Der Betriebsrat hat der Geschäftsleitung schon vor einiger Zeit den Vorschlag gemacht, in jeder Abteilung neben dem Büro der Unfallverhütung zusätzliche Leute einzusetzen, die nicht so sehr die Durchführung der Unfallverhütungsvorschriften kontrollieren, als vielmehr die Kollegen ständig auf die ihnen drohenden Gefahren aufmerksam machen sollen. ... Im übrigen haben wir die Forderung nach einer erweiterten ärztlichen Betreuung während der Wechselschichten ... der Geschäftsleitung vorgetragen. Es besteht Veranlassung, anzunehmen, daß die Dinge in naher Zukunft realisiert werden. ... Aufgrund des rückwirkend vom 1. April 1955 gültigen Gehaltstarifvertrages hat ein Teil der Angestellten Einspruch gegen die erfolgte Einstufung sowie gegen die Anrechnung der Leistungszulagen erhoben. Der Angestellten-Personalausschuß behandelt jeden einzelnen Fall mit der Personalabteilung, wobei ca. 40 Prozent der Einsprüche mit Erfolg bearbeitet wurden, während 60 Prozent noch offenstehen.« (»Wir vom Volkswagenwerk«, Nr. 6/1955.)

Betrachtet man das Verhalten des Betriebsrates in diesen Jahren insgesamt, so zeigt sich, daß er sowohl in den Hallen und Abteilungen als auch auf Werksebene noch eine Art Bittstellerrolle gegenüber den Vertretern der Unternehmensleitung einnahm und seine Anerkennung als respektierter Gesprächs- und Verhandlungspartner erst auszubauen trachtete. Je nachhaltiger jedoch die Probleme der Belegschaft aufgegriffen wurden, desto umfangreicher gestaltete sich die Kommunikation zwischen Unternehmensvertretern und Betriebsratsmitgliedern, was zur Veränderung der Rolle des Betriebsrates in Richtung einer akzeptierten Vertretung führte. Dieser Veränderungsprozeß soll im folgenden durch die umfassenden Kommunikationsformen und die häufige Beteiligung des Betriebsrates bei der sozialen und personellen Werksgestaltung ab Mitte der fünfziger Jahre dokumentiert werden.

Eine Form der Kommunikation zwischen Geschäftsleitung und Interessenvertretung bestand in der festen Einrichtung eines Gesprächskreises. Neben diesen im festen Rhythmus stattfindenden Sitzungen fanden auch Gespräche im kleinen Kreis statt. So heißt es in einem Interview: »Darüber gesprochen haben wir. Mehr oder weniger sind das Gespräche gewesen, die unter, sagen wir mal, zehn Augen geführt wurden. Das heißt, vom Vorstand waren drei Mann dabei, ebenso viele von uns. Wo es ruhig und sachlich zuging und wo Nordhoff immer wieder betonte, daß die

Leistung der Belegschaft eine sehr gute wäre, wir wenig Ausschuß hätten, oder irgendwie die Reklamationen im Verhältnis zur Produktion standen, doch so gering waren, daß darin doch eine kleine Anerkennung nötig sei.« Welchen Stellenwert diese Kontakte im kleinen Kreis im Verhältnis Geschäftsleitung und Interessenvertretung hatten und wie häufig sie durchgeführt wurden, wird unterschiedlich geschildert. Den Aussagen nach wurden Gespräche im kleinen Kreis oftmals den größeren Zusammenkünften vorgezogen, ohne daß sie zu einer festen Einrichtung wurden; sie hatten aber für die Sondierung von Meinungsbildern oder bei Verhandlungsschwierigkeiten einen wichtigen Stellenwert. Andererseits werden diese Konsultationen als nur recht selten und in Ausnahmefällen vorkommend geschildert. Danach fanden Verhandlungen bzw. Gespräche im kleinsten Kreis oder zwischen Nordhoff und Bork nur äußerst selten statt. Der damalige Betriebsratsvorsitzende dazu: »Und Sonderbesprechungen mit Nordhoff gab es überhaupt nicht. Ich bin drei- oder viermal bei Nordhoff gewesen, und da wurden persönliche Fragen seiner Vorstandskollegen besprochen. Nur dann gab es Vier-Augen-Gespräche, sonst habe ich mich gehütet, Geheimverhandlungen zu führen, und er hat dies respektiert. Er hat nur in Notfällen, wenn es um persönliche Dinge ging, mich um eine Vorwegmeinung gebeten. ... Nordhoff wußte ja, daß ich der Sprecher einer Gruppe war. Vielmehr waren Verhandlungen und Gespräche mit den Beauftragten des Personal- und Sozialwesens, an denen von seiten der Interessenvertretung nur die Mitglieder des Betriebsausschusses teilnahmen, der Regelfall.«

Zur Kommunikation zwischen Geschäftsleitung und Interessenvertretung, wie sie sich in diesen Jahren entwickelt hatte, wird zusammenfassend ausgeführt: »... seit 1950 war ich an Direktbesprechungen beteiligt, sie fanden in unterschiedlicher Zusammensetzung statt; einmal auf der höchsten Ebene mit Nordhoff. Nordhoff als Vorsitzender, dann Besprechungen mit den Vorstandsmitgliedern je zu ihren Bereichen ..., und da hatten wir Besprechungen auf niederer Ebene – Hauptabteilungsleiter –, je nach Bedarf und dann auch spezialisiert vom Thema her, beispielsweise mit dem Personalbereich oder dem Sozialbereich, ... das waren dann jeweils verschiedene Gesprächspartner ... und darüber hinaus die verschiedenen Hallenbereiche mit ihren Gesprächspartnern, aber dann auch wiederum vom Betriebsrat in anderer Zusammensetzung.«

Die hier angesprochenen Gespräche liefen aber nicht nach festen Ritualen ab, sondern gestalteten sich recht unterschiedlich, wobei die Geschäftsleitung auch nicht immer als geschlossener Block auftrat und durchgängig über alle Hierarchieebenen eine Meinung vertrat. Bei Verhandlungskonflikten griff Nordhoff auch persönlich ein, indem er auf eine schnelle Erledigung drängte und untergebene Verhandlungsführer überspielte, sie auch brüskierte: »Ich erinnere mich noch an die Verhandlungen im Rahmen der ersten Kurzarbeit, wo sie mit den zuständigen Gesprächspartnern der Geschäftsleitung nicht weiterkamen, wo es Streit über die sozialen Aspekte und die Prozentsätze der Ausgleichszahlungen des Werkes gab, wie er (Nordhoff) dann sagte: ›Meine Herren, bis morgen mittag haben Sie das Ding zustimmend unterschrieben ... Machen Sie sich keine Sorgen, das bringe ich den Herren bei.‹ Und das ist auch gelaufen. Am nächsten Tag war das erledigt. Und so ist manches Ding, was auf den Nägeln brannte, gelöst worden.« (Interview.)

Daß das Eingreifen Nordhoffs nicht die Ausnahme war, zeigen ein weiteres Beispiel bzw. der konkrete Ablauf einer Verhandlung zum Thema »Werksrente« und zu »versorgungsrechtlichen Fragen«. »Da hatten die uns ein Angebot unterbreitet, obwohl wir schon mehrere Male ihnen gesagt hatten: Meine Herren, wenn Sie es wagen, uns das gleiche Papier noch einmal vorzulegen, dann erleben Sie einen Tanz... Und dann legten sie uns das gleiche Angebot noch einmal vor, und wir hatten aber schon vorsorglich eine Rolle Isolierband mitgenommen. Dann wurde uns das Papier ganz feierlich überreicht, und wir haben es gleich mit dem Isolierband schwarz umrandet und es ihnen zurückgegeben. ... Mit dem Mittel des Streiks wurde in diesem Zusammenhang nicht gedroht ... in Gesprächen mit Nordhoff wurde eine Einigung erzielt«, so der gleiche Interviewpartner. Betrachtet man die besondere Rolle des Generaldirektors in diesem Zusammenhang, so zeigt sich, daß der Kommunikationsprozeß gerade von ihm nachhaltig beeinflußt wurde.

Die Aussagen zum Verhandlungssystem und zur Kommunikation zeigen folgende Struktur: Neben der hierarchischen Kompetenzverteilung bzw. den Zuständigkeitsbefugnissen lassen sich zur Lösung betrieblicher Fragen auf seiten der Unternehmensleitung und der Interessenvertretung drei Gesprächsebenen herauskristallisieren, die sich sowohl ergänzen als auch voneinander abgrenzen lassen:

- Das kontinuierlich stattfindende Gespräch mit den Hallenleitern und weiteren Führungskräften bildet die erste Gesprächsebene.
- Die zweite Gesprächsebene vollzieht sich zwischen den Mitgliedern des Betriebsausschusses und Vertretern der Sozial- und Personalabteilung bzw. den Vertretern des Unternehmens in den gemeinsamen Ausschüssen des Betriebsrates. Hinzu kommen insbesondere Verhandlungen und Vereinbarungen ohne Vorstandsmitglieder, aber auch Sondierungsgespräche zur gegenseitigen Information und frühzeitigen Erfor-

schung von Spielräumen für spätere Tarifverhandlungen. Nur in Ausnahmefällen kommt es zur Hinzuziehung von Vorstandsmitgliedern oder des Generaldirektors.

– Die dritte Gesprächsebene dient der betrieblichen Einzelfallhilfe und der Klärung betrieblicher Detailfragen aus den einzelnen Abteilungen. Hier sprechen die Vertreter der Abteilungen und die zuständigen Betriebsratsmitglieder, ohne schriftliche Fixierung der Ergebnisse und ohne Einschaltung einer höheren Instanz, Probleme selbständig ab. Nur in seltenen Ausnahmefällen wird dabei eine andere Gesprächsebene berührt.

Zeigten diese umfangreichen Kommunikationsformen schon ein Verhältnis zwischen Interessenvertretung und Unternehmensleitung, das gegenseitige Beziehungen unter Anerkennung der anderen Seite voraussetzte und einen zielgerichteten Dialog bzw. themen- und problemorientiertes Handeln beinhaltete, so hing die Einflußnahme der Interessenvertretung doch stark vom Wohlwollen des Generaldirektors ab. »Der Betriebsrat«, so die IG-Metall-Werkszeitung 1955, »der sich nach seiner Neuwahl der Geschäftsleitung vorstellte, hat bei dieser Gelegenheit auch das Problem der Einführung der 5-Tage-Woche im Volkswagenwerk zur Sprache gebracht. Der Kollege Hugo Bork unterhielt sich über diese Frage eingehend mit Generaldirektor Professor Dr. Nordhoff. ... In der Frage der Kennzeichnung der Kollegen Meister konnte leider noch immer kein Fortschritt erzielt werden.«

Doch je nachhaltiger Nordhoff seine Autoritätsposition im Betrieb und in der Öffentlichkeit festigen konnte, um so mehr wurden der Interessenvertretung Spielräume zugewiesen, wobei die Einstellung Nordhoffs wichtige Ansatz- und Anknüpfungspunkte eröffnete. »Er war ja auch in dem Sinne Reformer und hat auch viele Dinge, die wir im Volkswagenwerk geboren haben, wenn auch erst widerstrebend, aber doch später erkannt. ... Er war echt daran interessiert, und er hat in seiner Begründung bei der Einführung der Erfolgsprämie ausgeführt, daß er echt die Verantwortung fühlte, Kapital und Arbeit wenn auch nicht gleichwertig, aber die Arbeit mindestens anteilsmäßig am Erfolg zu beteiligen ...« (Interview.) Neben diesem Zusammenwirken traten aber auch erste Differenzen auf. Die Interessenvertretung betonte nun selbstbewußter ihren Anspruch, die erstrittenen materiellen Leistungen für die Belegschaft als ihren Erfolg zu reklamieren. »Der Wirtschaftsausschuß des Betriebsrates hat die Geschäftsleitung gebeten, die Frage zu beantworten, aus welchen Einzelbeträgen sich die freiwilligen Sozialleistungen des Werkes zusammensetzen. ... In einer Anfrage wurde die Geschäftsleitung um Auskunft über die

Höhe des Gewinns gebeten, den das Werk seit Einführung des betrieblichen Vorschlagwesens aus den Verbesserungsvorschlägen der Arbeitnehmer erzielt hat«, so »Wir vom Volkswagenwerk«, Nr. 5/1955. In diesem Zeitrahmen haben sich auch die Inhalte der Konsultationen in Richtung auf die Lösung sozialer und personeller Werksprobleme genereller Art verschoben. Nicht nur als Ergänzung des Dialogs in den Hallen und Abteilungen dienten die zentralen Gesprächsrunden: Hier wurden nun auch Forderungen erhoben, die übergreifend alle betrafen und Wirkungen für Belegschaftsgruppen bzw. die Gesamtbelegschaft hatten. Ein Beispiel dafür, wiederum aus »Wir vom Volkswagenwerk«, Nr. 2/1955: »Schon jetzt wird die Verlegung des Lieferwagenbaus in das Zweigwerk Hannover vorbereitet... Der Betriebsrat hat gefordert, daß keiner dieser Kollegen einen Lohnverlust erleiden darf. Nach Ansicht des Betriebsrates wird es auch möglich sein, dieses Ziel im Rahmen der vorgesehenen Produktionserhöhung zu erreichen.«

Daß die Gesprächsinhalte bzw. die Forderungen des Betriebsrates sich im Rahmen des Machbaren bewegten und die Rentabilität des Werkes nicht in Frage stellten, zeigt ein weiteres Beispiel: »Die Erfahrungen in der Abteilung 152/Rahmenbau haben die Vertreter der Industriegewerkschaft Metall im Betriebsrat veranlaßt, sich bei der Werksleitung für eine Ausdehnung des Kurz-Pausen-Systems einzusetzen... Die Praxis hat erwiesen, daß kein Produktionsausfall entsteht.« (»Wir vom Volkswagenwerk«, Nr. 1/1955.)

Diese Beispiele belegen, daß nicht die Unternehmenspolitik insgesamt die Arbeit der Interessenvertretung strukturierte, sondern daß die Wahrnehmung der Schutzfunktion und die soziale Ausgestaltung der Arbeitsbeziehungen im Mittelpunkt standen. Weder der Bau von neuen Werken noch das Produktionsprogramm wurden diskutiert, sondern die Auswirkungen der Entscheidungen der Unternehmensleitung bestimmten die Gesprächsthemen bzw. die Verhandlungsgegenstände und veranlaßten Initiativen zu eigenem Handeln. Betrachtet man exemplarisch die Jahre 1955 und 1956, so belegen die vielfältigen inhaltlichen Aktivitäten des Betriebsrates, daß seine Forderungen eng mit der Produktion verbunden waren und Rücksichtnahme und Verständnis für die Unternehmenspolitik beinhalteten. Die in diesen Jahren vorherrschenden Inhalte der Verhandlungsbeziehungen zwischen Interessenvertretung und Geschäftsleitung lassen sich durchgängig auch in den folgenden Jahren feststellen.

Nicht nur in den Arbeitsbereichen, sondern auf allen Ebenen gestaltete sich das Durchsetzungsverhalten der Interessenvertretung eher zurückhaltend, als offensiv fordernd. Hierbei strukturierten Personen und Sachargumente das gegenseitige Verhältnis.

Hier zeigt sich ferner, daß der friedliche Interessenausgleich beide Seiten zufriedenstellte und Konflikte ausschloß bzw. sie erst gar nicht aufkommen ließ. Durch diese Art des Vorgehens blieben auch Sanktionsdrohungen der Gewerkschaftsvertreter die Ausnahme. Die Drohung mit einem Streik wurde, wenn überhaupt, nur in Tarifverhandlungen eingesetzt. »Da wurde auch schon gesagt, meine Herren, wenn das hier Angebotene alles ist und kein neuer Termin genannt wird, können wir Ihnen nur sagen, daß morgen früh einige Abteilungen dicht sind... Aber sonst wurde sich in der Regel mit Sachargumenten auseinandergesetzt.« (Interview.)

Die Gründe für die schrittweise Anerkennung der Interessenvertretung als respektierter Partner durch die Unternehmensleitung finden sich sowohl in der Art der Beziehungen als auch im selbstbewußten Verhalten des Betriebsrates im Rahmen der gewerkschaftlichen Tarifpolitik, in der Hilfe bei der Arbeiterrekrutierung bzw. deren betrieblicher Eingliederung, nicht zuletzt aber auch in den konfliktträchtigen Auseinandersetzungen um die Privatisierung und die Arbeitszeitverkürzung. Einen besonderen Stellenwert nahm hier der Einfluß der betrieblichen Interessenvertretung im Vorfeld und während der konkreten Tarifverhandlungen ein. Nach Aussagen mehrerer Interviewpartner wurden die Konsultationen mit der Unternehmensleitung gleichzeitig dazu genutzt, Spielräume für spätere Tarifverhandlungen zu erkunden. Man verstand sich als »Sondierer« späterer Gespräche, die von den Tarifvertragsparteien geführt wurden.

Ein weiterer Grund für das zunehmende Gewicht der Interessenvertretung ist in der oftmals dramatisch verlaufenden Einstellungspraxis des Werkes zu finden. Die Vermeidung von Produktionsstörungen, die reibungslose Eingliederung der neuen Beschäftigten in die Produktion und ins Sozialgefüge des Unternehmens ließen Betriebsräte und Vertrauensleute zu unverzichtbaren Kommunikationspartnern der betrieblichen Vorgesetzten und der Unternehmensleitung werden.

Gemeinsamkeiten zwischen Interessenvertretung und Generaldirektor, Abwehr von Angriffen, die die betrieblichen Verhältnisse stören konnten, führten in ihrer Summe bzw. ihrer Verknüpfung zu einer Interessenvertretung, die durch die Unternehmensleitung anerkannt und zu einem unverzichtbaren Partner wurde. In dieser Entwicklung war aber auch enthalten, daß die eigenständigen Konturen der Interessenvertretung nicht mehr eindeutig sichtbar waren. So wurde die Grundeinstellung

Nordhoffs immer wieder sowohl zum Vor- als auch zum Nachteil für die Profilierung einer eigenständigen Interessenvertretungspolitik: zum Vorteil dadurch, daß sich die materiellen Bedingungen für die Belegschaft stetig verbesserten und die Einflußnahme der Interessenvertretung kontinuierlich gesteigert wurde; zum Nachteil, weil die Position des Generaldirektors immer stärker werden konnte. Hier wird deutlich, daß das Verhalten von Nordhoff einerseits für Belegschaft und Interessenvertretung eine Chance auf materielle und wirksame Partizipation im gewerkschaftlichen Sinne bot, daß aber andererseits der Interessengleichklang zwischen Geschäftsleitung und Interessenvertretung insbesondere in ihrer Außenwirkung hervortrat. »Dies sei eine sehr unerfreuliche Situation für die Gewerkschaften. Sie können nicht darauf hinweisen, welche Erfolge erzielt werden, andererseits gehe eine Verbesserung der Arbeitszeit und der Lohn- und Gehaltsverhältnisse vor sich, die möglicherweise von den Arbeitern und Angestellten als von der Betriebsleitung ausgehend angesehen würde. Man frage sich dann, aus welchem Grunde man Mitglied der Gewerkschaft sein müßte ...«[35] Es zeigte sich, daß die soziale Komponente des Generaldirektors und seine Dominanz nun zur Grenze für das Handeln der Interessenvertretung wurden, der gewerkschaftlichen Mitgliederrekrutierung nicht förderlich waren und daß die konkrete Interessenvertretungspraxis im Ergebnis als vorteilhaft für die Unternehmensentwicklung wirkte. Zwar war die Interessenvertretung nun eine anerkannte, respektierte und erfolgreiche Institution, doch war damit unabdingbar ein Handeln auch im Interesse des Unternehmens und eine Unterstützung der Politik der Unternehmensleitung verbunden.

5.2 Selbstverständnis, Struktur und Organisation der Interessenvertretung

Die Entwicklung von einer in sich zerstrittenen und handlungsunfähigen Vertretungsinstanz zu einer durch Unternehmensleitung und Belegschaft respektierten und akzeptierten Interessenvertretung rührte zu einem guten Teil aus dem neu definierten Rollenverständnis her. Als Handlungsmaxime galt: Man verstand sich als konsequentes, demokratisch legitimiertes Vertretungsorgan der Belegschaft; man war der legitimierte Vertreter betrieblicher Gewerkschaftspolitik; man war ein sensibler Bewahrer der Besonderheit des Werkes und trug der Balance zwischen ökonomischer Prosperität des Unternehmens und materieller Teilhabe der Belegschaft Rechnung. Diese Orientierung entwickelte sich zum Teil widersprüchlich, zum Teil parallel zueinander; auch wurde die aufgestellte

35 Hilterscheid, H.: a.a.O., S. 5.

Maxime nicht durchgängig zu einem offensiven Vertretungskonezpt. Vielmehr begrenzte sich das Selbstverständnis durch die Wirkungen der von der Belegschaft verinnerlichten Unternehmensphilosophie (VW-Familie, soziales und fortschrittliches Unternehmen). Die Interessenvertretung steckte in dem Dilemma, einerseits die eigene Existenzberechtigung bei völliger Akzeptanz der sozialreformerischen Politik der Unternehmensleitung in Frage gestellt zu sehen und andererseits die sich langsam einstellende Akzeptanz seitens der Belegschaft durch eine offene Ablehnung bzw. durch eine konfliktbetonte Auseinandersetzung mit dieser Philosophie zu gefährden. Aufgrund der VW-spezifischen Prämissen entschied sich die Interessenvertretung für ein Vertretungskonzept mit der Maxime, sich durch vorsichtiges Taktieren, pragmatische Entscheidungen und kompromißhafte Lösungsmuster die Teilhabe im betrieblichen Herrschaftssystem zu sichern und dadurch die Eingangsvoraussetzung zu schaffen, die Beziehungen zwischen Unternehmensleitung und Belegschaft aufzubrechen und durch Entwicklung eigenständiger Sozialaspekte die Existenzberechtigung einer Interessenvertretung nachzuweisen. Man entschied sich für eine Politik des Machbaren, die ideologische, gesellschaftsverändernde bzw. gewerkschaftsprogrammatische Ziele nicht berücksichtigte. In der Zeitung »Wir vom Volkswagenwerk« hieß es dazu in Ausgabe Nr. 3/1955: »Betriebsvertretung bedeutet Dienst an der Allgemeinheit wie Hilfe für den einzelnen bei seinen persönlichen Sorgen und Nöten. Die Betriebsräte sollen jedem Werksangehörigen zur Seite stehen.«

Die Einzelfallhilfe war jedoch nur ein Aspekt des Selbstverständnisses, der die pragmatische Orientierung verdeutlichte. Di pragmatische Orientierung zeigte sich noch deutlicher, indem die Ziele bzw. das Selbstverständnis darauf ausgerichtet waren, die wirtschaftlichen Erfolge des Unternehmens in Verbesserungen für die Belegschaft umzusetzen und die eigenen Forderungen bzw. die Kompromisse bei Verhandlungen an der Wirtschaftskraft des Werkes zu orientieren. »Wir vertreten immer die Auffassung, daß eine Kuh, die man möglichst lange melken will, natürlich auch entsprechend zu füttern ist, damit immer Milch in der entsprechenden Qualität herauskommt, und das ist eigentlich das Geheimnis, worin möglicherweise der wirtschaftliche Erfolg des Unternehmens, aber auch die Spitzenstellung der Arbeitnehmer in sozialer Hinsicht zu suchen ist. Es ist uns in der Vergangenheit immer gelungen, auf dieser Grundlage zu tragfähigen Kompromissen zu kommen.« (Interview.)

Dieses Selbstverständnis schloß die Einflußnahme auf die Unternehmenspolitik aus, denn diese betrachtete man als Aufgabe der Unternehmensleitung. Ob beispielsweise VW Zweigwerke im In- und Ausland hinzukaufte oder errichtete, ob eine veränderte Modell- oder Preispolitik notwendig sein könnte, war für den Betriebsrat sekundär. Primär waren hingegen Fragen, die konkrete Einzelfall- bzw. Gruppeninteressen betrafen. So war es im Selbstverständnis der Betriebsratsmitglieder wichtig, für Wolfsburger Werksangehörige, die im Werk Hannover arbeiten wollten, zusätzliche Gratifikationen auszuhandeln und den nötigen Wohnraum zu fordern: »Der Betriebsrat bemüht sich, in Verhandlungen mit der Geschäftsleitung den von Wolfsburg nach Hannover versetzten Kollegen einen Ausgleich für die Nachteile zu verschaffen, die im Zusammenhang mit ihrer Versetzung stehen.«

Entsprechend der grundsätzlichen Respektierung des einzelbetrieblichen Rentabilitätsprinzips war die Interessenvertretungspolitik darauf gerichtet, durch eine pragmatische Handlungsweise die Unternehmenserfolge zu Vertretungserfolgen werden zu lassen und dies als eigene Orientierung bewußt herauszustellen. Signifikante Beispiele hierfür sind unter anderem die Inhalte der Betriebsratssitzungen. Einige repräsentative Fälle sollen hier dargestellt werden.

- Betriebsratssitzung im Jahre 1955:
  Im ersten Punkt berichtet Hugo Bork, daß die Werksleitung den Sonnabend als Arbeitstag fest eingeplant hat. Der Betriebsrat diskutiert hierüber und moniert Fragen, die insbesondere die Bezahlung der Sonnabendarbeit betreffen. In einem weiteren Punkt diskutiert der Betriebsrat über die Umsetzungsaktionen in der Halle 1. Hier soll nachgefragt werden, inwieweit Übergangsregelungen für Werksangehörige vereinbart werden können, die durch die Umsetzungsaktion in ihrer alten Lohngruppe negativ betroffen werden.
- Betriebsratssitzung im Jahre 1956:
  In dieser Sitzung wird im ersten Tagesordnungspunkt über die Fertigstellung von werkseigenen Wohnungen diskutiert. Hierbei beschäftigt sich der Betriebsrat mit Klagen von Werksangehörigen und gleichzeitig neuen Mietern zu Baubeanstandungen und diskutiert über Konflikte, die bei der Vergabe von Wohnungen zwischen Werksangehörigen auftraten. In einem weiteren Tagesordnungspunkt berichten die Beauftragten des Betriebsrates von den Ausschußsitzungen. Der Sicherheitsausschuß beschäftigte sich mit schweren Unfällen im Preßwerk bzw. in der Gießerei. Es wird über Möglichkeiten nachgedacht, die Arbeitssicherheit zu erhöhen.
- Betriebsratssitzung im Jahre 1966:
  In einem Tagesordnungspunkt wurden verschiedene Vorschläge zur

Regelung von Resturlaubstagen diskutiert. Offen bleibt die Frage, ob diese Tage im Zusammenhang oder in bestimmten Zeitperioden zu nehmen sind, oder ob sie individuell genutzt werden können. Oberste Maxime des Betriebsrates ist es, daß die Regelung immer im Zusammenhang mit der Aufrechterhaltung der Produktion gesehen werden muß. Es wird berichtet, daß die Geschäftsleitung Gespräche mit ca. 100 Werksangehörigen führt, die das 65. Lebensjahr erreicht haben und noch im Unternehmen tätig sind. Der Betriebsrat beabsichtigt hierzu, der Geschäftsleitung mitzuteilen, daß diese Gespräche ohne Druck und unter Berücksichtigung der persönlichen Verhältnisse der Betroffenen zu führen seien, denn dieser Personenkreis hat durch die Kriegseinwirkungen oft nicht die Möglichkeit gehabt, die notwendigen Rentenjahre anzusammeln. Diesen Umstand muß die Unternehmensleitung aus Sicht des Betriebsrates voll berücksichtigen.

Die Inhalte der Betriebsratssitzungen bekräftigen das vorgefundene Selbstverständnis, das durch Gemeinsamkeit mit der Unternehmensleitung ebenso gekennzeichnet war, wie es mittels pragmatischer Diskussionen den eigenen Willensbildungs- und Entscheidungsprozeß bestimmte. Man orientierte sich an einem Erfahrungs- und Handlungspotential, das aufgrund der akzeptierten Grenzen der Unternehmensvorgaben ausschloß, autonom zu agieren. Der eigenständige Vertretungsrahmen wurde durch die Beziehungen zur Unternehmensleitung strukturiert, Betriebsratssitzungen hatten den Stellenwert einer vor- bzw. nachgelagerten Regulierungsinstanz, die zur Bewältigung alltäglicher Probleme eine demokratische Legitimation erteilte. Diese pragmatische Politik, die übergeordnete, meist konfliktträchtige Probleme ausklammerte, schuf jedoch den inneren Konsens, der selbst stark divergierende politische Grundhaltungen verband und Differenzen schon im Vorfeld von Entscheidungen wirksam eindämmte.

Vor dem Hintergrund des breiten Vertretungsspektrums, mit divergierenden Strömungen und politischen Grundhaltungen, formte sich ein Bild der Geschlossenheit, das zum einen die Zusammenarbeit mit der Unternehmensleitung nicht störte und von der Belegschaft toleriert wurde und das zum anderen geeignet war, den Einfluß der IG Metall im Betrieb auszubauen, ohne gleichzeitig den Widerstand der anderen Gruppierungen angehörenden Betriebsratsmitglieder bzw. der Konkurrenzorganisationen heraufzubeschwören. Welche Bedeutung dieser Umstand für die weitere Entwicklung der Interessenvertretungsarbeit hatte, zeigt der Weg von der Betriebsratswahl 1953 – ohne Mehrheit der IG Metall im Betriebsrat – bis zur eindeutigen IG-Metall-Dominanz in den sechziger

Jahren. Ohne Mehrheit koalierten die der IG Metall angehörenden Betriebsratsmitglieder nach der Betriebsratswahl 1953 mit den DAG-Vertretern im Betriebsrat. Mit Unterstützung der DAG konnte man dann die Beteiligung der Unabhängigen und der DAV im Leitungsgremium Betriebsausschuß verhindern und damit deren Wirkung minimieren. Der Kampf gegen die Unabhängigen und die DAV-Betriebsratsmitglieder wurde nicht von den der IG Metall angehörenden Betriebsratsmitgliedern, sondern von der gewerkschaftlichen Organisation geführt. Dies vollzog sich vornehmlich auf den Betriebsversammlungen und durch vielfältige Flugblattkampagnen. Die IG-Metall-Betriebsratsmitglieder hingegen konzentrierten sich in der täglichen Arbeit auf Sachfragen und vermieden es peinlichst, Differenzen über politische und gewerkschaftliche Grundsatzfragen aufkommen zu lassen. Diese Doppelstrategie – einerseits Integration und andererseits Abgrenzung – verlangte jedoch von den einzelnen Personen ein hohes Maß an Verhandlungsgeschick und persönlicher Integrität. Mit Hugo Bork als Betriebsratsvorsitzendem hatte die IG Metall eine Person in den Vordergrund gerückt, die diese Doppelstrategie einlösen konnte und die es vermochte, Geschlossenheit in der eigenen Organisation, aber auch in der Zusammenarbeit mit den anderen Gruppierungen im Betriebsrat zu erzielen.

Zu Spannungen innerhalb des Betriebsrates kam es immer nur dann, wenn Positionen neu besetzt werden mußten und damit persönliche Interessen in den Vordergrund rückten. Dabei traten diese Auseinandersetzungen nachweisbar nicht unter den IG-Metall-Betriebsratsmitgliedern auf, sondern es herrschte vielmehr Streit zwischen den Gruppen und Gewerkschaften innerhalb des Betriebsrates. Hier ging es um Ausschußvorsitzende, die Besetzung des Betriebsausschusses und die Einteilung von Betreuungsbereichen.

Erst die Betriebsratswahl 1955 änderte die Mehrheitsverhältnisse im Betriebsrat. Die IG Metall konnte ihren Einfluß ausbauen und eine deutliche Positionsbestimmung gegenüber den anderen Gruppierungen vornehmen. Sie konzentrierte sich nun verstärkt auf den Aufbau einer IG-Metall-Interessenvertretung, wobei nun auch der Angestelltenbereich in diese Arbeit einbezogen wurde. Die offensive Politik der IG-Metall-Betriebsratsmitglieder führte zwangsläufig zu vermehrten Kontroversen mit den anderen Gewerkschaften und Gruppierungen, die nun auch betriebsöffentlich ausgetragen wurden: »Die Betriebsversammlung war ja Ausdruck dieser Verhältnisse. Die IG Metall hat klar den Kurs bestimmt. ... Wo der Betriebsausschuß voll aus IG Metallern bestand, wurde die klare Führungslinie der IG Metall erkennbar, und Differenzen waren eigentlich immer nur persönlicher Art, wo es um Zuständigkeitsbereiche ging, wo kleine Gruppen versuchten, Agitation gegen die Großen zu machen, dort haben sich immer Schwierigkeiten ergeben, auch zur Freistellung von der Arbeit und Loslösung vom Arbeitsplatz, und um alle diese Dinge gab es Diskussionen. Aber in bezug auf die Forderungen gab es, abgesehen von polemischen Auseinandersetzungen bei Betriebsratswahlen, keine Differenzen.« (Interview mit Hugo Bork.) Aus einer Position der inneren Stabilität und Stärke formte sich in dieser Zeit der Betriebsausschuß auch zu einem gewerkschaftlichen Leitungsorgan. Die Rücksichtnahmen gegenüber den anderen Gruppierungen und Organisationen konnten aufgegeben, der interne Abklärungsprozeß über einzunehmende Verhandlungspositionen unkomplizierter und der Maxime der IG Metall folgend durchgeführt und die eher verdeckt praktizierte gewerkschaftliche Orientierung offen als neues Vertretungselement in die Interessenvertretungsarbeit einbezogen werden. Dabei stützte sich der Betriebsausschuß auf Personen, die durch ihr Engagement in gewerkschaftlichen Funktionen Betriebsratspolitik und Gewerkschaftsarbeit vereinigten. Gewerkschaftsarbeit und gewerkschaftliche Organisationssicherung waren dabei miteinander identisch. Beitragskassierung, Mitgliederwerbung, Erweiterung der Vertrauensleutearbeit auf der einen Seite und eine materiell orientierte Tarifpolitik für die Belegschaft auf der anderen Seite umreißen das gewerkschaftliche Selbstverständnis der in der IG Metall organisierten Betriebsratsmitglieder.

Nachdem Einflußfelder im Dialog mit der Unternehmensleitung erschlossen waren, innere Geschlossenheit vorlag und der Einfluß der Betriebsratsmitglieder ohne IG-Metall-Bindung zurückgedrängt war, erhielt der Aufbau neuer Vertretungsarbeit Priorität. Bis 1957 waren alle Betriebsratsmitglieder an den Diskussionsprozessen umfassend beteiligt. Die Arbeits- und Organisationsstrukturen waren offen angelegt. Der Betriebsratsvorsitzende nahm zwar eine herausragende Position ein, und mit der Freistellung einiger Betriebsratsmitglieder erweiterte sich der Personenkreis, der Gespräche führte und somit über Informationsvorsprünge verfügte, doch noch nach der Wahl 1955 blieben die Aufgaben und Kompetenzen der einzelnen Betriebsratsmitglieder recht breit gestreut. So wurde beschlossen: »Entsprechend der Zahl seiner Mitglieder wird der neu gewählte Betriebsrat das Werk in 25 Bereiche aufteilen.« (»Wir vom Volkswagenwerk«, Nr. 3/1955.) Jedoch zwei Jahre später traten hier Veränderungen ein. Die Organisation der Betriebsratsarbeit konzentrierte sich zunehmend auf das Leitungsgremium Betriebsausschuß. Neue Kompetenzen fielen zumeist nur den Personengruppen zu, die an der Ausschußarbeit beteiligt waren. Insgesamt deutete die Arbeit der Interessenvertretung immer mehr in die Richtung einer verstärkten Arbeitsteilung und Dominanz der IG-Metall-Betriebsratsmitglieder. Die Betriebsratswahl 1957 bestätigte den erfolgreichen Kurs der IG Metall. Sie errang 26 von 35 Mandaten und sicherte damit ihre hervorragende Position. »In der konstituierenden Sitzung des neugewählten Betriebsrates wurde der Kollege Hugo Bork wieder zum Betriebsratsvorsitzenden gewählt; sein Stellvertreter wurde Hans Grimm (Angestellter). In den Betriebsausschuß wurden 5 IG-Metall-Vertreter gewählt, die gemeinschaftlich die Geschäfte des Betriebsrates zentral führten. In diesem Zentralbereich war die Frauenvertretung mit 3 Kolleginnen angesiedelt, ferner die Angestelltenvertretung mit 2 Betriebsratskollegen. Zusätzlich arbeitete dort noch ein Betriebsratsmitglied, das für soziale Angelegenheiten zuständig war. Für das betriebliche Vorschlagswesen wurden 3 Betriebsratskollegen gewählt. Der Betriebsrat war in 7 Ausschüssen tätig; so im Ausschuß Lohnempfänger/Personal, im Lohn- und Akkordausschuß, Unfallausschuß, Wohnungsausschuß, Sozialausschuß, Verkehrsausschuß und Berufsbildungsausschuß. Neben diesen zentral arbeitenden Gremien wurde das Werk noch in 10 Betriebsratsbereiche eingeteilt. Nach dieser Bereichseinteilung hatte jedes Betriebsratsmitglied einen klar umrissenen Wirkungsbereich zu betreuen.«

Diese Wahlergebnisse belegen die Dominanz der IG Metall im Leitungsgremium Betriebsausschuß, bei der Personenbetreuung und bei der Arbeit in den Hallen und Abteilungen. Infolge der Umstrukturierung stand jedoch der dezentralen Betreuungsebene eine zentrale Entscheidungsebene gegenüber. Die Ausschußarbeit (den Betriebsausschuß eingeschlossen) basierte, entgegen dem breitangelegten Entscheidungsprozeß der Anfangsjahre, auf einer starken Arbeitsteilung und einer zunehmenden Spezialisierung. Am Beispiel des Lohn- und Akkordausschusses, des Unfall- und des Wohnungsausschusses kann gezeigt werden, wie spezialisiert diese Arbeit war und wie sich die Zusammenarbeit mit den Vertretern der Geschäftsleitung gestaltete:

- Im Lohn- und Akkordausschuß diskutieren je drei Betriebsratsvertreter und drei Vertreter der Geschäftsleitung über Beschwerden aus der Belegschaft, Zeitvorgaben und Bewertungen eines Arbeitsplatzes. »Eine solche Verhandlung ist meist ein zähes Ringen. ... Eine Entscheidung ist also in der Regel immer nur dann möglich, wenn alle sechs übereinstimmen«, hieß es in »Wir vom Volkswagenwerk«, Nr. 15/1956.
- Im Unfallausschuß werden Unfälle besprochen, über technische und organisatorische Veränderungsvorschläge und -möglichkeiten nachgedacht sowie Aufklärungsarbeit im Betrieb diskutiert. In den Sitzungen

des Unfallausschusses wird auch über die Anerkennung von Unfällen entschieden: »Sehr oft treten hierbei Schwierigkeiten dann auf, wenn Verletzungen nachträglich gemeldet werden. Von der rechtzeitigen Meldung hängt die Bezahlung der ausgefallenen Karenztage ab.« (Wir vom Volkswagenwerk, Nr. 16/1956.)

- Im Wohnungsausschuß arbeiten Betriebsratsmitglieder, deren Aufgabe es ist, mit den Vertretern der Geschäftsleitung über alle Wohnungsangelegenheiten zu verhandeln. »Es liegt in der Natur der Sache, daß der Wohnungsausschuß des Betriebsrates recht heftigen Angriffen der wohnungssuchenden Kollegen ausgesetzt ist. ... Dabei muß gleich gesagt werden, daß das Verhältnis von Angebot und Nachfrage an Wohnungen in keinem Verhältnis zueinander steht, obschon wir uns ständig darum bemühen, daß mehr Wohnungen in Wolfsburg und der Umgebung für Wolfsburger gebaut werden. ... Ich glaube, daß gerade in dieser wichtigen Angelegenheit die Vertreter der Belegschaft eingeschaltet werden müssen, wenn man allen sozialen und menschlichen Interessen der Kollegen gerecht werden will.« (Wir vom Volkswagenwerk, Nr. 17/1956.)

Probleme mit diesen Formen der Betriebsratsarbeit wurden zwar im Gespräch angedeutet, blieben aber für die folgenden Jahre ohne Bedeutung, da diese kritische Position auf die Organisation, die Arbeitsteilung und Spezialisierung keinerlei Auswirkungen hatte.

Die in den fünfziger Jahren vorherrschende Organisationsform und Struktur setzte sich auch in den sechziger Jahren fort, wobei neue Ausschüsse hinzukamen. »Der neugewählte Betriebsrat hat seine Arbeit für die Belegschaft unmittelbar aufgenommen. Diese Arbeit begann mit der konstituierenden Sitzung, in der der Betriebsratsvorsitzende sowie ein Stellvertreter gewählt und die Arbeitsausschüsse gebildet wurden. Als geschäftsführender Ausschuß ist der Betriebsausschuß der wichtigste der verschiedenen Arbeitsausschüsse des Betriebsrates. Seine Mitglieder führen die entscheidenden Verhandlungen mit den Mitgliedern des Vorstandes der Volkswagenwerk AG. Aufgabe der Mitglieder des Betriebsausschusses ist es, die Beschlüsse des Betriebsrates und damit die Wünsche der Belegschaft gegenüber dem Vorstand des Werkes durchzusetzen.« Einstimmig »wurde der Spitzenkandidat der IGM, unser Kollege Hugo Bork, als Vorsitzender des Betriebsrates wiedergewählt, und ebenso einstimmig wurden auch die übrigen Mitglieder des Betriebsausschusses gewählt – durchweg Mitglieder der IG Metall« (»Wir vom Volkswagenwerk«, Nr. 45/1965). Der Betriebsrat richtete die Ausschüsse für Personal/Lohnempfänger, Arbeitssicherheit, Wohnungsvergabe, Lohnkommission, Soziales, Berufsbildung und betriebliches Vorschlagwesen ein. Die Bereichseinteilung in 10 Zuständigkeitsbereiche wurde beibehalten, wobei es Verschiebungen in der Zuordnung bestimmter Werksbereiche gegeben hat. Neu war auch die Einrichtung einer Vertretung für ausländische Kollegen.

Zur Organisation der Betriebsratsarbeit zählt auch, daß sich die IG-Metall-Betriebsratsmitglieder recht frühzeitig, in den fünfziger Jahren, fraktionierten und alle wichtigen Fragen nicht in den Betriebsratssitzungen breit und ausführlich diskutierten, sondern unter sich und unter Hinzunahme der örtlichen Vertreter der IG Metall und der Vertrauenskörperleitung wichtige Probleme in der IG-Metall-Fraktion des VW-Werkes entscheidungsreif machten. Eine mehr informelle Institution bildete sich in diesen Jahren heraus, die gleichfalls von Bedeutung für die Betriebsratsarbeit war und die einen mehr oder minder großen Informationswert für das einzelne Betriebsratsmitglied hatte: Jeden Morgen trafen sich in unterschiedlicher Besetzung und Anzahl Betriebsratsmitglieder zu einer zwanglosen Zusammenkunft im Büro der Geschäftsführung des Betriebsrates. Diese »Informationsbörse« nutzten fast alle Betriebsratsmitglieder, um mehr inoffizielle Meinungen kennenzulernen, aber auch Meinungen auszutauschen und kleinere Probleme zu besprechen. Im Laufe der Zeit entwickelte sich hier eine rege und feste Kommunikationsstelle, die zwar ohne institutionellen Charakter, doch für jeden von nicht geringer Bedeutung war. So konnten die Mitglieder des Betriebsausschusses die Meinungen der anderen Betriebsratsmitglieder zwanglos testen, und Meinungsführer konnten sich profilieren. Was sonst nur über Terminabsprachen und größeren Aufwand möglich war, konnte hier über den »kurzen Draht« abgeklärt werden. »Eine gute Arbeitsteilung hatte sich herausgebildet . . . die Gewöhnung war da, und ich war jeden Morgen im Büro, und da begann mein Tag damit, daß ich um 7 Uhr schon am Platz des Betriebsratsvorsitzenden war und an den ›Märchenstunden‹ der Betriebsräte teilnahm.« (Interview mit dem früheren Betriebsratsvorsitzenden.)

Betrachtet man nun Selbstverständnis, Struktur und Organisation der Interessenvertretungsarbeit und deren Entwicklung im Zusammenhang, so wird sichtbar, daß die Arbeitsweise, die sich unter den Bedingungen der Anfangsjahre (Beschränkungen aufgrund der Mehrheitsverhältnisse, Taktieren, Kompromißbereitschaft) herausgebildet hatte, auch in späteren Jahren beibehalten wurde. Die Interessenvertretung verzichtete auf Veränderungen, nachdem sich die Mehrheitsverhältnisse im Betriebsrat zugunsten der IG Metall gefestigt hatten. Sie sah keine Veranlassung, die

Organisationsform und auch die Ausrichtung ihres Vertretungskonzeptes in Frage zu stellen, da sie durch die steigende Belegschaftsakzeptanz in ihrer erfolgreichen Interessenvertretungspolitik bestätigt wurde. Interessenvertretungsarbeit zeigte sich nun im eigenen Vertretungsspektrum als »Mittlerpolitik«, strukturiert durch die Unternehmensvorgaben, die Notwendigkeiten aus dem Kommunikationsprozeß mit der Unternehmensleitung und die hierarchische, arbeitsteilige und spezialisierte Vertretungsorganisation auf der einen Seite und durch die bewußte Limitierung der Willensbildungs- und Entscheidungsprozesse, durch die Etablierung des Betriebsausschusses als Leitungsorgan mit umfassenden Kompetenzen und durch die Subsidiarität gewerkschaftlicher Forderungs- und Vertretungselemente auf der anderen Seite.

5.2.1 Wirkung der gesetzlichen Normen

Untersucht man die Wirkung gesetzlicher Normen auf die Interessenvertretungspolitik, so zeigt sich, daß diese Normen nur einen relativ unbedeutenden Einfluß ausübten. Andererseits verstand es die Interessenvertretung, den flexiblen Charakter dieser Normen und den dadurch entstehenden Freiraum für die Wahrung und den Ausbau ihres Einflusses zu nutzen. Die Unternehmensleitung dagegen drängte auf formale Sicherung des sozialen Kräftestandes mit Hilfe von Betriebsregelungen, Betriebsvereinbarungen und Tarifverträgen. Der Betriebsrat war bestrebt, betriebliche Normen nur dann festzuschreiben, wenn sie sich zum ausschließlichen Vorteil der Belegschaft auswirkten. Seinem Verständnis von Interessenvertretungspolitik entsprechend bedeutet die Anwendung gesetzlicher Normen im betrieblichen Alltag eine unnötige Einschränkung für seinen Aktionsradius. Gesetzliche Normen als eigene Grundlage für Interessenvertretung wurden dabei ebenso verworfen, wie auf eine formale Festschreibung von Ansprüchen und auf die Durchsetzung von Forderungen mittels rechtlich fixierter Bestimmungen verzichtet wurde.

Vor diesem Hintergrund wird verständlich, daß die öffentlichen Diskussionen um die Verabschiedung des Betriebsverfassungsgesetzes im Jahre 1952 und die Wirkungen, die dieses Gesetz auf die Beziehungen zwischen Interessenvertretung und Unternehmensleitung ausüben konnte, im VW-Rahmen weder Interesse noch Veränderungen auslösten. Der Übergang zum Betriebsverfassungsgesetz geschah im Volkswagenwerk leise und ohne sichtbaren Wandel. »Die erste gesetzliche Regelung kam ja 1952 ... Ich glaube, daß sie nicht von eminenter Bedeutung gewesen ist, in der damaligen Zeit jedenfalls nicht.« (Interview.) Hier zeigte sich, daß die Wahrnehmung der Mitbestimmungsrechte während der Besatzungszeit und die bis 1952 ausgehandelten Betriebsvereinbarungen ohne Einschränkungen fortgesetzt wurden und daß dem neuen Gesetz von der Interessenvertretung kein großer Stellenwert beigemessen wurde. Das Betriebsverfassungsgesetz entsprach nicht dem VW-spezifischen Erfordernis. Die Formen der Zusammenarbeit mit der Unternehmensleitung, die Einflüsse durch Mitbestimmungs-, Mitwirkungs- und Beteiligungsrechte wurden schon ohne dieses Gesetz praktiziert, und die grundsätzliche Orientierung der »vertrauensvollen Zusammenarbeit und das Wirken zum Wohle des Betriebes und der Beschäftigten«, wie sie im Gesetz gefordert wurde, war deckungsgleich mit dem Selbstverständnis der Interessenvertretung bei VW. Was folgte, war eine distanzierte Betrachtung des Gesetzes, ein distanzierter Umgang mit ihm und eine überpointierte Betonung der unreglementierten, jedoch umfassend gebrauchten betrieblichen Übungen ohne formale Einengung. »Der Betriebsrat habe eine sehr starke Stellung, die eine Art De-facto-Mitbestimmung einschließe, wie sie kaum in anderen Betrieben gegeben sei. ... So werde zum Beispiel keine fristlose Entlassung ohne Zustimmung des Betriebsrates durchgeführt. Dies ist nach dem BetrVG nicht vorgeschrieben. Auch Bekanntmachungen im Betrieb werden nur gemacht mit Gegenzeichnung des Betriebsrates.«[36]

Diese Aussagen wurden in der folgenden Interviewpassage weiter konkretisiert und gleichzeitig mit einigen Begründungsaspekten unterlegt: »Es sind schon in der Frühzeit des Werkes Formen entwickelt worden – wegen der Eigenheit des Betriebes, der ja mal niemandem gehörte, sondern unter Treuhänderschaft stand –, und diese Vereinbarungen, zum Teil Betriebsvereinbarungen, eröffneten Gesprächs- und Verhandlungsmöglichkeiten zur Regelung von Mitbestimmungselementen im Vorfeld von gesetzlichen Regelungen. ... Früher waren es mehr Dinge, die den Sektor Personal betrafen und es dem Unternehmen schon recht frühzeitig unmöglich machten, Leute ohne Betriebsrat einzustellen oder zu entlassen. ... Alle Probleme, die das Personal betrafen, wurden in einem paritätisch besetzten Personalausschuß behandelt. ... Weder der Generaldirektor noch ein Meister im Betrieb konnte ohne Zustimmung des Betriebsrates Personalmaßnahmen durchführen. Auch Streitigkeiten in der Leistungszuordnung wurden schon im Grunde seit den fünfziger Jahren über Mitbestimmungsrechte des Betriebsrates erledigt.« Die Besonderheit des VW-Werkes und die Sicherung der betrieblichen Autonomie waren weitere Aspekte des distanzierten Umgangs mit der gesetzlichen Norm.

36 Hilterscheid, H.: a.a.O., S. 1.

Durch diesen Verzicht konnten die Beziehungen zur Unternehmensleitung den betrieblichen Erfordernissen angepaßt, konfliktträchtige Auseinandersetzungen vermieden und strikte Festlegungen von Handlungsvollzügen der Interessenvertretung unterlaufen werden.

Betrachtet man hingegen den Grad der normativen Fixierung durch betriebliche Regelungen, Betriebsvereinbarungen und Tarifverträge, die in das Arbeitsverhältnis prägend eingriffen, so finden sich umfangreiche Bestimmungen, konkrete Festlegungen und ein Vertretungskonzept, das darauf abhob, formale Anspruchsgrundlagen und detaillierte Regelungsmechanismen zu schaffen. Arbeiten wurde danach durch ein enges Geflecht von Vorschriften, Geboten und Verboten reglementiert, wobei die Handlungsstrategie der Interessenvertretung – zum Beispiel bei der Arbeitsordnung – darauf abzielte, Bestimmungen aufzunehmen, die dem Arbeitnehmer (mit Unterstützung des Betriebsrates) Einsprüche, Hilfen und Widersprüche ermöglichten. Bei Verstößen gegen die Arbeitsordnung sicherte sich der Betriebsrat Einwirkungsmöglichkeiten, indem er gemeinsam mit den Vertretern der Unternehmensleitung über Sanktionen beriet, diese Sanktionen aber auch mittrug: einerseits als Ausfüllung und aktive Wahrnehmung individueller Schutzgarantien für die Belegschaft, andererseits als Übernahme von Disziplinierungsfunktionen gegenüber der Belegschaft. Daraus ergab sich ein ambivalenter Umgang mit normativen Regelungen. Doch scheinen hier Wechselwirkungen des Beziehungsgeflechtes, der Kommunikation und des kompromißhaften Ausgleichs mit der Unternehmensleitung und die Akzentuierung der eigenen Bedeutung für eine aktive Belegschaftsvertretung wirksam gewesen zu sein. Schließlich füllten nicht die Vertreter der Unternehmensleitung den Belegschaftsanspruch nach individueller Schutzgarantie aus, sondern nur durch die Einschaltung des Betriebsrates konnten Strafen für Verstöße abgemildert, konnte eine Kündigung gegebenenfalls verhindert werden. »Arbeitskollegen, die längere Zeit oder wiederholt krank feiern mußten, sind nach unserer Feststellung von der Geschäftsleitung aufgefordert worden, sich mit einer Kündigung wegen Krankheit einverstanden zu erklären. ... Kollegen, an die die Geschäftsleitung ein solches Ansinnen stellt, sollten unbedingt darauf bestehen, daß zunächst der Betriebsrat hinzugezogen wird. Nur dann kann sie der Betriebsrat beraten und unterstützen.« (»Wir vom Volkswagenwerk«, Nr. 7/1955.) Die Mitwirkung bei der Anwendung normativer Regelungen untermauerte die Stellung der Interessenvertretung als einflußnehmende, betrieblich anerkannte Institution. Die Interessenvertretung wirkte auf die Auslegung der konkreten Bestimmungen durch die Unternehmensleitung und den Grad ihrer Anwendung im konkreten Fall ein, indem sie sich zum Anwalt des Betroffenen machte.

Als dritter Aspekt zur Wirkung gesetzlicher Normen ist die tarifpolitische Fixierung von Bedeutung. Was die Unternehmensseite durch die Setzung von Normen für das Arbeitsverhältnis zugunsten des Unternehmens forderte und gemeinsam mit der Interessenvertretung erreichte, versuchten Interessenvertretung bzw. IG-Metall-Vertretung (Tarifkommission und Bezirksleitung) in bezug auf die Sicherung sozialer und lohnpolitischer Bestimmungen mittels Tarifverträgen umfassend zu ratifizieren. Hier ist ferner festzustellen, daß diese Normensetzung anders als beim Betriebsverfassungsgesetz einen festen Charakter einnahm und für die Beteiligten einen hohen Verbindlichkeitsgrad, auch im eigenen Selbstverständnis, hatte. Hieraus läßt sich ableiten, daß der Manteltarifvertrag vom 29. Januar 1954 betriebliche Norm schuf, die dadurch Einfluß auf die Arbeit der Interessenvertretung auslöste, daß sie eine Art Handlungsanweisung für den betrieblichen Alltag bildete und zum anderen das Zusammenwirken von Betriebsrat und Vertrauensleuten ermöglichte. In § 17 wurde vereinbart: »(1) Für die Vertretung der Arbeitnehmer im Betrieb gelten jeweils die gesetzlichen Bestimmungen. Bei Ausübung der Betriebsratstätigkeit darf keinerlei Verdienstausfall entstehen. Ferner sind die bei Betriebsratstätigkeit entstehenden nachgewiesenen Auslagen zu ersetzen. (2) Dem Werksangehörigen darf die Inanspruchnahme der Koalitionsfreiheit, insbesondere Funktionärstätigkeit für die Gewerkschaft, keinerlei Nachteile im Betrieb bringen und kein Grund zur Entlassung sein.« Mit dieser Regelung wurden insbesondere die gewerkschaftlichen Aktivitäten im Betrieb abgesichert und der Aufbau eines funktionstüchtigen Vertrauenskörpers ermöglicht.

Für jene Jahre läßt sich auch die Tendenz feststellen, die gesetzlichen Normen durch Tarifverträge und Betriebsvereinbarungen in den Hintergrund zu drängen und die Politik der Interessenvertretung darauf auszurichten, ihre Arbeit bzw. ihre Forderungen weniger mit gesetzlichen Normen zu legitimieren, als vielmehr durch Schaffung eigener Regelwerke Einflußspielräume zu erschließen und diese in Vereinbarungen abzusichern. Dieser Umgang mit Verträgen zur Normensetzung spielte in der Legitimation und Darstellung des eigenen Vertretungsauftrages bzw. -erfolges eine außerordentlich große Rolle. Durchgängig bei allen Wahlen wurden sowohl die Betriebsvereinbarungen und Manteltarifvertragsänderungen als auch die gemeinsam ausgehandelte Arbeitsordnung zur Wahlwerbung eingesetzt. In einem Nachtrag zum Manteltarifvertrag zum Beispiel wurde der arbeitsfreie Sonnabend tarifvertraglich abgesichert und, falls in Ausnahmefällen Mehrarbeit an Sonnabenden zu leisten war, ein Überstundenzuschlag von 31⅓ Prozent festgelegt. Auch wurde in dem Tarifvertrag die Übernahme ins Angestelltenverhältnis so geregelt, daß der betreffende Arbeitnehmer spätestens nach einer Einarbeitungszeit von drei Monaten in das Angestelltenverhältnis übernommen werden mußte und er demzufolge in den Gehaltstarifvertrag einzustufen und entsprechend zu bezahlen war.

Diese Beispiele zeigen, daß die Interessenvertretung die gesetzlichen Normen als einen losen Handlungsrahmen interpretierte und ihn der betrieblichen Praxis unterordnete bzw. ihn als Mittel zur eigenen Darstellung benutzte. Allerdings schien die tarifliche Fixierung auch eine legalistische Orientierung auszustrahlen, die nicht argumentativ ausgerichtet war, sondern in ihrer Wirkung eher einer betrieblichen Normensetzung als einer sozialen Gegenmachtposition entsprach. Damit wird deutlich, daß der konkrete Umgang mit dem Gesetzestext bzw. der Gesetzesinterpretation nicht notwendig war, da sich hier institutionelle Verfahren und eine lange geübte Praxis herausgebildet hatten, die die gesetzlichen Normen zwar als Orientierungslinie, aber nicht als Richtschnur für die tägliche Arbeit und als konkreten Handlungsauftrag verbindlich ansahen. Die Tarifverträge ihrerseits erhielten durch Art und Umfang der festgeschriebenen Normen eine über ihre sonst übliche Anwendung hinausgehende Qualität und traten an die Stelle der gesetzlichen Norm. Hier wurden nicht nur Verfahrensregeln im Verhältnis zwischen Unternehmensleitung, Interessenvertretung und Belegschaft sowie Gratifikationen geregelt; auch betriebliche und gewerkschaftliche Erfolge der Interessenvertretung konnten so den spezifischen betrieblichen Erfordernissen angepaßt und zur Akzeptanzsicherung eingesetzt werden.

5.2.2 Belegschaft und Interessenvertretung

Unter dem Einfluß des wirtschaftlichen Erfolges des Unternehmens zeigten sich bei der Belegschaft eine ausgeprägte Konsumorientierung, hohe materielle Erwartungen gegenüber der Unternehmens- und Interessenvertretungspolitik sowie eine weitgehende politische Abstinenz bzw. politisches Desinteresse. Die Interessenvertretung erreichte Belegschaftsakzeptanz durch Wahlzuspruch; Versuche hingegen, auch gewerkschaftliche bzw. gesellschaftspolitische Themen ohne materielle Wirkungen gemeinsam mit der Belegschaft umzusetzen, stießen auf nur geringe Unterstützung. Die Interessenvertretungspolitik spezialisierte sich deshalb auf die Befriedigung von Wünschen, den Ausgleich von Belegschaftserwartungen und Notwendigkeiten aus der Unternehmenspolitik und das Streben nach gewerkschaftlicher Akzeptanz mittels Erhöhung der Mitgliederzahlen für die IG Metall.

Die Ursachen für dieses Verhältnis zwischen Belegschaft und Interessenvertretung liegen zu einem guten Teil in den Besonderheiten der Beschäftigtenstruktur. So bildeten in den ersten Jahren – bis etwa 1960 – Flüchtlinge und Vertriebene den Hauptanteil an der Gesamtbelegschaft. Daneben spielten auch die Nebenerwerbslandwirte aus der näheren Umgebung eine wichtige Rolle. Anfang der sechziger Jahre kam dann die Gruppe der italienischen Arbeitnehmer hinzu, die in ihrer Mehrheit ebenfalls aus ländlichen Regionen stammte. Neben den Problemen, die sich aus der fremden Nationalität ergaben, trafen nunmehr verstärkt Personen mit divergierenden Sozialisationserfahrungen, Normen und Werten, Bildungsprofilen und Kenntnissen über industrielles Arbeiten zusammen. Der überwiegende Anteil dieser Beschäftigten wurde im Volkswagenwerk erstmalig mit der industriellen Fertigung konfrontiert. Nicht das Arbeiten und die neue soziale Rolle verbanden die Beschäftigten und schufen eine gemeinsame Identität, sondern der finanzielle Anreiz der Arbeit bildete die Grundlage der Gemeinsamkeit. Auch führte der Mangel an Arbeitnehmern mit Arbeiter- und Gewerkschaftstradition dazu, daß sich nicht der »VW-Arbeiter« herausbildete, der vergleichbar mit dem Industriearbeiter der traditionellen Industrieregionen in der Bundesrepublik gewesen wäre. Vielmehr setzte sich die VW-Belegschaft aus Individuen zusammen, denen solidarische und gewerkschaftliche Verhaltensweisen in ihrer politischen Orientierung fremd waren.

Hier setzte Heinrich Nordhoff mit seiner Philosophie der »glücklichen VW-Familie« an, die auf Bereitschaft zur individuellen Leistung und Unterordnung abzielte. Im Vordergrund dieser Philosophie stand der einzelne, seine Leistung war gefordert, ihm wurden über die Identifikation mit dem Betrieb Verantwortungsgefühl und Verständnis für die Unternehmenspolitik abverlangt. Hinzu kam das Image des VW-Werkes, das eine große Anziehungskraft ausübte: »Mit dem Volkswagenwerk verbinden sich Vorstellungen wie Qualität, guter Arbeitsplatz mit guter Bezahlung, materielle Potenz, Modernität ... Die Arbeitsplätze im Werk sind, besonders für die Arbeiterschaft, attraktiv ... Von den Arbeitersöhnen, deren Väter schon im Werk beschäftigt waren, traten 1959 46 Prozent ins Werk ein (1957: 40 Prozent). Bei Arbeiterkindern, deren Väter nicht im Werk waren, betrug der Anteil nur 7 Prozent (1957: 4 Prozent). Von den Angestelltensöhnen, deren Väter im Werk waren, traten 1959 58 Prozent (1957: 66 Prozent) ins Werk ein, bei den Söhnen von Nichtwerksangehörigen waren es 24 Prozent (1957: 39 Prozent). Es zeigt sich sehr deutlich, daß Werksangehörige ihre Söhne gern wieder ins Werk bringen möchten.«

Nach VW-Philosophie und Anziehungskraft wurden einerseits Arbeitsbereitschaft und Leistung durch eine adäquate Bezahlung honoriert, andererseits wurden die attraktive Bezahlung bzw. das umfangreiche Gratifikationssystem Mittel zur Rekrutierung dringend benötigter Arbeitnehmer. »Aus den Aussagen der Wolfsburger geht hervor, daß unzweifelhaft der gut bezahlte Arbeitsplatz und die Wohnung an Wolfsburg binden. Man kann hinzufügen, daß für den Mann die Überzeugung, keine bessere Arbeitsmöglichkeit finden zu können, entscheidend ist, während die Frauen sich von der gut ausgestatteten Wohnung nicht trennen wollen.«[37]

Neben bzw. wegen der Identifikation mit dem Werk und dem Konsumstreben wurden zukünftige Gefahren nicht gesehen. Auch für den Fall eines Rückgangs der VW-Produktion erwarteten viele Beschäftigte keine ernsthafte Gefährdung ihres Arbeitsplatzes, da für diesen Fall die Produktion anderer Güter erwartet wurde. Man glaubte etwa, daß die Bundesregierung dann mit Rüstungsaufträgen einspringen würde. Die Auffassung, daß die Bundesregierung für das Wohlergehen Wolfsburgs verantwortlich sei, war sehr weit verbreitet und wurde durch die Teilprivatisierung im Jahre 1961 noch verstärkt. Das Gefühl der Sicherheit entfaltete direkte Wirkungen auf die Lebensweise und das Konsumverhalten der Belegschaft: Die Ratenkäufe und in ihrem Gefolge die Lohnpfändungen erreichten 1959 einen derartigen Umfang, daß sich die Werksleitung genötigt sah, in einer Betriebsversammlung zum Maßhalten aufzufordern. In Interviews kam immer wieder zur Sprache, daß Werksangehörige nur ihren Werksausweis vorzuzeigen brauchten, um bei den Wolfsburger Kaufleuten Kredit zu erhalten. Vor dem Hintergrund der expansiven Beschäftigungspolitik (enorme Beschäftigungssteigerung in kurzen Zeitabständen, Pendler usw.) und in der Verkettung der dargestellten Aspekte wird einerseits die äußerst ungünstige Ausgangslage für eine gewerkschaftliche Politik und eine aktive Interessenvertretung deutlich; andererseits waren Berührungsaspekte und Kommunikationsbeziehungen zwischen Interessenvertretung und Belegschaft nur spärlich ausgeprägt.

Ein Zusammenwirken zwischen Interessenvertretung und Belegschaft bzw. gemeinsame Schnittstellen zeigten sich in Sprechstunden des Betriebsrates, in den konkreten Arbeitsbereichen (Hallenbetriebsräte), auf den Betriebsversammlungen und durch das Wirken der Vertrauensleute. Der Kontakt konzentrierte sich auf Einzelfallhilfe und Informationswie-

37 Schwonke, M.: a.a.O., S. 62.

dergabe. Auch die Betriebsversammlungen dienten eher zur Erläuterung der Betriebsratspolitik und zur Darstellung eigener Erfolge und wurden von der Belegschaft kaum als offenes Diskussionsforum genutzt. Konflikte zwischen Belegschaft und Interessenvertretung traten in diesen Jahren nicht signifikant auf. Eher wurde vom Betriebsrat das Desinteresse der Belegschaft an Betriebsversammlungen durch Fernbleiben oder durch die geringe Anzahl von Diskussionsrednern beklagt. Gleichzeitig hatten es die Betriebsratsmitglieder in ihren Wortbeiträgen schwer, neben der Popularität des Generaldirektors Nordhoff und seinen Ausführungen bzw. neben dem Applaus nach seinen Ansprachen bestehen zu können. Zum Teil wurden Betriebsversammlungen durch Rundfunkansprachen Nordhoffs in den Mittagspausen (alle Kantinen waren an diesen werksinternen Rundfunk angeschlossen) unterlaufen. Wichtige Entscheidungen des Vorstandes konnten der Belegschaft ohne Beteiligung des Betriebsrates und ohne Diskussion mitgeteilt werden. Offene Kritik wurde an diesem Stil nicht geäußert bzw. ist nicht bekanntgeworden.

Im Rahmen der Aktionen der Interessenvertretung gegen die Privatisierung des Werkes wurde die Belegschaft 1957 aufgefordert: »Das darf nicht sein. Es gilt, durch eine von jedem abgegebene persönliche Willenserklärung der Öffentlichkeit zu zeigen, welche Meinung jeder einzelne Arbeiter und Angestellte des Volkswagenwerkes hat. Deshalb soll hiermit namentlich erklärt werden: Ich bin gegen die Privatisierung des Volkswagenwerkes. ...«

Im gleichen Zeitraum gab es auch Belegschaftsaktionen und Angriffe gegen die CDU-Pläne zur Privatisierung: »Die Politiker lächeln darüber, daß wir den Proteststreik der Belegschaft als spontan bezeichnet haben. Wir wünschen nicht, daß man in Wolfsburg jemals die Folgen eines organisierten Streikes zu spüren bekommt. Der Kreisvorstand möge zur Kenntnis nehmen, daß Hannover Stunden vor, Braunschweig Tage nach Wolfsburg gestreikt hat«, hieß es in der Zeitung »Wir vom Volkswagenwerk«.

Zum Ergebnis der Belegschaftsbefragung existieren zwei Veröffentlichungen der IG Metall. In der ersten wird ausgeführt: »... als Ergebnis einer Meinungsumfrage, die von einem unabhängigen Meinungsforschungsinstitut angestellt wurde, haben sich 65 Prozent der Bevölkerung, die hierzu eine Meinung äußerte, gegen die Privatisierung unseres Werkes ausgesprochen. Und noch mehr, 72 Prozent, bestätigten unsere Auffassung, daß sie am Kauf einer Volksaktie nicht interessiert seien.« Erst im folgenden Jahr wurde ein weiteres Ergebnis publiziert: »Wir erinnern deshalb noch einmal mit Nachdruck daran, daß es bei uns im Volkswagen-

werk nur eine Meinung gibt: Unser Werk darf nicht privatisiert werden. Nicht eine einzige Stimme ist für die Privatisierung des Volkswagenwerkes abgegeben worden, als die IG Metall im vergangenen Jahr ihre Meinungsumfrage durchführte. Aber 73 Prozent der Belegschaft haben nachdrücklich und namentlich erklärt: ›Ich bin gegen die Privatisierung‹.« (»Wir vom Volkswagenwerk«, Nr. 25/1958.) Es hat den Anschein, als hätte die Befragungsaktion keine wirkungsvolle Argumentationshilfe für die IG Metall ergeben. Denn weder die öffentliche Darstellung des Ergebnisses ohne Zahlenangaben, noch die späteren Reaktionen lassen einen anderen Schluß zu. In einem Interview wurde dazu gesagt: »Das juckte die Belegschaft überhaupt nicht. Wir haben Flugblätter in Massen herausgebracht, um die Privatisierung zu verhindern ... Dic Ereignisse haben uns da mehr oder weniger überrollt ... Der Rücklauf der gelben Formulare (Belegschaftsbefragung) war nicht so doll. Der Rücklauf lag höchstens so bei 25 Prozent.«
Eine weitaus stärkere Resonanz hatte eine IG-Metall-Umfrage 1961/62 unter den Beschäftigten des Werkes. In einem Sonderblatt »Wir vom Volkswagenwerk« wurde unter der Überschrift »Wir wissen, was wir wollen!« ausgeführt: »Die Tarifkommissionen der IG Metall stehen in der nächsten Zeit vor wichtigen Entscheidungen. Nachdem die Manteltarifverträge sowie die Lohn- und Gehaltsabkommen kündbar werden, besteht wieder die Möglichkeit, die Arbeitsbedingungen zu verbessern. ... Darüber hinaus wäre es für uns wertvoll, Ihre Meinung (Verbesserung des Lohnausgleichs bei Krankheit, längerer Jahresurlaub, höhere Löhne und Gehälter) ... zu wissen. ... Wir bitten Sie, uns auf dem unteren Teil dieses Blattes mitzuteilen, in welcher Reihenfolge Sie die hier genannten Forderungen für sich am dringlichsten halten.« Zum Ergebnis wurde in einer späteren Veröffentlichung (39/1962) ausgeführt: »Längerer Jahresurlaub, höhere Löhne und Gehälter sowie Verbesserung des Lohnausgleichs im Krankheitsfall – das sind die dringlichsten Forderungen ..., das beweist die von der IG Metall veranstaltete Umfrage. 28 000 der 40 000 ausgegebenen Fragebogen kamen ausgefüllt wieder zurück. ... Im Werk Wolfsburg, wo wir 30 000 Arbeiter und Angestellte befragten, erhielten wir diese Antwort von 22 000 Kolleginnen und Kollegen. ... Aufgabe der IG Metall ist es nun, diese Forderungen der Belegschaft bei den kommenden Tarifverhandlungen durchzusetzen.« In einem Sonderblatt wurde dann der Belegschaft mitgeteilt: »... Am Freitag, dem 2. März 1962, konnten wir die fast sechzehn Stunden lang dauernde Verhandlung mit der Geschäftsleitung des Werkes erfolgreich beenden. ... Längerer Jahresurlaub; höhere Löhne und Gehälter; besserer Lohn- und Gehaltsausgleich im Krankheitsfall; das sind die besonderen Erfolge unserer Tarifpo-

litik.« Aufgrund des Ergebnisses dieser Umfrage und des schnellen Abschlusses des Tarifvertrages könnte der Eindruck entstehen, daß die Umfrage eher als tarifpolitisches Druckmittel zu den Verhandlungen denn als wichtige Meinungsäußerung der Belegschaft bzw. Beteiligung der Belegschaft an der Forderungsfindung innerhalb der gewerkschaftlichen Gremien eingesetzt worden ist.

Weitere gewerkschaftliche Aktionen, sieht man von der Kampagne gegen die Privatisierung des Volkswagenwerkes und der betrieblichen Befragungsaktion ab, wurden nur punktuell und recht selten durchgeführt: »... In Gruppen schon, vor allem im Schnittbau (Facharbeiterwerkstatt) des Werkes Wolfsburg. Zu den stärkeren Gewerkschaftsmitgliederzahlen kam es aufgrund von Initiativen in den Facharbeiterbereichen. In den Facharbeiterabteilungen wurden zuerst die Trommeln gerührt. Und dann hatten wir ziemlich starke Mitgliederzahlen schon ab 1963. Auseinandersetzungen fanden vor allem zu betrieblichen Lohnfragen statt. Einmal wurde ja auch zwei Stunden gestreikt, wegen Mitbestimmung.« (Interview.)

Charakterisiert man die Beziehungen zwischen Belegschaft und Interessenvertretung, so müssen die Kommunikationsbeziehungen aufgrund der dargestellten Einzelbeispiele als relativ einseitige Vorgänge beschrieben werden: Die Belegschaft wurde informiert, im einzelnen Problemfall wurde geholfen, Erfolge wurden publiziert, aber Verhandlungsschritte und Schwierigkeiten bei der Umsetzung von Forderungen wurden ohne die Belegschaft gelöst, das bedeutete, sie wurde hiervon oft gar nicht erst unterrichtet.

Nur durch Vermittlungsorgane (Betriebsratsmitglieder und Vertrauensleute vor Ort) gelangten Belegschaftsprobleme in die Vertretungsinstanz. Fraglich bleibt, ob in der Belegschaft ausschließlich der Wunsch nach materiellen Verbesserungen vorhanden war oder ob nicht die Art und Weise der Interessenvertretungspolitik diese Maxime förderte bzw. ihre Ursache war. Andererseits könnten das Desinteresse der Belegschaft an der Privatisierungskampagne (IG-Metall-Umfrageaktion) und das starke Interesse an materiellen Verbesserungen weitere Versuche der Interessenvertretung, die Belegschaft in ihre Vertretungspolitik einzubeziehen, verhindert haben.

5.2.3 Gewerkschaftliche Organisation und Vertrauensleute

Immer wieder gab es aber auch Bestrebungen, die Gewerkschaftspolitik und die betriebliche Interessenvertretung nahtlos miteinander zu verknüpfen, sie betriebskonform zu interpretieren und sie – zumindest teilweise – zur Stabilisierung der Beziehungen zwischen Unternehmensleitung und Interessenvertretung einzusetzen. In der gewerkschaftlichen Organisation dominierte der Betriebsausschuß ebenso wie in der betrieblichen Interessenvertretung insgesamt. Die Gewerkschaftspolitik konzentrierte sich auf Organisationsarbeit (Mitgliederwerbung, Information usw.), auf die Unterstützung betrieblicher Arbeit nach Maßgabe des Betriebsausschusses, den Aufbau eines gewerkschaftlichen Vertrauenskörpers und die Auseinandersetzung mit Konkurrenzorganisationen. In der Tarifpolitik wurden anfangs umfassende Einflüsse durch die Bezirksleitung ausgeübt. Nach der Festigung der Interessenvertretung als anerkannte und respektierte Institution ging dieser Aufgabenbereich in zunehmendem Maße als Folge der gewonnenen Souveränität auf die örtliche Gewerkschaftsorganisation über.

Die hier dargestellten Merkmale sind gerade deswegen bedeutsam, weil sie, anders als vielfach unterstellt wird, nachweisen, daß die Dominanz der IG Metall zugunsten der Interessenvertretung zurückgedrängt wurde. Analysiert man die Rolle der gewerkschaftlichen Organisation in bezug auf die Auseinandersetzung mit den Konkurrenzgruppen bei Betriebsratswahlen, so zeigt sich eine eher dienende Funktionswahrnehmung nach Maßgabe der zur IG Metall gehörenden Betriebsratsmitglieder. Eine identische Entwicklung zeigt sich bei der Detailanalyse der Faktoren, die die IG Metall zur stärksten Kraft im Betrieb werden ließen. Eigenständigkeit, selbstbewußtes Ringen um den Ansatz einer optimalen Interessenvertretung nach Maßgabe der gewerkschaftlichen Programmatik und kontroverse Diskussionen in den gewerkschaftlichen Gremien tauchten weder auf noch wurden sie durch gewerkschaftliche Funktionäre initiiert. Die Betriebsräte erfüllten vollständig den gewerkschaftlichen Vertretungsansatz, zogen die in den ersten Jahren parallel verlaufenden Tarifentscheidungen an sich und formten eine Vertrauensleutearbeit, die Bestandteil und Institutionalisierung der Interessenvertretungsarbeit zugleich werden mußte. Spricht diese Art der Interessenvertretungspolitik auch für Souveränitätsverlust auf seiten der Gewerkschaft und für deren Anpassung an betriebliche Machtstrukturen, ohne diese gleichzeitig überbetrieblich ständig in Frage zu stellen, muß andererseits gesehen werden, daß die Gewerkschaft der Interessenvertretung auch Vorteile brachte, beispielsweise hinsichtlich der Organisationssicherung. Steigende Mitgliederzahlen, Ausbau der Vertrauensleutearbeit und Sicherung ihrer Gewerkschaftsarbeit durch Bestimmungen im Manteltarifvertrag, Abschluß von Tarifverträgen mit bundesweiter Signalwirkung und ungehinderte gewerkschaftliche Betätigung im Betrieb sind Erfolge, die Kritik nicht aufkommen ließen, gewerkschaftliche Fraktionierungen verhinderten und dem Betriebsausschuß nicht nur eine betriebliche, sondern ebenso eine gewerkschaftliche Sonderstellung einräumten.

Betrachtet man das Verhältnis der IG Metall zu den Konkurrenzgruppen im Betriebsrat, so verlief die Auseinandersetzung in drei Phasen. Von damaligen IGM-Betriebsratsmitgliedern wurden sie wie folgt beschrieben: In der ersten Phase bis Mitte der fünfziger Jahre wurde der dominierende Einfluß der DAG bei den Angestellten toleriert und eine punktuelle Zusammenarbeit vorgenommen. »Trotzdem hat immer die IG Metall die meisten Stimmen gekriegt, war immer die stärkste Gruppe, bei jeder Wahl, wenn sie auch nicht die Mehrheit hatte, sondern die Mehrheit erst dadurch herstellen mußte.« (Interview.) Sah man sich in den Anfangsjahren dazu gezwungen, mit der DAG zu paktieren, um Betriebsratspolitik zu verwirklichen, so war dies in den Jahren nach 1955 nicht mehr nötig, und man konnte sich offensiv mit den anderen Splittergruppen und mit der DAG im Betrieb auseinandersetzen. Die offensive Auseinandersetzung beschreibt die zweite Phase, in der die Konkurrenzgruppen von der IG Metall in den Hintergrund gedrängt wurden. In der dritten Phase konnte sich die IG Metall ungestört auf ihre Politik konzentrieren, da der Wähleranteil der Konkurrenzorganisationen zwar konstant blieb, aber relativ unbedeutend war. Diese Vorgehensweise untermauerte den Alleinvertretungsanspruch der IG Metall in der Interessenvertretung, wobei weniger ideologische oder gewerkschaftsprogrammatische Ursachen ausschlaggebend waren, als vielmehr die Absicht, IG Metall und betriebliche Interessenvertretung einheitlich zu strukturieren bzw. den Machtanspruch umfassend zu realisieren.

Die Doppelstrategie – Hilfsfunktion auf der einen Seite und Teilhabe am Erfolg auf der anderen Seite – wendete man auch bei den Tarifauseinandersetzungen an. Hatte noch in den ersten Jahren die Bezirksleitung um Otto Brenner die Verhandlungen mit dem Unternehmen stark beeinflußt (der dominierende Einfluß lag also bei der gewerkschaftlichen Organisation), so wendete sich dies später zugunsten der IG-Metall-Betriebsratsmitglieder, während die gewerkschaftliche Organisation die Tarifrunden durch eine gezielte Öffentlichkeitsarbeit begleitete. Gerade das Modell »VW-Haustarif« eröffnete für Unternehmensleitung und betriebliche Interessenvertretung Regelungsspielräume, die zufriedenstellende Abschlüsse für Unternehmen und Belegschaft ermöglichten. Für Nordhoff als »Sozialreformer« und für die Interessenvertretung als Belegschaftsvertretung war mit dem Haustarif die Grundlage geschaffen worden, um einen friedlichen Interessenausgleich und gewerkschaftliche Erfolge gleichermaßen zu realisieren und abzusichern.

Eine gewisse Verschlechterung für die Gewerkschaftsorganisation und ihre Tarifpolitik könnte 1955/56 eingetreten sein, als die Bundesregierung sich stärker um das Volkswagenwerk kümmerte. Hilterscheid schrieb 1963 dazu: »Seit etwa 1955/56 habe das Werk seinen Vorsprung in der Lohn- und Gehaltszahlung eingebüßt. Früher sei es teilweise um drei Nasenlängen den anderen Betrieben der Bundesrepublik voraus gewesen. Nachdem der Bund Miteigentümer geworden sei, habe er Nordhoff Zügel angelegt. Seitdem erfolge eine Erhöhung der Löhne und Gehälter nur noch in gleichem Maße wie in der Metallindustrie Niedersachsens.« Infolge dieser von außen einwirkenden Begrenzung der Tarifpolitik wich die Strategie der Interessenvertretung davon ab, durch den Haustarifvertrag höhere Prozentsätze, als sie der übrigen Industrie möglich schienen, realisieren zu wollen. Statt dessen setzte sie ihr Verhandlungsgeschick dafür ein, hinsichtlich der Arbeitsbedingungen, der hohen Anforderungen an die Beschäftigten und der sich kontinuierlich steigernden Produktivität materielle Verbesserungen für die Belegschaft zu erreichen. In dieser Zeit entwickelte sich ein Verfahren, das als Periode des »Stillschweigens« umschrieben werden könnte. Darunter verstanden Geschäftsleitung und Betriebsrat, daß alle über das Normalmaß hinausgehenden Vereinbarungen nicht öffentlich zu verwenden sein sollten. »Wir hatten Probleme beim Verstecken von erreichten Leistungen und in bezug auf die schriftliche Fixierung, daß dieses nicht in die Öffentlichkeit hineinsickert. ... Ich kann mich noch erinnern, daß manchmal vertraglich Ausgehandeltes einfach daran zu scheitern drohte, ob wir es publizieren könnten oder Stillschweigen bewahren. Wir haben unsere eigenen Erfolge zum Teil verstecken müssen. ... Hinzu kam noch, daß dies in einem Betrieb mit einem geringen gewerkschaftlichen Organisationsgrad erreicht wurde, was innergewerkschaftlich nicht ganz problemlos war«, sagte ein früheres Betriebsratsmitglied im Interview. Den Tarifverhandlungen lagen die gleichen Kommunikationsmuster zugrunde, wie sie auch im allgemeinen zwischen Interessenvertretung und Unternehmensleitung angewandt wurden. Ein hohes Maß an Kompromißbereitschaft auf beiden Seiten strukturierte auch hier die Beziehungen. Das erfolgreiche Ergebnis der Tarifverhandlungen indiziert, daß es eines Vermittlers seitens der Gewerkschaft bei den Tarifgesprächen zwischen Interessenvertretung und Unternehmensleitung nicht bedurfte. »Wir waren Vorreiter ... bei der Bezahlung der Frauen ... bei der Verkürzung der Arbeitszeit, um nur diese Beispiele zu nennen. ... Da haben wir noch über die Forderungen auf höchster gewerkschaftlicher Ebene, im Beirat, diskutiert, wie sie zu begründen seien, da fingen wir schon an zu verkürzen. Das war also eine Sache, die bei uns schon ausdiskutiert war, obwohl diese Diskussion erstmals in der Bundesrepublik richtig anlief. Die gleichwertige Bezahlung der Frau ... das waren alles Dinge, die haben wir tarifvertraglich hier regeln können, wo andere nur von geträumt haben. ... Sie waren ja immer daran interessiert, immer mehr, immer mehr zu produzieren. Auf der anderen Seite gab es natürlich auch die immer stärker werdende Stellung der Betriebsräte und das Anwachsen der gewerkschaftlichen Mitgliederzahlen.« (Interview.) Gerade diese Erfolge stützten den Einfluß der IG-Metall-Betriebsratsmitglieder in der Tarifpolitik, und parallel zu diesem Prozeß konnten Erfolge in der gewerkschaftlichen Organisationssicherung erzielt werden, die in den Jahren davor unvorstellbar waren. Die gewerkschaftlichen Zielvorgaben – Betriebsratsmehrheit, hoher gewerkschaftlicher Mitgliederstand, materiell erfolgreiche Tarifabschlüsse und Vertrauensleutearbeit – erfüllten nun das System der Betriebsratskompetenz und der begleitend bzw. unterstützend handelnden IG-Metall-Organisation umfassend.

Dadurch entstand die Gefahr, daß die gewerkschaftliche Organisation immer dann zum Lückenbüßer wurde, wenn die gewerkschaftlich organisierten Betriebsratsmitglieder aus Opportunitätsgründen gegenüber ihren »Koalitionspartnern« im Betriebsrat oder in der betrieblichen Arbeit vor Ort gewerkschaftliche Vertretungsdefizite ausgleichen mußten. Ebenso wurde die gewerkschaftliche Organisation zum Träger von Kampagnen, die eher mit einem Imageverlust verbunden waren, als daß sie sich für die betriebliche Politik auszahlten. Die Zuweisung der »Lückenbüßerrolle« an die IG Metall läßt sich auch am Beispiel der Auseinandersetzungen um die Privatisierung des Volkswagenwerkes nachweisen. Träger dieser Kampagne war die externe Organisation. Sie führte Flugblatt- und Protestaktionen durch, sie unterbreitete Alternativvorschläge (Stiftungsmodell), denn sie konnte einen negativen Ausgang der Privatisierung eher akzeptieren als die betriebliche Interessenvertretung. Aufgrund dieser Doppelstrategie führte die geringe Resonanz der VW-Belegschaft auf die Kampagne von IG Metall und DGB nicht zum Imageverlust der in der IG Metall organisierten Betriebsratsmitglieder.

Auch die Entstehung, Entwicklung und die Aufgaben der gewerkschaftlichen Vertrauensleute verdeutlichen den Unterstützungscharakter der gewerkschaftlichen Organisation. Dies ist daran zu erkennen, daß die Vertrauensleute einerseits nach den Richtlinien der IG Metall als gewerkschaftliche Vertrauensleute im Betrieb gewählt wurden, andererseits aber wenig Einfluß auf die Willensbildungs- und Entscheidungsebenen der betrieblichen Interessenvertretung ausüben konnten. Die Entwicklung der VW-typischen Vertrauensleutearbeit begann Mitte der fünfziger

Jahre, als gewerkschaftliche Organisation und IG-Metall-Betriebsratsmitglieder parallel zur Reorganisation der Verwaltungsstelle Wolfsburg im Werk einen arbeitsfähigen und richtlinientreuen Vertrauenskörper aufbauten. Nicht mehr nach dem Zufallsprinzip und recht personenorientiert bzw. durch Ernennung von Betriebsratsmitgliedern sollten Vertrauensleute gewerkschaftlich tätig werden, sondern sie sollten nach Satzung und Richtlinien der IG Metall gewählt werden und im Sinne der Organisation arbeiten. Der Aufbau des IGM-Vertrauenskörpers im Werk wurde von den Mitgliedern der Verwaltungsstelle im Auftrag der Ortsverwaltung vorangetrieben. Zur Aktivierung der Mitglieder und zur Qualifizierung der gewählten Vertrauensleute wurden neben den Bildungseinrichtungen und den Seminaren der Organisation überörtlich auch Schulungen in Wolfsburg und in der näheren Umgebung Wolfsburgs angeboten.

Es hat nach dem vorliegenden Informationsmaterial und den Interviews den Anschein, daß die Vertrauensleute in ihren Arbeitsbereichen soziale Spannungen zwischen Vorgesetzten und Beschäftigten als Mittler abbauten, vor allem um ihre Anerkennung bei Unternehmensvertretern und Belegschaft bemüht waren und Informationen des Betriebsrates weitergaben. Schwierigkeiten mit Unternehmensvertretern traten vereinzelt auf, doch insgesamt kann von einer stillschweigenden Duldung der Vertrauensleutearbeit gesprochen werden. Das wurde auch von den interviewten Betriebsratsmitgliedern bestätigt: »Im großen und ganzen hat es keine nennenswerten Widerstände von seiten der Abteilungsleiter und Meister gegenüber den Vertrauensleuten in der Phase des Aufbaus des Vertrauenskörpers gegeben. Wenn es überhaupt Schwierigkeiten gab, dann eigentlich nur, weil ein Abteilungsleiter oder ein Meister nicht damit zufrieden war, daß ein weiterer Vertrauensmann 300 Kollegen mitbetreuen sollte.« Demgegenüber heißt es in einem Artikel, der im Jahre 1956 veröffentlicht wurde und der die Auffassung von der positiven Arbeitssituation der Vertrauensleute nicht teilt: »Leider wird im Volkswagenwerk der Vertrauensmann noch nicht von allen Vorgesetzten in seiner Tätigkeit als Sprecher der Belegschaft respektiert. Man glaubt, ihn übergehen zu können. Man denkt, ein Kommandowort genügt, wo doch eine Verhandlung angebracht und ein Gedankenaustausch fruchtbar wäre ... er ist entscheidend für die Erhaltung des Betriebsfriedens und für die Verbesserung des Betriebsklimas.« Diese unterschiedlichen Bewertungen der Vertrauensleuteaktivitäten deuten eher auf eine Bandbreite von Reaktionen und Entfaltungsmöglichkeiten in der betrieblichen Praxis hin, die in ihrer Ausgestaltung abhängig war vom Arbeitsbereich und von Vorgesetzten. Sie belegen aber auch, daß eine Unterdrückung oder gar aktive Bekämpfung der Vertrauensleute nicht nachgewiesen werden kann.

Scheinen die Vertrauensleute im Volkswagenwerk bis Mitte der sechziger Jahre nur einen recht geringen Einfluß auf die Interessenvertretungspolitik ausgeübt zu haben, so konnten sie dennoch die nicht unbedeutende Funktion der Listenaufstellung zu den Betriebsratswahlen wahrnehmen. Ob es hier zu größeren Auseinandersetzungen um einzelne Listenplätze kam, konnte nicht festgestellt werden. Die effektivere Stellung des Vertrauenskörpers der IG Metall innerhalb der Interessenvertretung ab Mitte der sechziger Jahre wird nicht nur verdeutlicht durch die größere Anzahl von Vertrauensleuten, sondern auch durch ihr Ringen um inhaltliche Positionen und den Versuch, ein anerkanntes Gremium in den Augen der Belegschaft und des Betriebsrates zu werden.

Diese erweiterten Einflußsphären der Vertrauensleute müssen jedoch insoweit eingeschränkt werden, als sie in ihrer Organisation und Kompetenz strikt der Betriebsratsorganisation zu- bzw. untergeordnet wurden. Die Organisationsform der Vertrauensleute zeigt eindeutig ihre Hilfsfunktion für die Betriebsräte. Wegen dieser Hilfsfunktion bzw. ihres begrenzten Einflusses, trotz ihrer zahlenmäßigen Größe im Vergleich zu den wenigen dominierenden Betriebsratsmitgliedern, ist es nie zu nennenswerten Spannungen bzw. Fraktionierungen und Konkurrenzkämpfen gekommen. Konkurrenz in den eigenen gewerkschaftlichen Reihen blieb, wenn überhaupt, die absolute Ausnahme.

Die dargestellten Beispiele gewerkschaftlicher Arbeitsfelder im Betrieb zeigen in ihrer Gesamtheit eine Interessenvertretung, die formal als gewerkschaftliche Interessenvertretung firmierte. In der praktischen Arbeit im Betrieb jedoch fügte sie sich in ein eher betriebliches als gewerkschaftliches Vertretungskonzept ein. Im Mittelpunkt der Gewerkschaftsarbeit standen Funktionen, die dem Vertretungskonzept der Betriebsräte folgten. Dieses Vertretungskonzept aber schloß Gleichgewichtigkeit bzw. Gleichrangigkeit in den Willensbildungs- und Entscheidungsprozessen aus. Obwohl sich die Interessenvertretung aus Betriebsratsmitgliedern, Vertrauensleuten und den Gewerkschaftsbeauftragten zusammensetzte, bestimmten die Mitglieder des Betriebsausschusses und der Betriebsratsvorsitzende die Gewerkschaftspolitik dominierend. Diese Dominanz bei der Umsetzung gewerkschaftlicher Inhalte und Forderungen im Betrieb ist von der externen Organisation und den Vertrauensleuten ihrem Kompetenzbereich überlassen worden. Nur die Vermittlung der Verhandlungsergebnisse und die Sicherung der Organisation bzw. die Übernahme von Funktionen, die die Betriebsräte nicht wahrnehmen konnten, waren als gewerkschaftspolitische Betätigungsfelder im Betrieb vorzufinden.

Es zeigt sich also eine Interessenvertretung, die im betrieblichen Herrschaftsrahmen eine »Mittlerrolle« einnahm. Diese Funktionsbeschreibung beinhaltet: Erstens wurde das betrieblich Machbare als eigener Handlungsauftrag und Handlungsspielraum interpretiert, zweitens wurden kompromißhafte Regelungen als Vertretungserfolge gegenüber der Unternehmensleitung, der Belegschaft und der eigenen Organisation hervorgehoben, drittens wurden individuelle Konflikte und gruppenorientierte Probleme der Maxime des Machbaren und der kompromißhaften Regelung untergeordnet, und viertens wurde die Kommunikation mit der Unternehmensleitung als zwingende Voraussetzung für das eigene Agieren, die Anerkennung gegenüber anderen und für Erfolge betrachtet.

Eine Klammer zwischen Interessenvertretung und Belegschaft, eine Art »Transmission«, bildeten die Betriebsratsmitglieder vor Ort und die Vertrauensleute. Sie erläuterten Erfolge, griffen individuelle Wünsche und Sorgen auf und konnten so anfangs die Akzeptanz der Interessenvertretung durch die Belegschaft anwachsen lassen und später sichern.

Ein weiterer Aspekt, der die »Mittlerrolle« der Interessenvertretung charakterisierte, folgt aus den Willensbildungs- und Entscheidungsprozessen der Interessenvertretung. Formal waren die Gremien, Zuständigkeiten und Kompetenzen innerhalb der Interessenvertretung demokratisch organisiert. Betriebsratsmitglieder, Vertrauensleute und Gewerkschaftsbeauftragte diskutierten und entschieden in der IG-Metall-Fraktion. In der Phase des Taktierens und Koalierens mit Konkurrenzgruppen entwickelte sich jedoch neben der Fraktion ein Verfahren, das die Personen an der Spitze des Betriebsrates nicht nur mit einem hohen Vertrauensbonus ausstattete, sondern ihnen die uneingeschränkte Kompetenz in der Kommunikation mit der Unternehmensleitung übertrug. Inhaltlich verkümmerte der Willensbildungs- und Entscheidungsprozeß eher zu einem organisationsspezifischen Treffen der betrieblichen Interessenvertretung. Die Politik der Interessenvertretung, einschließlich der kritischen Reflexion, übernahm ein kleiner Kreis von Meinungsführern, die sich ihrerseits am Betriebsratsvorsitzenden orientierten. Der demokratisch angelegte Aufbau der Interessenvertretungsarbeit übertrug sich auf das Agieren von Einzelpersonen, diente der Absicherung ihrer Positionen und der Vermittlung ihrer Entscheidungen im eigenen Vertretungsrahmen.

Setzt man die Untersuchungsergebnisse »Selbstverständnis, Organisation und Struktur der Interessenvertretungsarbeit« mit der Unersuchungsebene »gewerkschaftliche Organisation und Vertrauensleute« in Beziehung, so werden die Dominanz der IG-Metall-Betriebsratsmitglieder bzw. die Nachrangigkeit der gewerkschaftlichen Organisation und der Vertrauensleute im gesamten Vertretungsspektrum offenkundig. Der Umgang mit der gesetzten Norm erfolgte äußerst flexibel. Einerseits wurden Einzelbestimmungen des Betriebsverfassungsgesetzes, hier insbesondere Mitbestimmungsmöglichkeiten der Interessenvertretung, in ihrer Bedeutung für die praktische Vertretungsarbeit als nebensächlich eingestuft und den eigenständigen Regelungen größere Bedeutung zugemessen. Andererseits wurde in der Belegschaft zum Beispiel dafür geworben, individuelle Schutzgesetze in Anspruch zu nehmen. Der Aufbau eines eigenständigen VW-spezifischen Regelungswerkes (Manteltarif und Arbeitsordnung) folgte den Verhaltensmustern und Orientierungen, die sich aus dem Verhältnis zwischen Interessenvertretung und Unternehmensleitung entwickelten. Eigenständige Wirkungen aus dem Umgang mit der gesetzlichen Norm ergaben sich nicht.

Zusammenfassend läßt sich für die Arbeit der Interessenvertretung in diesem Zeitraum feststellen:

- Die Interessenvertretung ist eine respektierte Arbeitnehmervertretung, die von der Unternehmensleitung als Gesprächs- und Verhandlungspartner akzeptiert ist.
- Erfolge werden auf der Basis einer sozialpartnerschaftlichen Beziehung in einem gemeinsamen Kommunikationsgeflecht kompromißhaft mit der Unternehmensleitung erzielt.
- Die eigene Vertretungsorganisation folgt dem hierarchischen Organisationsprinzip des Unternehmens, indem der Betriebsausschuß des Betriebsrates in den Willensbildungs- und Entscheidungsprozessen dominiert und im Betriebsausschuß seinerseits dem Betriebsratsvorsitzenden eine uneingeschränkte Autoritätsfunktion zugesteht.
- Die Belegschaft steht außerhalb des Vertretungskonzeptes. Belegschaftsakzeptanz wird durch individuellen Schutz und materiellen Erfolg erzielt.
- Der Umgang mit der gesetzlichen Norm orientiert sich am Kommunikations-, Verhandlungs- und Erfolgskonzept mit der Unternehmensleitung und wird dieser Maxime untergeordnet bzw. flexibel angepaßt.
- Die gewerkschaftliche Organisation und die Vertrauensleute folgen den Vorgaben des Betriebsausschusses und nehmen eine Hilfsfunktion ein.

6. Das Vertretungsprinzip der Geschlossenheit

Das Vertretungsprinzip der Geschlossenheit ist die Bündelung unterschiedlicher Interessenlagen der Belegschaft oder Belegschaftsgruppen, der Betriebsräte, Vertrauensleute sowie der gewerkschaftlichen Organisation zu einem einheitlichen Ganzen, so daß die Interessenvertretung stabil ist und interne Konflikte nicht zur Handlungseinschränkung bzw. -unfähigkeit führen. Dazu zählt, daß sowohl die legitimierten Vertreter der Belegschaft als auch die Belegschaft selbst sich jeweils bei der Forderungsentwicklung, den Diskussionen und dem Tragen von erzielten Kompromissen diesem Prinzip unterordnen. Geschlossenheit ist nur herzustellen, wenn als weitere Voraussetzung ein stillschweigender Grundkonsens vorhanden ist, der mehrheitlich Kritik aus den eigenen Reihen abwehrt und permanente Minderheitenpositionen im eigenen Vertretungsspektrum und in der Belegschaft unterbindet bzw. ihnen aktiv entgegenwirkt. Fraktionierungen sind hier ebenso hinzuzurechnen wie einzelne Opponenten und Konkurrenzorganisationen.

Auseinandersetzungen, die inhaltlich angelegt sind und einen solidarischen Gewerkschaftsstreit über den jeweils richtigen Weg der Interessenvertretungspolitik beinhalten, müssen demzufolge begrenzt werden, damit sich daraus entwickelnde Diskussionen und Konfliktpotentiale schon frühzeitig in geordnete Bahnen gelenkt werden. Ob mit einer Unterbindung inhaltlicher Kontroversen die möglichen Kontrahenten in der Vertretungshierarchie bekämpft oder einbezogen werden, ist dabei unerheblich. Das Prinzip der Geschlossenheit bedingt, Abweichler von der herrschenden und mehrheitlich vorgegebenen Position frühzeitig und wirksam ruhigzustellen oder zu entfernen.

6.1 Vertretungspolitik stützt sich auf Personen

Nicht die Personen als Träger inhaltlicher Positionen und Entscheidungen der Gesamtheit der Interessenvertretung, sondern die zum Teil unreflektierte Folgebereitschaft der Interessenvertretung einzelnen gegenüber bilden das Vertretungskonzept. Handelnde Personen und ihre Dominanz stellen die Geschlossenheit ebenso sicher, wie sie an der Spitze der eigenen Hierarchie gegenüber der Unternehmensleitung mit einem großen Dispositionsspielraum agieren können. Je nachhaltiger der Betriebsratsvorsitzende und die Betriebsausschußmitglieder Erfolge aufzuweisen hatten und Belegschaftsakzeptanz für sich verbuchen konnten, um so deutlicher prägten diese Personen die Vertretungspolitik.

Nach dem Selbstverständnis der Meinungsführer bei VW waren gewerkschaftliche Politik und Politik im Betrieb eine Symbiose aus Unternehmensfortschritt, Belegschaftspartizipation am Unternehmenserfolg und friedlichem Interessenausgleich. Zusätzlich übertrugen sie ihr Harmoniebedürfnis auf die Beziehungen zur Unternehmensleitung, das Harmoniebedürfnis der Belegschaft nutzten sie für den eigenen Vertretungsrahmen und die eigene Organisation. Mit der Politik des »Machbaren« rückten Persönlichkeiten in herausgehobene Funktionen, die diese Vertretungspolitik in ihrer eigenen Person repräsentierten.

6.2 Unternehmensvorteile sind integrativer Bestandteil

Die Kompetenz des Managements für die Unternehmenspolitik, die Abstinenz der Interessenvertretung, Kritik zu äußern oder auch nur einzelne Entscheidungen anzuzweifeln, deutet auf eine Haltung, die die innerbetrieblichen Macht- und Einflußkonstellationen unverändert fortbestehen ließ. Das betriebliche Herrschaftssystem wurde nur im Bereich der materiellen, sozialen und personenorientierten Managementzuständigkeit durch die Interessenvertretung gleichrangig ergänzt, verändert bzw. neu strukturiert. Dies ergab sich aus der Wirkung des geschilderten Vertretungsprinzips der Geschlossenheit. Für das Management stellte sich ihr Kontrahent als kalkulierbarer Faktor dar, der in der Forderungs-, Verhandlungs- und Umsetzungspolitik auch für die Unternehmensleitung vorteilhafte Kompromisse vertrat und mögliche Kritik an diesen Regelungen abfederte bzw. wirksam limitierte. Die Vertretung der Belegschaft wurde hierdurch zu einem Teil der Steuerung des Sozialgefüges im Betrieb, ein Regulativ, das Spannungen unter der Belegschaft ebenso abmildern, wie Kritik an der Führung durch betriebliche Vorgesetzte in geordnete Bahnen und Zuständigkeiten führen konnte. Gerade die Funktion der Steuerung des Sozialgefüges im Betrieb, unter Maßgabe eines reibungslosen Produktionsablaufes, brachte unübersehbare Vorteile für das Unternehmen.

Daß eine Unternehmenspolitik unter der Maxime »glückliche VW-Familie« entstehen konnte, die von Unternehmensleitung und Interessenvertretung gemeinsam getragen wurde, ist ein weiteres Indiz für den Gleichklang beim Aufbau und der Entwicklung des Unternehmens. Die Interessenvertretung identifizierte sich mit »ihrem Werk«, sie hatte es aufgebaut, den Erfolg ermöglicht und es gegen Angriffe von außen verteidigt.

6.3 Die Dienstleistungsbeziehungen der Interessenvertretung

Unter der Prämisse, daß die Interessenvertretung zum Erfolg verurteilt ist, um sowohl Akzeptanz als auch Entwicklungschancen ohne Aufgabe der Geschlossenheit kontinuierlich zu realisieren, prägte sich im Umgang miteinander im gesamten Vertretungsspektrum, aber insbesondere gegenüber der Belegschaft, eine Dienstleistungsbeziehung. Unter Dienstleistung wird ein Agieren für andere ohne deren Beteiligung verstanden. Man erledigt Aufgaben, Wünsche und löst Probleme ohne die ständige Rückkoppelung und den Kontakt zu den Auftraggebern, verzichtet insbesondere auf deren kritische Begleitung bzw. ihre Hilfe und Unterstützung bei der konkreten Konfliktlösung. Dienstleistung findet sich durchgängig im Selbstverständnis, im Vertretungskonzept und in der Vertretungsarbeit; »Mittlerpolitik« und Dienstleistung prägen einander durch ein Verhältnis, das sich gegenseitig unterstützt, das Konflikte verlagert und Konfliktbereiche und Konfliktlösungen voneinander trennt. Nicht der Konflikt bzw. die Konfliktlösung sind Teil des Vertretungskonzeptes, sondern ausschließlich das Ergebnis, das durch stellvertretendes Handeln der Interessenvertretung erzielt wurde und den Betroffenen mitgeteilt wird.

Diese Art der Vertretungspolitik wurde getragen durch den hohen Grad an Kompromißfähigkeit bei der Lösung individueller Probleme, durch Berücksichtigung divergierender Interessenlagen und durch Duldung und Zustimmung der Belegschaft zum stellvertretenden Handeln. Neben der täglichen Vertretungsarbeit und Darstellung dieser Arbeit in Sprechstunden und Betriebsversammlungen wurde die Dienstleistung besonders in der gewerkschaftlichen Tarifpolitik realisiert. Ergebnisse der Sondierungsgespräche mit der Unternehmensleitung ermöglichten es der Interessenvertretung, realisierbare Forderungen zu erheben, sie durch die Dominanz des Betriebsausschusses als gewerkschaftliches Leitungsorgan innerhalb der gewerkschaftlichen Organisation mehrheitsfähig zu machen und durch die materiellen Erfolge in den Tarifverhandlungen die Akzeptanz der Belegschaft zu erzielen, ohne daß diese in den Prozeß der Realisierung der Forderungen einbezogen werden mußte.

Die konkrete Wirkungsweise dieses Stils und die hieraus resultierenden zentralen Ausprägungen zeigen also eine Interessenvertretung, die durch Partizipation betriebliche Herrschaftspositionen erlangte, stabilisierte und so nachhaltig ausbaute, daß die betriebliche Herrschaftsordnung durch sie ergänzt wurde. Sie korrespondierte mit den Erwartungen der Belegschaft, vereinigte in sich gewerkschaftliche Elemente ebenso, wie sie sich als autonomes Vertretungsorgan Anerkennung und Respektierung sichern konnte.

Interessenvertretung gestaltete sich damit eher als Ordnungspolitik denn als autonome Vertretungspolitik und orientierte sich an einer Handlungsmaxime, die pragmatisch-reformistisch und nicht ideologisch-gewerkschaftsprogrammatisch strukturiert war. Reformpolitik wurde ausschließlich als Umverteilung betrieblicher Machtpositionen verstanden, ohne jedoch die kapitalistischen Macht- und Besitzverhältnisse in Frage zu stellen und die ökonomischen und normativen Grundpositionen kritisch zu hinterfragen. Die Vertretungsfunktion ergänzte das Herrschaftssystem erfolgreich für die Belegschaft, ohne daß die Belegschaft zum integrierten Bestandteil der Interessenvertretungspolitik wurde. Durch die Übernahme betrieblicher Ordnungsfunktionen entstanden zugleich Vorteile für die Unternehmenspolitik und für die Belegschaft. Partizipation definiert sich hier für und durch die Interessenvertretung als »Mittlerrolle«, die divergierende Interessenlagen harmonisiert, Konflikte ausgleicht und ein friedvolles Miteinander sicherstellt. Die Wahrnehmung der »Mittlerfunktion« im betrieblichen Herrschaftsrahmen erforderte allerdings eine ständige Balance zwischen der Unternehmenspolitik, der Akzeptanz der ökonomischen Spielregeln zur Sicherung der Konzessions- und Verteilungsspielräume und der aktiven Selbstbehauptung, der Eigenständigkeit der Interessenvertretungsrolle im Herrschaftssystem, des Zuspruchs der Belegschaft bei Wahlen und der nachgelagerten Unterstützung durch die gewerkschaftlichen Organisationen. Insgesamt handelte es sich um eine respektierte, durch Unternehmensleitung und Belegschaft anerkannte, kompromißbereite Interessenvertretung, die sich als betrieblicher Ordnungsfaktor auf der einen Seite und durch umfangreiche Erfolge für die Belegschaft und den Aufbau einer gewerkschaftlichen Organisation auf der anderen Seite auszeichnete.

IV. Wechselbäder formen ein soziales und gewerkschaftliches Gegenmanagement

Der Zeitraum von 1969 bis 1981 zeigt ein Unternehmen, das seine Expansionsmöglichkeiten in den fünfziger und sechziger Jahren voll ausgeschöpft hatte und in einem Prozeß mit steigender Dezentralisierung und Internationalisierung von Produktion, Vertrieb und Beschäftigung zu einem bedeutenden nationalen und internationalen Konzern geworden war. Die Volkswagenwerk Aktiengesellschaft umfaßte nun neben dem Stammwerk in Wolfsburg weitere fünf Werke in Braunschweig, Emden, Hannover, Kassel und Salzgitter. Zum VW-Konzern gehörten außerdem die Audi NSU Auto Union AG mit Fabriken in Neckarsulm, Heilbronn und Ingolstadt. Ausländische Produktionsgesellschaften gab es unter anderem in Brasilien, Mexiko, Südafrika, Australien und Belgien. Es zeigt sich ein Unternehmen, das aus der prosperierenden Phase in tiefe Krisen geriet und seinen Beschäftigten aufgrund starker Produktions- und Absatzschwankungen nachhaltige Wechselbäder auferlegte Phasen von Kurzarbeit, Einstellstopp und Aufhebungsverträge auf der einen Seite und forcierte Einstellungen, Sonderschichten und Mehrarbeit auf der anderen Seite kennzeichneten eine sprunghafte Unternehmenspolitik, die in diesen Jahren das Wirtschaftswunderimage verspielte.

Vor dem Hintergrund dieser Entwicklung in den siebziger Jahren veränderten neue Vorstandsvorsitzende die Geschäftspolitik und paßten das Unternehmen in allgemeingültige Rentabilitäts- und Kapitalüberlegungen ein: »Die erfreuliche Ertragsentwicklung beim VW-Konzern ist das Resultat der Anstrengungen, die in den vergangenen Jahren unternommen worden sind, um einerseits die notwendige Umstellung des Modellprogramms zu bewerkstelligen und um andererseits die Anpassung an die weltwirtschaftlichen Veränderungen zu vollziehen. Unsere neuen Modelle und das 1975 eingeleitete Rationalisierungs- und Sparprogramm, das sind die Grundlagen der VW-Erholung.«[38]

---

38 Schmücker, in Autogramm Nr. 5/1977.

Die neuen Vorstandsvorsitzenden führten das Unternehmen immer weniger nach sozialen Gesichtspunkten, sondern vielmehr nach dem Prinzip: »Die Volkswagenwerk AG ist ein nach privatwirtschaftlichen Kriterien geführtes Unternehmen und nichts anderes. Entsprechend müssen wir handeln.«

Das Verhältnis zwischen Interessenvertretung und Geschäftsleitung wurde in den siebziger Jahren nicht nur durch die geringer gewordenen Verteilungsspielräume, neue Personen an der Spitze des Unternehmens und eine krisenhafte Unternehmensentwicklung mit großen Beschäftigungseinbrüchen gekennzeichnet, sondern fand seinen Ausdruck auch in stärkeren Konflikten bzw. erhöhter Konfliktbereitschaft auf beiden Seiten. Öffentliche Differenzen über mögliche Massenentlassungen, Sanierungskonzepte zu Lasten der Beschäftigten, Unternehmenspläne zur weltweiten Verlagerung von Produktion und Beschäftigung bzw. spontane Arbeitsniederlegungen und eine Urabstimmung waren Ausdruck mannigfaltiger Konfliktlinien zwischen Interessenvertretung und Unternehmensleitung.

Die Interessenvertretung konnte in dieser Zeit mit einer gefestigten gewerkschaftlichen Organisation im Betrieb und klaren Mehrheiten bei Wahlen für die IG-Metall-Kandidaten – insbesondere nach dem verschärften Betriebsverfassungsgesetz von 1972 – weitere Einflußsphären erschließen bzw. ausweiten. In den Stagnationsphasen des Unternehmens verhinderte sie Massenentlassungen und setzte soziale Abfederungsmaßnahmen durch, womit sie den sozialen Frieden im Betrieb sicherte. Auch konnte sie die Belegschaft fast durchgängig gewerkschaftlich organisieren, die Arbeit der Vertrauensleute ausweiten und stabilisieren sowie eine geschlossen handelnde Vertretung zementieren.

1. Stagnation und Prosperität kennzeichnen die Unternehmensentwicklung

Vergleicht man als Kennzahl der ökonomischen Unternehmensentwicklung den Umsatz des Jahres 1969 von 13 934 Millionen DM bei einer Beschäftigtenzahl von 168 469 mit dem Umsatz des Jahres 1981 von 37 878 Millionen DM und 247 000 Beschäftigten, so ist die Steigerung offensichtlich. Hinter dieser vordergründigen Prosperität des Unternehmens verbergen sich jedoch Krisen und Stagnationsphasen, dramatische Produktionsschwankungen und Rationalisierungsmaßnahmen sowie Ausweitungen und Reduzierungen der Beschäftigtenzahlen in kürzester Zeitspanne.

1.1 Die Stagnationsphasen des Unternehmens

Das VW-Werk mit seinem »Käfer« als Denkmal des deutschen Wirtschaftswunders bekam ab Mitte der sechziger Jahre durch eine rückläufige Produktions- und Absatzentwicklung erste Risse. »Zwar konnte nach diesem konjunkturellen Einbruch in den Jahren 1966/67 die Produktion in den Jahren 1968 bis 1970 wieder erheblich gesteigert werden, doch die strukturellen Schwächen von VW führten bereits 1971/72 wieder zur nächsten, bis dahin schwersten Krise. Als 1973 neben der Herstellung des kostengünstigen Massenprodukts ›Käfer‹ – zu spät – mit der Produktion neuer Modelle begonnen wurde, konnten damit nur vorübergehend steigende Absatz- und Produktionsziffern erreicht werden.«[39] Dies trat ein trotz der gezielten Neuorganisation der Unternehmenspolitik, die im Geschäftsbericht 1969 wie folgt umrissen wurde:

- Die Stellung des Volkswagenwerkes kann nur dann gehalten werden, wenn der Modellfächer verbreitert wird;
- die Erfahrung hat gezeigt, daß ein Automobilunternehmen mit einer derartigen Programmstruktur von einer gewissen Größe an nicht mehr ausschließlich mit einer Automobilmarke und einer Verkaufsorganisation am Markt optimal operieren kann;
- die Ausrichtung des Konzerns auf Produktgruppen, die zum Teil im Wettbewerb miteinander stehen, macht eine Umorganisation in der Führung der VW AG notwendig;
- diese Maßnahmen werden sicherstellen, daß ein Höchstmaß an Integration dort erfolgt, wo Rationalisierungschancen ausgeschöpft oder andere Geschäftsmöglichkeiten wahrgenommen werden können.

Als konkrete Schritte folgten diesen Absichtserklärungen die Abkehr von der »VW-Monokultur Käfer«, die Trennung der Verkaufsorganisation der VW AG und der Audi NSU AG sowie Investitionen im Bereich von Forschung und Entwicklung. Mit diesen Maßnahmen sollten strukturelle Schwächen des Konzerns abgebaut werden. Zur Behebung der Exportlastigkeit einerseits und zur Senkung der Personalkosten andererseits wurde die Verbundproduktion eingeführt, damit die in- und ausländischen Werke gegenseitig als spezialisierte Zulieferbetriebe fungieren konnten. Die von der Forschungs- und Entwicklungsabteilung neu entwickelten Typen wurden nach dem »Baukastensystem« gefertigt, das heißt, daß die wichtigsten Bauelemente standardisiert und in mehreren Modelltypen

39 Herlyn, U.: Stadt im Wandel, Frankfurt/M. 1982, S. 64.

einsetzbar waren. Begleitet wurde diese Konzernpolitik von starken Produktionsschwankungen, wobei die Gesamtproduktion des VW-Konzerns in den Jahren 1971 bis 1975 insgesamt zurückging. Das Produktionsergebnis von 1975 fiel noch unter das von 1969. Insbesondere zwischen 1972 und 1974 sanken die Produktionszahlen um 7 bzw. 11 Prozent gegenüber dem jeweiligen Vorjahresniveau. Wichtig sind in diesem Zusammenhang die Wirkungen der ökonomischen Veränderungen auf die Beschäftigten und die veränderten Bedingungen der Interessenvertretungsarbeit seit der Verengung der Konzessions- und Verteilungsspielräume.

1.2 Zur Beschäftigungspolitik in diesen Jahren

Die ökonomischen Schwierigkeiten des Werkes führten zur Reduzierung der Belegschaft. Der Krise Ende der sechziger Jahre begegnete man durch Nichtersetzen der Fluktuation, Abbau von Überstunden und mit Kurzarbeit. In der Krise von 1971/72 bot man erstmals mit Aufhebungsverträgen den Mitarbeitern bei freiwilligem Werksaustritt monetäre Anreize und reduzierte so die Belegschaft von 59 200 auf 51 800. In der Volkswagenwerk AG reduzierte man mit Einstellstopps, Kurzarbeit und Aufhebungsverträgen für den Zeitraum vom 1. Juni bis 31. August 1972 die Belegschaft von 130 266 (im Jahre 1971) auf 116 352 Beschäftigte. In der Folge verbesserte sich die Unternehmenssituation wieder, und im Januar 1973 kam es zu Neueinstellungen und Sonderschichten. Insgesamt wurde die Beschäftigtenzahl auf 125 787 erhöht. Ende 1973 und im ersten Quartal 1974 stellte die VW AG über 2500 Arbeitnehmer ein. Parallel dazu wurde im Werk Hannover mit Kurzarbeit begonnen. Im April/Mai 1974 folgte in allen Werken Kurzarbeit. Im Jahre 1974 kam es in der VW AG zu insgesamt zehn Kurzarbeitsperioden. So wurde in Wolfsburg fünfmal an insgesamt 29 Tagen kurzgearbeitet, in Hannover zehnmal an 61 Tagen, in Braunschweig neunmal an 51 Tagen, in Kassel neunmal an 57 Tagen, in Emden siebenmal an 41 Tagen und in Salzgitter fünfmal an 25 Tagen; dabei waren im Durchschnitt in der VW AG pro Kurzarbeitstag etwa 38 500 Beschäftigte betroffen. Insgesamt fielen 1974 rund 1,8 Millionen Mannarbeitstage durch die Kurzarbeit aus. Gleichzeitig trat ein genereller Einstellstopp in Kraft.

Als Kurzarbeit und Einstellstopp allein nicht mehr ausreichten, um den Personalüberhang abzubauen, wurden in der Zeit vom 12. bis 28. Juni 1974 die ersten »offenen« (altersunabhängigen) Aufhebungsverträge angeboten. Von dieser Maßnahme machten ca. 3500 Beschäftigte Gebrauch. Von Oktober 1974 bis August 1975 wurde das Instrument der Aufhebungsverträge (entsprechend der Betriebsvereinbarung vom

15. Oktober 1974) zum zweiten Male eingesetzt. Als weiteres Mittel zum Personalabbau kamen die Altersregelungen hinzu (Neunundfünfziger- bzw. Zweiundsechziger-Regelung nach der Betriebsvereinbarung vom 26. September 1974). Im Zeitraum vom 31. Dezember 1973 bis 2. Januar 1975 führten die genannten Maßnahmen zu einer Verringerung der Beschäftigten um rund 16 000. Die Kurzarbeit wurde 1975 fortgeführt, so vom 2. bis 10. Januar in allen Werken, zum ersten Mal bei allen Typen und Fertigungen mit etwa 78 000 Betroffenen. In der Kurzarbeitsphase vom 24. März bis 4. April 1975 wurden während des gesamten Zeitraums einzelne Modelle weiterproduziert, so der Polo, der Golf und der Käfer.

Auch der Beschäftigtenabbau setzte sich 1975 fort. Der stufenweise Abbau des Personalüberhangs durch Kurzarbeit und Aufhebungsverträge reichte der VW AG jedoch auch im Frühjahr noch nicht aus, so daß nach dem am 14. April 1975 vom Aufsichtsrat verabschiedeten Beschluß die S-1-(Sanierungsplan)Planung und deren Realisierung begann. Die S-1-Planung sah vor, bis Ende 1976 die Belegschaft um 25 000 Beschäftigte zu verringern. Im einzelnen war geplant, in Wolfsburg 5900, Salzgitter 3000, Kassel 2300, Emden 1500, Braunschweig 850, in Neckarsulm 4700, Ingolstadt 1700 sowie in Brüssel 1350 Beschäftigte abzubauen.[40]

Der Personalabbau sollte vorwiegend durch Nichtersetzen der Fluktuation, vorzeitige Pensionierung, freiwilliges Ausscheiden über Aufhebungsverträge, Kurzarbeit und Einstellstopp erreicht werden. Anzeigepflichtige Entlassungen (Massenentlassungen) sollten nur dann vorgenommen werden, wenn durch die anderen Maßnahmen der geplante Gesamtabbau nicht erreicht würde. Die Belegschaftsverringerung sollte hauptsächlich in der zweiten Hälfte des Jahres 1975 durchgeführt werden. Weitere Maßnahmen waren die Verlagerung der Fahrzeugmontage von Salzgitter nach Wolfsburg, die Schließung der Werke Heilbronn und Neuenstein, die Einschränkung auf eine Schicht pro Tag in den Werken Neckarsulm und Brüssel. Durch die Verbesserung der Konditionen für die Aufhebungsverträge und den Abschluß der Betriebsvereinbarung zur Neunundfünfziger-Regelung machten die Beschäftigten von den Aufhebungsverträgen umfangreichen Gebrauch. Daraus folgte auch, daß Massenentlassungen in der VW AG vermieden werden konnten und nur noch im Mai eine Kurzarbeitsphase eingelegt werden mußte. Im Zeitraum vom 31. Dezember bis zum Oktober 1975 verringerte sich die Belegschaft der VW AG um 32 000 Arbeitnehmer. Über Aufhebungsverträge verließen 22 697 und über Altersregelungen 4125 Beschäftigte die VW AG. Alle

40 Vgl. Frankfurter Rundschau vom 16. April 1975, S. 5.

Instrumente gemeinsam erbrachten die im Rahmen des beschlossenen Abbauprogramms für 1975 geplante Verringerung der Belegschaft.

Die nachfolgende Tabelle verdeutlicht die starke Reduzierung der Belegschaften Mitte der siebziger Jahre in den Werken der VW AG.

Stand: 31.12.80	Wolfsburg	Hannover	Braunschweig	Kassel	Emden	Salzgitter	VW AG
1968	52 127	25 147	6 213	14 931	6 557	–	104 975
1969	55 603	26 817	6 845	16 140	7 002	47	112 454
1970	59 200	27 447	7 381	17 533	8 123	5 108	124 792
Höchststand: 26.7.71	62 240	28 214	7 696	19 415	8 331	8 074	133 970
1971	58 923	28 728	7 467	18 906	8 305	7 937	130 266
1972	51 836	26 259	6 535	17 256	7 321	7 145	116 352
1973	56 549	26 504	6 961	18 808	7 578	9 387	125 787
1974	51 155	21 605	6 001	16 398	7 299	9 069	111 527
1975	46 097	16 867	4 925	13 732	6 111	5 294	93 026
1976	48 899	17 347	5 200	13 884	6 507	5 585	97 422
1977	52 620	17 397	5 509	14 321	7 357	6 097	103 301
1978	54 420	18 820	6 091	14 908	7 457	6 680	108 376
1979	56 429	20 512	6 500	16 366	8 244	7 365	115 416
1980	57 927	22 110	6 458	16 681	8 338	7 252	118 766

Quelle: VW Geschäftsberichte.

Die Zahlen zeigen eine relativ gleichmäßige Verteilung des Abbaus und der Steigerungsraten in den einzelnen Werken. Betrachtet man die Belegschaftsveränderungen für das Werk Wolfsburg und die Verringerung vom Höchststand 1971 zum Tiefststand 1975, so wurden in diesem Zeitraum dort 16 143 Beschäftigte abgebaut. Die Struktur der ausgeschiedenen Beschäftigten stellte sich wie folgt dar:

- Lohnempfänger, und hier die Akkordlöhner, waren am nachhaltigsten von den Personalreduzierungen bzw. -schwankungen (von 114 000 im Jahre 1971 auf 79 000 im Jahre 1975 und auf 88 000 im Jahre 1977) betroffen.
- Ausländische Beschäftigte verließen überproportional das Volkswagenwerk (von 16 824 im Jahre 1971 reduzierte sich ihre Anzahl auf 6913 im Jahre 1975).
- Frauen machten, gemessen an ihrer Repräsentation in der Belegschaft, überdurchschnittlich stark von Aufhebungsverträgen Gebrauch.

- Jüngere Arbeitskräfte stellten unter den mit Aufhebungsverträgen Ausgeschiedenen einen weit höheren Prozentsatz als in der Gesamtbelegschaft.
- Beschäftigte mit kurzer Werkszugehörigkeit machten vorzugsweise von den Aufhebungsverträgen Gebrauch.
- Niedrige Lohngruppen waren unter den Ausgeschiedenen deutlich überrepräsentiert, hohe Lohngruppen ebenso deutlich unterrepräsentiert.
- Über 50 Prozent der Ausgeschiedenen waren (trotz ihrer unterdurchschnittlich langen Werkszugehörigkeit) zuvor ein- oder mehrmals umgesetzt worden, wobei rund 40 Prozent der Umgesetzten zumeist eine Umsetzung mit Lohnminderung erfahren haben.
- 70 Prozent der Ausgeschiedenen wiesen während der Werkszugehörigkeit eine überdurchschnittlich hohe Zahl von Krankheitstagen pro Jahr auf.
- Bei rund 16 Prozent der Ausgeschiedenen war mindestens eine Lohnpfändung zu verzeichnen.

Die Zusammensetzung der ausgeschiedenen Beschäftigten verdeutlicht, daß eine Gruppe nur wenig von der Belegschaftsreduzierung betroffen war: Männliche deutsche Arbeiter, die älter als vierzig Jahre, über zehn Jahre bei VW beschäftigt und eher in höheren Lohngruppen eingestuft waren – eine Gruppe also, die als Kern der Stammbelegschaft angesehen werden muß, weil sie über ein hohes Maß an betrieblicher Erfahrung verfügt, in ihrer weiteren Perspektive an den Betrieb gebunden ist und bei einem Betriebswechsel große Einbußen hinzunehmen hätte. Betrachtet man demgegenüber die Belegschaftszahlen des Konzerns im Ausland, so ist auffällig, daß, während 1972 im Inland Arbeitskräfte abgebaut wurden, im Ausland Steigerungsraten zu verzeichnen waren. Auch in den Jahren 1974/75 hielt sich der Belegschaftsstand im Ausland auf einem hohen Niveau.

1.3 Die Haltung der Interessenvertretung in der Krise

Wirtschaftliche Stagnation und die krisenhafte Unternehmensentwicklung wirkten auf die Interessenvertretung zunächst lähmend. Später stellte sich zögernd eine Reaktion auf die Maßnahmen der Unternehmensleitung ein, und erst nach einer längeren Zeitdauer griffen bewußte Handlungsvollzüge Platz mit der Maxime, soziale Härten von der Belegschaft abzuwenden, die durch die Unternehmenspolitik »vorprogrammiert« waren. Ein selektives und differenziertes Vertretungskonzept zeichnete sich zur Bewältigung der Krisenfolgen ab – unter der Herauskristallisierung eigener Erfolge trotz der Krise.

Die Krise in den sechziger Jahren und die wirtschaftlichen Schwierigkeiten Anfang der siebziger Jahre folgten nach Einschätzung der Interessenvertretung einem zyklischen Wirtschaftsverlauf, der naturgemäß konjunkturelle Höhen und Tiefen verzeichnete. Man akzeptierte die in Öffentlichkeit und Unternehmensvorstand verbreitete Ansicht, daß sich die »Boomphasen des Käfer-Absatzes« auch einmal abschwächen müßten, daß die weltpolitischen und innenpolitischen Rahmenbedingungen, zeitlich befristet, diesen Negativtrend hervorgerufen hätten und daß nach dem Tief auch schnell wieder Normalität einkehren würde. Eine nachhaltige »Neustrukturierung« der bewährten Handlungsmuster erschien nicht angebracht. Die Interessenvertretung sah ihre Rolle darin, den Überreaktionen der Unternehmensleitung entgegenzutreten und die Forderungen nach Massenentlassungen abzuwehren sowie Vorsorge zu treffen, daß die soziale Komponente der Unternehmenspolitik auch in wirtschaftlich schwierigen Zeiten erhalten blieb. Dies gelang durch eine Politik des Interessenausgleichs, in dem die Belegschaft nicht durch Massenentlassungen reduziert wurde, sondern durch Einstellstopp, Kurzarbeit und Aufhebungsverträge. Aufgrund der negativen Erfahrungen mit dem Personalabbau von 1972 sperrte sich die betriebliche Interessenvertretung dagegen, allen auftauchenden Nachfragespitzen 1973 durch sofortige Neueinstellungen zu entsprechen. Statt dessen favorisierte sie eine gemäßigte Personalsteigerung und empfahl zur Produktionssteigerung Sonderschichten und Überstunden. Unternehmensleitung und Gesamtbetriebsrat einigten sich auf einen Mittelweg, der Sonderschichten und Neueinstellungen auf einem geringeren Niveau, als die Unternehmensleitung es forderte, miteinander verband.

Die Krise in den Jahren 1974/75 überraschte die Interessenvertretung hinsichtlich ihres Tempos und Ausmaßes, obwohl sie aufgrund ihrer Erfahrungen mit den Krisenlösungsmustern der Vorjahre gelernt hatte, der Unternehmenspolitik kritisch gegenüberzustehen. Sie handelte auch jetzt nach der Maxime, der Unternehmenssanierung – unter Berücksichtigung der sozialen Komponente – und damit dem Personalabbau zuzustimmen. Das erforderte Maßnahmen, die den ausscheidenden Beschäftigten auch menschlich gerecht wurden, so daß der Akzent auf dem freiwilligen Ausscheiden aufgrund eines Aufhebungsvertrages liegen sollte. Der Betriebsrat, der sich in den Verhandlungen über die Personalabbaumaßnahmen vor dem Hintergrund der schlechten Absatzlage und der finanziellen Schwierigkeiten des Unternehmens kooperativ gezeigt hatte, forderte nun als Gegenleistung Arbeitsplatzsicherung für die ersten vier Monate 1975. Diesem Wunsch wurde nicht entsprochen, und die Unternehmensleitung unterbreitete dem Aufsichtsrat ein Konzept, das vorsah: Totalstillegung des Werkes Neckarsulm, Stillegung der Montagefertigung im Werk Salzgitter, Massenentlassungen von 25 000 Arbeitnehmern in kürzester Frist und innerbetriebliche Umsetzungen und Versetzungen im Konzernverbund.

Nach der Aufsichtsratssitzung informierte die IG Metall die Belegschaft über die Vorstandspläne zur Unternehmenssanierung; die sieben Arbeitnehmervertreter im Aufsichtsrat lehnten das Sanierungskonzept des Vorstandes strikt ab. Siegfried Ehlers sagte als ihr Sprecher im April 1975: »Es muß mit Kurzarbeit und den bisher bewährten Regelungen weiterhin ein Personalabbau ohne Massenentlassungen möglich sein.« In der Informationsschrift »Wir Metaller« wurde der Belegschaft auch der Vorschlag der Interessenvertretung zur Sanierung des VW-Konzerns unterbreitet, der vorsah: Erhebliche Reduzierung des Personalabbaus insgesamt; kein Personalabbau im zweiten Halbjahr 1975, statt dessen eine gleichmäßige Verteilung bis Ende 1976; völliger Verzicht auf Massenentlassungen, sobald eine Besserung der wirtschaftlichen Lage eintritt; die von Entlassungen Betroffenen sollten bei eventuellen Neueinstellungen bevorzugt eingestellt werden. Dieser IG-Metall-Vorschlag fand im Aufsichtsrat keine Mehrheit. Erreicht wurde, daß die im Plan S beabsichtigten Massenentlassungen auf 8000 (zugunsten von Aufhebungsverträgen) reduziert wurden.

Nach den Auseinandersetzungen im Aufsichtsrat und dem Beschluß vom 14. April 1975 konnte Siegfried Ehlers auf der Betriebsversammlung am 16. April 1975 feststellen, daß es im Werk Wolfsburg keine anzeigepflichtigen Massenentlassungen geben werde. Als Grund dafür wurde die starke Inanspruchnahme der Aufhebungsverträge angeführt, so daß der vorgesehene Umfang der Belegschaftsreduzierung problemlos, ohne Massenentlassungen, erreicht werden konnte. Am 12. Juni 1975 wurde mit dem Gesamtbetriebsrat ein Interessenausgleich nach § 112 BetrVG geschlossen, da in allen Werken wirtschaftliche und organisatorische Anpassungsmaßnahmen wesentlicher Betriebsanteile, mit erheblichen Folgen für die Belegschaft, unausweichlich geworden waren. Die wesentlichen Instrumente waren offene Aufhebungsverträge für jedermann, vorzeitige Pensionierung für ältere Beschäftigte und innerbetriebliche Umsetzungen bisher nicht gekannten Umfangs. Die flankierenden Maßnahmen (Einstellstopp, Nichtersatz der Fluktuation, Arbeitsverlagerung und Versetzung zwischen den Werken) gehörten dazu. Von der Interessenvertretung wurden die Aufhebungsverträge ausschließlich vor dem Hintergrund des Gespenstes der Massenentlassungen gesehen. Die Wahrung des Prinzips der Freiwilligkeit und die möglichst soziale Gestaltung der Aufhebungsbedingungen trugen dazu bei, daß es zu einer Zustimmung der Interessenvertretung kam, aber auch dazu, daß die Aktion bei der Belegschaft so erfolgreich verlief. Mit dem freiwilligen Ausscheiden von neunundfünfzigjährigen und älteren Arbeitnehmern hat die Interessenvertretung gute Erfahrungen sammeln können. Nach anfänglicher Skepsis machte der größte Teil der Betroffenen von der Regelung Gebrauch.

Im Ergebnis erreichte die Interessenvertretung eine Entschärfung der drastischen Unternehmenspläne und die Wahrung der sozialen Komponente. Besonders erfolgreich war die Interessenvertretung bei der Verhinderung der Massenentlassungen. Ferner konnten ab Mitte des Jahres 1975 auch die Kurzarbeitsperioden entfallen. Auf der Betriebsversammlung am 16. Oktober 1975 stellte Walter Kaufmann (1. Bevollmächtigter der IG Metall in Wolfsburg) fest, daß es nicht zu den Wechselbädern von »Heuern und Feuern« gekommen wäre, wenn die Mehrheit des Aufsichtsrates den Vorschlägen der IG Metall gefolgt wäre. Siegfried Ehlers führte auf der gleichen Versammlung aus, daß es betriebsbedingte Entlassungen entsprechend einer Vereinbarung mit dem Vorstand im Jahre 1976 nicht geben werde. Die Kritik an dieser Politik der Interessenvertretung artikulierte sich dahingehend, daß es ein Fehler gewesen sei, auf die Aktivierung der Belegschaft zu verzichten. Statt dessen habe sich die Politik der Interessenvertretung darauf konzentriert, für die Beschäftigungsverringerung Formen auszuhandeln, die die Zwangsmaßnahmen der Massenentlassung ersetzten und den Betriebsrat gar nicht erst dem Dilemma aussetzten, über einen Sozialplan an der Auswahl der zu Entlassenden mitwirken zu müssen.

Der Betriebsrat bemühte sich, die materiellen Verluste beim Ausscheiden wie auch bei der Umsetzung gering zu halten. Die Belegschaft wurde auf den Betriebsversammlungen und durch gewerkschaftliche Publikationen jeweils vom Ergebnis der Verhandlungen informiert. Zusätzlich führten die Vertrauensleute und Hallenbetriebsräte Informationsgespräche, die aber durch die umfangreichen Umsetzungsaktionen an Effektivität einbüßten.

In der Krise bildete sich eine Beschäftigungspolitik heraus, die durch Kooperation zwischen Management, Interessenvertretung und staatlichen Stellen einen Interessenstreit zu vermeiden trachtete mit dem Ergebnis, der Belegschaft konfliktarme und kostengünstige Lösungen zu unterbreiten. Die Politik der Interessenvertretung richtete sich in der Krise darauf, einen unter dem Aspekt einzelbetrieblicher Rentabilität notwendigen Belegschaftsabbau mit der Maßgabe zu tolerieren, daß er mit sozial erträglichen Maßnahmen durchgeführt werde, wobei Massenentlassungen ausgeschlossen wurden. Grundkomponente war dabei, daß der Belegschaftsabbau aufgrund finanzieller Anreize auf freiwilliger Basis durchgeführt werden konnte. Die Kosten für den freiwilligen Arbeitsplatzverzicht wurden einerseits durch das Unternehmen und andererseits durch die Sozialversicherungsträger gedeckt.

1.4 Die Rückkehr zur Normalität

Mit den Modellen »Golf« und »Passat« wurden die jährlichen Produktionsziffern im Werk Wolfsburg Ende 1975 und in den folgenden Jahren von 637 000 Pkw auf 984 000 gesteigert, wobei ein konjunktureller Abschwung 1981 die Pkw-Produktion auf 846 000 Einheiten sinken ließ. Parallel erhöhte sich ab 1976 auch wieder die Belegschaft. Die Erfahrungen mit den Schwierigkeiten des vorangegangenen Personalabbaus wurden in eine Neuorientierung der Beschäftigungspolitik umgemünzt. Ein Beschäftigungskonzept der »mittleren Linie«, das Nachfragespitzen vorrangig durch Mehrarbeit und Sonderschichten zu kompensieren suchte, zeichnete den Weg zur Normalität und Konsolidierung und begegnete einer Unternehmenspolitik des »Hire and fire«: »Man stellt in Zeiten der Hochkonjunktur nicht jeden Mitarbeiter ein, der zur Bedarfsdeckung führt, sondern nur so viel, wie zum Ersatz der Fluktuation und gegebenenfalls zu einer langfristig vernünftigen Erhöhung der Belegschaft notwendig sind. Man deckt einen Teil der Bedarfsspitzen durch mit dem Betriebsrat zu vereinbarende Zusatzschichten und Mehrarbeit ab. Man erfüllt dadurch nicht jeden kurzfristigen Kundenwunsch nach einem Auto sofort, sondern nimmt Lieferfristen in Kauf. Man verteilt durch einen entsprechenden Auftragsbestand die Fertigung gleichmäßig auf alle Monate, also auch auf die, die normalerweise verkaufsschwächer sind.« (VW AG: Personalplanung/Beschäftigungspolitik 1977, S. 47.)

1978, in einem Referat zur Personalpolitik, verdeutlichte Peter Frerk vom VW-Vorstand, warum man nicht mehr allen Schwankungen des Marktes mit Neueinstellungen und Entlassungen folgen wollte: »Dabei half uns die Erkenntnis, daß wir sogar mehr verdienen, wenn wir nicht mehr mit den Personaleinstellungen jeder vorübergehenden Bedarfsspitze folgen, sondern daß ein Kurs der mittleren Linie zu wirtschaftlich besseren Ergebnissen führt. Dem System der kontrollierten Expansion mit Mehrarbeit, Zusatzschichten und längerfristig wirksamen Einstellungen entsprechen im Rezessionsfall die Instrumente Einstellstopp, Abbau von Mehrarbeitsstunden, Reduzierung von Fremdaufträgen, Umsetzungen mit temporärer Besitzstandssicherung, Kurzarbeit, Aufhebungsverträge und Vorpensionierung, bevor es zu anzeigepflichtigen Massenentlassungen kommt. Dieses System hat mehr Vor- als Nachteile. Obwohl es das Prinzip der Umsatzmaximierung und Marktexpansion zu verletzen scheint, ist dieser Planungsgrundsatz ökonomisch sinnvoll. Erst recht findet es Anerkennung aus der Sicht des Mitarbeiters, weil das Prinzip der Arbeitsplatzsicherung im Vordergrund steht und als gleichrangiger Bestimmungsfaktor in die Unternehmensplanung eingebracht werden konnte.« In der Praxis sollte dieses System nach einem dreifach gestaffelten Plan ablaufen: Mehrarbeit an Sonnabenden, vierzehnmal im Jahre 1975, vorwiegend in Wolfsburg und Emden; sodann vorsichtiger Fluktuationsersatz mit ausführlicher Erörterung einer transparenten Personalplanung; dann schrittweise Mehreinstellungen von Akkordlöhnern, wenn der Arbeitskräftebedarf mittelfristig sicher abgeschätzt werden konnte. Die Beschäftigungspolitik der »mittleren Linie« führte in Wolfsburg zwischen 1976 und 1978 zur Einstellung von rund 20 000 Lohnempfängern, die letztendlich nach Gegenrechnung der Fluktuation eine Belegschaftsaufstockung von etwa 8000 Beschäftigten erbrachte. In diesen Jahren konzentrierte sich die Interessenvertretung darauf, das Konzept der Beschäftigungspolitik der mittleren Linie mitzutragen, eine vorsichtige Personalaufstockung zu unterstützen und mit tarifpolitischen Mitteln die Belegschaftszahlen durch arbeitszeitverkürzende Maßnahmen zu stabilisieren.

2. Unternehmenskonzepte und neue Vorstandsvorsitzende – der betriebliche Konsens wird strapaziert

Im Vorfeld der wirtschaftlichen Schwierigkeiten des Unternehmens, während der Krisen und in der Phase der Konsolidierung, wechselten die Vorstandsvorsitzenden. Mit den Personen änderte sich auch die Form der Zusammenarbeit mit der Interessenvertretung. Am Beispiel herausragender Differenzen zeigt sich, daß nicht nur das Unternehmen infolge wirtschaftlicher Probleme eine veränderte Entwicklung im Vergleich zu den fünfziger und sechziger Jahren durchlief, sondern ebenso wurden die industriellen Beziehungen durch neue Unternehmenskonzepte einer Belastungsprobe unterzogen.

Nach dem Tod Nordhoffs formulierte der Betriebsrat seine Vorstellungen zur Zusammenarbeit mit der neuen Vorstandsspitze unter der Leitung des Vorstandsvorsitzenden Lotz – auch mit Rückblick auf die erste Stagnationsphase des Unternehmens mit Produktions- und Absatzrückgängen,

Rückgang der Belegschaftszahlen und Kurzarbeitsperioden. Die Interessenvertretung befürchtete, daß Kurt Lotz, der Mitte 1967 Stellvertreter von Heinrich Nordhoff wurde und am 1. Mai 1968 dessen Nachfolge antrat, ohne die Erfahrungen der VW-Aufbauarbeit und der besonderen Beziehungen zwischen Geschäftsleitung und Interessenvertretung, den VW-Konzern ausschließlich nach Kapitalverwertungsgesichtspunkten führen könnte. Dazu wurde in einem Interview gesagt: »Lotz hatte Generalstabsmanieren und ließ durchblicken, daß er nur den ersten und zweiten Vorsitzenden informieren müßte. Da haben wir nicht mitgemacht und ihm gesagt, daß das nicht so läuft bei uns. Er müsse mit den Betriebsausschüssen der Werke sprechen und alle Maßnahmen mit ihnen diskutieren.« Die geringen Erfahrungen des Vorstandsvorsitzenden, mit Interessenvertretern umzugehen, sich mit ihnen auseinanderzusetzen bzw. sie anzuhören, führten zu nachhaltigen Störungen des Verhältnisses. Erst in seinen Lebenserinnerungen (1978) bestätigte Lotz, daß er die Bedeutung des Betriebsrates in jener Zeit unterschätzt hatte und er seine Ansichten über die Form der Zusammenarbeit revidieren mußte: »In einer fortschrittlichen Unternehmensführung kann man sich heute nicht mehr vorstellen, große Investitionen oder Betriebsumstellungen ohne Beteiligung des Betriebsrates durchzuführen. Oft waren und sind kritische Stellungnahmen des Betriebsrates wertvoll. ... Ein Unternehmen sollte sich immer einen starken Betriebsrat wünschen, an dessen Spitze eine starke Persönlichkeit steht.«

Waren es bei Lotz noch Arroganz und Unvermögen, die Spannungen provozierten, so verschlechterten sich die Beziehungen rapide, nachdem Rudolf Leiding im Oktober 1971 den Vorstandsvorsitz übernahm. Im gleichen Jahr kam es zu ersten öffentlichen Auseinandersetzungen mit der IG Metall: »Die VW-Werke werden stillgelegt – wegen Materialmangels. Man könnte statt Stillegung auch Rausschmiß sagen. Denn allein die Arbeitgeber der Metallindustrie tragen aufgrund ihres Mini-Angebots Schuld daran, daß kein Material mehr vorhanden ist ... In das Konzert der Schwarzmaler stimmte jetzt auch VW-Chef Leiding ein.« (›Wir vom Volkswagenwerk‹, Sonderblatt 1971.) Schon hier deutet sich an, daß Leiding seine Rolle im VW-Unternehmen eindeutig als Kapitalvertreter interpretierte und daß die Sozialkomponente der Ära Nordhoff in der Unternehmenspolitik nicht mehr griff.

Mit mehr Geschick und langjährigen Erfahrungen aus der Montanmitbestimmung löste Toni Schmücker den Vorstandsvorsitzenden Leiding 1975 ab. Doch auch Schmücker unterzog die industriellen Beziehungen insbesondere in den Tarifauseinandersetzungen 1978 einer schweren Belastungsprobe. Gerade seine Politik charakterisiert eine Phase der Gegenpole, einerseits zwar ausgestattet mit Konsensfähigkeit, andererseits aber auch geprägt von punktuellen Auseinandersetzungen.

2.1 Spannungen durch die Leiding-Politik

Leidings Versuch, 1973 die Jahreserfolgsprämie für die Belegschaft erneut – wie im Vorjahr – kräftig zu verringern, führte in den VW-Werken, erstmalig auch im Werk Wolfsburg, zu spontanen Arbeitsniederlegungen und großen Konflikten mit der betrieblichen Interessenvertretung. Dies veranlaßte die IG Metall, die VW-Belegschaft durch einen Artikel mit der Aussage »Zum Frieden verpflichtet« zur Besonnenheit aufzurufen: »Die Arbeitsniederlegungen im VW-Werk im Zusammenhang mit der Forderung nach einer höheren Erfolgsprämie als im vorigen Jahr veranlassen die Ortsverwaltung ... – bei allem Verständnis für die spontanen Reaktionen der Werksangehörigen während der ›heißen Tage‹ im Werk –, die Mitglieder zur Besonnenheit aufzurufen.« (›Wir vom Volkswagenwerk‹, Nr. 92, April 1973.) Leiding mußte einlenken und mit der IG-Metall-Bezirksleitung sogar die Erfolgsprämie bzw. Sonderzahlung tarifvertraglich regeln. »Alle Werksangehörigen ... erhalten in den Jahren 1973 und 1974 84 Prozent und vom Jahre 1975 an 96 Prozent eines Zwölftels ihres im Vorjahr bei der Volkswagenwerk AG erzielten Bruttoarbeitseinkommens als Sonderzahlung«, hieß es in einer Tarifinformation der Bezirksleitung Hannover vom April 1973.

Im Frühjahr 1974 folgte ein weiterer Konflikt. Vor den anstehenden Tarifverhandlungen versuchte Leiding in einem persönlichen Brief an alle Beschäftigten klarzumachen, daß ein hoher Tarifabschluß die wirtschaftliche Lage des Unternehmens gefährde: »Wer könnte sich noch einen Volkswagen leisten, der rund 1000 DM mehr kostet als bisher? Ihre Arbeitsplätze wären dann in Gefahr. Alle unserer Zukunftshoffnungen ... drohten zunichte gemacht zu werden. Jetzt kommt es darauf an, die Arbeitsplätze zu sichern! Dieses Ziel wird der Vorstand bei den Tarifverhandlungen mit Entschiedenheit verfolgen.«[41] Auf diesen Brief reagierte die IG Metall mit einem Sonderflugblatt: »Eine einseitige Stellungnahme von Herrn Leiding, besonders zum jetzigen Zeitpunkt, wird von der IG Metall scharf zurückgewiesen. ... In der nächsten Verhandlung werden die von uns aufgestellten Forderungen mit Nachdruck vertreten. ... Wir sind uns als Organisation der Verantwortung bewußt und

41 Gülden, K./Peter, H.: VW: Krisenlösung durch Entlassungen, in: Jacobi, O.: Gewerkschaften und Klassenkampf, Frankfurt/M. 1975, S. 40.

werden uns durch unsachliche Briefe von Herrn Leiding nicht beeindrukken lassen.«

In einer folgenden Betriebsversammlung wurde deutlich, daß hier nicht nur ein Konflikt zwischen den Tarifvertragsparteien ausgetragen wurde, sondern daß das Verhältnis zwischen Geschäftsleitung und betrieblicher Interessenvertretung ein weiteres Mal empfindlich gestört war. »Leiding hat erstmalig den Versuch unternommen, durch persönliche Briefe an die Beschäftigten Meinungsmache gegen die Gewerkschaft zu betreiben. Dadurch lebte er in einem Spannungsverhältnis zur Belegschaft. ... Auf einer Betriebsversammlung hat es erhebliche Vorwürfe gegen ihn gegeben, was ihn veranlaßte, unter Protest die Versammlung zu verlassen.« (Interview.) Der Konflikt eskalierte weiter, nachdem die dritte Verhandlungsrunde ergebnislos abgebrochen worden war und erstmalig bei VW die Schlichtung angerufen wurde. Unter der Überschrift »Leiding im Fahrwasser von Gesamtmetall« wurde in einem weiteren IGM-Flugblatt ausgeführt: »Mit einer Unverschämtheit ersten Ranges wartete gestern VW-Chef Leiding auf: In der dritten Verhandlungsrunde ließ er unserer Verhandlungskommission eine Lohn- und Gehaltserhöhung von nur 9,9 Prozent anbieten. ... Die Reaktion der Großen Tarifkommission: Leiding hat diesen Tarifkonflikt bewußt provoziert, nicht zuletzt mit seinem Mitarbeiter-Brief, in dem er völlig falsche Rückschlüsse auf unsere berechtigten Tarifforderungen zog. Deshalb hat die Große Tarifkommission bei unserem Vorstand beantragt, unverzüglich das Scheitern der Verhandlungen zu erklären. Damit wird es zum ersten Mal in der Geschichte des Volkswagenwerkes eine Schlichtung geben.« (›Wir vom Volkswagenwerk‹, Extra, 21. Februar 1974.)

Dieser im Vorfeld der großen Beschäftigungskrise des Unternehmens ausgetragene Konflikt, der mit einer Lohnerhöhung von 11,2 Prozent seinen Abschluß fand, könnte darauf hindeuten, daß sich die Unternehmensleitung größere Spielräume bei den folgenden Personalmaßnahmen gegenüber der Interessenvertretung sichern wollte. Eine weitere Erklärung könnte aber auch in der sprunghaften, den Nachfragespitzen folgenden Personalpolitik zu suchen sein. Diese Unternehmenspolitik, Absatzeinbrüche durch verminderte Personalkosten umgehend ausgleichen zu wollen, stieß auf den Widerstand der Interessenvertretung. Doch vor dem Hintergrund rückläufiger Absatzentwicklung der VW-Produkte wurden Kurzarbeitsperioden und das Nichtersetzen der Fluktuation zwischen Vorstand und Gesamtbetriebsrat vereinbart. Damit war die Hoffnung verbunden, auf diese Weise dem Absatzrückgang ohne mögliche und geforderte Entlassungen begegnen zu können.

Die in der Folge geführten Auseinandersetzungen um die Vermeidung von Massenentlassungen und die Entwicklung eines Konzeptes von Personalabbaumaßnahmen zur Sanierung des Unternehmens verschlechterten das Verhältnis von Geschäftsleitung und Interessenvertretung weiter. Wie tiefgreifend die Differenzen waren, zeigen Äußerungen in verschiedenen Interviews: »Leiding war schlimmer als die privaten Arbeitgeber. Er wollte hier alles anders machen und ist da ganz schön abgeblitzt. Er hat versucht, uns auszuspielen. Das hat ihn aber auch seinen Kopf gekostet.« – »... auf die Person Leiding abgestellt, ist ja deutlich geworden, daß er möglicherweise ein interessanter Techniker und in der Lage war, technische Probleme zu bewältigen, aber nicht das nötige Fingerspitzengefühl entwickelte, mit Menschen umzugehen. Auch von daher mußte er vor der Zeit das Handtuch werfen.« – »Es hat Vorsitzende der Geschäftsleitung gegeben, mit denen es nach einiger Zeit zu Konflikten kam. Das geschlossene Auftreten des Betriebsrates und die Aufkündigung der Zusammenarbeit mit der Geschäftsleitung könnte schon zu einem Wechsel in der Leitung des Unternehmens geführt haben.« – »... bestimmte Vorstandsmitglieder hatten andere Vorstellungen von einer vertrauensvollen Zusammenarbeit. In solchen Phasen, wo dann auch extreme Auswirkungen zu spüren waren, hat es eben im Betrieb gefunkt.« Noch deutlicher wurden die Differenzen in der Öffentlichkeit formuliert: »Drei Jahre nach seinem Sturz aus dem Chefsessel der Volkswagenwerk AG in Wolfsburg traf Rudolf Leiding seinen ärgsten Widersacher, den Betriebsrat Siegfried Ehlers, wieder ... Im heißen VW-Krisenherbst 1974 gar kam zwischen ihnen kein vernünftiges Gespräch mehr zustande, allenfalls zornige Wortwechsel. Anfang 1975 mußte Leiding kapitulieren und sich vom Chefposten in ein Dasein als Frühpensionär verabschieden.«[42]

2.2 Die Schmücker-Politik des begrenzten Konfliktes

Entscheidend für die Basis einer gemeinsamen Arbeit zwischen Toni Schmücker und der Interessenvertretung war ab Mitte der siebziger Jahre, daß der neue Chef des VW-Konzerns den Einfluß der Interessenvertretung, auch auf die Unternehmenspolitik insgesamt, schon frühzeitig anerkannte und sie an allen wichtigen Entscheidungen beteiligte. Beispielhaft sei hier auf die Entscheidung über eine VW-Montage in den USA verwiesen, die mit einer Personalbestandsgarantie für die inländischen Werke verbunden wurde, und auf die vorsichtige Personalaufstockung trotz sehr guter Auftragslage (Personalpolitik der mittleren Linie). Daß es

---

42 Wirtschaftszeitung Capital, Nr. 9, August 1978, S. 10.

auch härtere Auseinandersetzungen zwischen der Interessenvertretung und Schmücker geben konnte, zeigte die Tarifrunde 1978.

2.3 Der spektakuläre Tarifkonflikt 1978

Die Belastungsproben, die durch Unternehmenskrisen und neue Unternehmenskonzepte das Verhältnis zwischen Management und Interessenvertretung in den siebziger Jahren strukturierten, erreichten bei der Tarifrunde 1978 einen bedeutsamen Höhepunkt. Aus der Interessenlage des Managements galt es zu überprüfen, ob die Interessenvertretung das von ihr behauptete Druckpotential würde mobilisieren können und ob sie ihren Einfluß auf die Unternehmenspolitik zu stabilisieren vermochte oder ob infolge der Unternehmenskrise der Belegschaftsrückhalt für die Interessenvertretung ausbleiben würde.

Nach der Phase der turbulenten Unternehmenspolitik galt es, Eigenständigkeit zu dokumentieren, Verunsicherungen und mögliche Akzeptanzverweigerungen in der Belegschaft aufzufangen und sich durch einen deutlichen Tariferfolg neu zu profilieren. Schon im Vorfeld der Tarifrunde, im Dezember 1977, erklärte der Bevollmächtigte der Verwaltungsstelle Wolfsburg, Walter Kaufmann: »Eine Nulltarifrunde käme für die IG Metall nicht in Frage. Höhere Löhne und Gehälter sind ein wichtiger Beitrag zur Besserung der Absatzlage. Und von einer Besserung der Absatzlage hängt zu allererst auch eine Verbesserung der Beschäftigung ab.« Die VW AG hingegen versuchte, die Tarifverhandlungen über Löhne und Gehälter zeitlich hinauszuziehen, um nicht als erstes Unternehmen der Metallindustrie einen Tarifvertrag abschließen zu müssen. Die VW AG war, wie auch in den vergangenen Jahren, daran interessiert, daß zuerst Tarifbezirke, in denen die Unternehmervereinigung Gesamtmetall die Verhandlungen führte, einen Vertrag mit Signalwirkung auch für VW abschloß. Nachdem auch im dritten Verhandlungsgespräch am 7. März 1978 die VW AG der IG Metall kein Verhandlungsangebot für die Lohn- und Gehaltstarifverträge unterbreitete, brach die Tarifkommission der IG Metall die Verhandlungen ab, und der Vorstand der IG Metall beschloß einstimmig, die Verhandlungen als gescheitert zu erklären. »Die IG Metall hat noch in keiner Tarifrunde die Konfrontation gesucht. Was wir wollen, ist eine Lohn- und Gehaltserhöhung, die sowohl dem gesamtwirtschaftlichen Rahmen als auch der besonderen VW-Situation Rechnung trägt. Mehr wollen wir nicht, aber auch nicht weniger.« (Wir Metaller, Tarif-Extra, März 1978.) Das dritte Verhandlungsgespräch wurde von spontanen Arbeitsniederlegungen begleitet. Die Proteststreiks wurden am Tag der Tarifkommissionssitzung verstärkt, und die IG Metall machte der Unternehmensleitung deutlich, daß sie auf ihren Forderungen beharre und das Verhalten der VW AG mit dem Abbruch der Verhandlungen und der Einleitung von Schlichtungsverhandlungen beantworten werde. Der Konflikt eskalierte weiter, und Presseberichten zufolge kam es in allen sechs inländischen Werken zu Arbeitsniederlegungen, die vom VW-Vorstand als »wilde Streiks« bezeichnet wurden, was rechtliche bzw. materielle Sanktionen für die Beschäftigten bedeutete. Nachdem der Vorstand der IG Metall das Scheitern der Verhandlungen erklärt hatte, begannen die Schlichtungsverhandlungen unter Vorsitz von Professor Jungbluth, dem ehemaligen Arbeitsdirektor der Salzgitter AG. Während der Schlichtungsverhandlungen vereinbarten VW-Vorstand und Gesamtbetriebsrat für Anfang April 1978 vorsorglich eine Kurzarbeitsperiode in der VW AG. Damit sollte den Auswirkungen des Metallarbeiterstreiks in Baden-Württemberg und den für die VW AG auftretenden Materialengpässen der dort ansässigen Zulieferindustrie begegnet werden. Die Schlichtungsverhandlungen in der VW AG wurden nach der vierten Zusammenkunft abgebrochen. Die VW AG ließ über den stimmberechtigten Vorsitzenden der Schlichtungsstelle, Professor Adolf Jungbluth, mitteilen, daß VW nicht bereit sei, auch nur um ein Zehntel über fünf Prozent hinauszugehen. Kein Wort über Vorweganhebung, Mehrstellenarbeitsregelung und zu den Leistungszulagen für Zeitlöhner. Angesichts dieses von ihr als »ungeheure Provokation« bezeichneten Verhaltens lehnte die IG Metall eine Verlängerung des Schlichtungsverfahrens ab.

Nach Darstellung der Wolfsburger Nachrichten vom 7. April 1978 kam es im Wolfsburger VW-Werk zur größten bisherigen Arbeitsniederlegung: »Der tariflose Zustand in den Volkswagenwerken hat am Donnerstag unter den Arbeitnehmern zu größerer Unruhe geführt. Rund 4000 Beschäftigte im Wolfsburger Werk legten vorübergehend die Arbeit nieder. Mehrere Produktionsbänder standen still, und eine lange Marschkolonne bewegte sich durch die Hallen.«

Die Vorbereitungen der IG Metall zur Urabstimmung wurden von großformatigen Anzeigen in den Wolfsburger Tageszeitungen und von Flugblättern begleitet, in denen die VW AG versuchte, auf die Belegschaft Einfluß zu nehmen, indem auf die dreißigjährige gemeinsame Aufbauarbeit, die VW-Spitzenlöhne und -gehälter, die Lohn- und Gehaltsgarantie und weitere vorbildliche soziale Leistungen verwiesen wurde. Ungeachtet dieser Anzeigen erbrachte die Urabstimmung am 19./20. April 1978 folgendes Ergebnis:

Abstimmungs-berechtigte	Abgestimmt haben	Gültige Stimmen	Ungültige Stimmen	Ja-Stimmen	Nein-Stimmen
80 898 = 100%	77 861 = 96,25%	77 699 = 96,05%	162 = 0,2%	71 661 = 88,58%	6 038 = 7,46%

Quelle: »Wir Metaller«, Nr. 8 vom 21. April 1978.

Unmittelbar nach Bekanntgabe dieses Ergebnisses erklärte sich die Bezirksleitung Hannover der IG Metall zu Gesprächen mit der VW AG bereit. Schon am 21. April wurden die Gespräche in der Verhandlungskommission aufgenommen und führten bereits am 22. April zu folgendem Ergebnis:

- 5,9 Prozent mehr Lohn und Gehalt. Dabei ist auch die ursprünglich angebotene Einmalzahlung von 150 DM jetzt voll tariflich abgesichert. Die unteren Lohn- und Gehaltsgruppen sind stärker angehoben.
- 40 DM mehr Ausbildungsvergütung pro Monat in allen Ausbildungsjahren.
- Der Personenkreis, der Leistungszulagen im Zeitlohnbereich erhalten kann, wurde durchgängig in allen Gruppen um 10 Prozent erhöht.
- Die Bezahlung der Mehrstellenarbeit wird vereinbart im Zusammenhang mit den Verhandlungen über eine Lohndifferenzierung, die bereits am 24. Februar festgeschrieben wurde.

Dieses Verhandlungsergebnis wurde von der Großen Tarifkommission der IG Metall für die VW AG am Abend des 22. April mit 47 gegen 18 Stimmen gebilligt, vorbehaltlich der Zustimmung der VW AG (Erklärungsfrist bis 25. April). Es galt rückwirkend ab 1. Februar 1978 für die rund 106 000 Beschäftigten in den Werken Braunschweig, Emden, Hannover, Kassel, Salzgitter und Wolfsburg.

Dieser Tarifstreit bildet einen Einschnitt im Verhältnis zwischen Unternehmensleitung und Interessenvertretung. Mit der geglückten Belegschaftsmobilisierung konnten der Einfluß der Interessenvertretung in der Unternehmenspolitik nachdrücklich untermauert, der Vorstandsvorsitzende Toni Schmücker zur friedvollen Zusammenarbeit veranlaßt und die Interessenvertretung selbst ihrer Verankerung in der Belegschaft versichert werden. Bedeutungsvoll war dieser Tarifstreit ferner für das Verhältnis der Interessenvertretung zur Belegschaft, denn sein Ergebnis löste in der Belegschaft und in den gewerkschaftlichen Gremien eine heftige Diskussion aus: Auf der Betriebsversammlung am 24. April kritisierten insgesamt 36 Diskussionsredner den Abschluß. Betriebsratsvorsitzender Siegfried Ehlers erklärte hierauf, daß das Ergebnis von 5,9 Prozent nicht ausreichend sei, wies jedoch auch darauf hin, daß eine erhebliche Anzahl der Beschäftigten durch die Anhebung der unteren Lohn- und Gehaltsgruppen einen höheren Prozentsatz erhalten würde. Er betonte, daß im Wolfsburger Werk mindestens 20 000 Belegschaftsangehörige, rund 48 Prozent, eine Lohnerhöhung von mehr als 6 Prozent erhalten würden. Der Unmut der Mitglieder richtete sich jedoch nicht nur gegen den inhaltlichen Lohnabschluß, sondern vielmehr gegen den hektischen terminlichen Ablauf der Verhandlungen. Diese Kritik wurde auch bei Zusammenkünften der IG-Metall-Vertrauensleute im Werk Wolfsburg mit dem Vorstandsmitglied der IG Metall, Hans Janßen, im September 1978 deutlich gemacht. Besonders kritisch bewertet wurde, daß unmittelbar nach der Urabstimmung ein Verhandlungsergebnis vereinbart wurde, ohne daß die IG-Metall-Mitglieder an der Basis, die ja durch die Urabstimmung der Verhandlungskommission den Rücken gestärkt hatten, nach ihrer Meinung gefragt worden waren.

3. Der Einfluß der Interessenvertretung verstärkt sich

Die Krisen des Unternehmens und die neuen Unternehmenskonzepte hätten eine Interessenvertretungspolitik erwarten lassen, die bei eingeschränkten Konzessions- und Verteilungsspielräumen nur noch schwerlich die Belegschaftsakzeptanz sichern und neben der Verteidigung des bis dahin Erreichten keine weiteren Einflüsse und Erfolge erringen könnte. Statt dessen gab es eine Entwicklung, aus der die Interessenvertretung gestärkt und erfolgreich hervorging. Zurückhaltung und Hilfen bei der Unternehmenssanierung strukturieren einerseits den Weg der Interessenvertretungspolitik, andererseits konnte sie kontinuierlich Tariferfolge aufweisen: »Selten hat die IG Metall innerhalb kurzer Zeit eine solch lange Kette von Tariferfolgen erzielt wie in der ersten Halbzeit der Betriebsratsperiode 1979 bis 1981 bei VW. Diese Erfolgskette der IG Metall unterstreicht einmal mehr, wer bei VW allein die tarifpolitischen Maßstäbe setzt. Sie werden nur allzu schnell als selbstverständlich hingenommen, obwohl das Durchsetzen unserer Forderungen nicht selbstverständlich ist, weil uns mit der VW AG zwar ein fairer, aber ebenso harter Verhandlungspartner gegenübersteht.« (»Wir Metaller«, Ausgabe vom Dezember 1979.) Eine Fülle tarifpolitischer Neuerungen mit bundesweitem Gewicht verdeutlichten Schlaglichter in der Presse. So schrieb beispielsweise die Frankfurter Rundschau am 23. April 1983: »Der Volkswagen-Konzern: Pionier auf dem Weg zu kürzerer Arbeitszeit, das ›Wolfsburger Klima‹ erlaubt immer neue Probeläufe.« Die Sicherung von betrieblichen Sozialleistungen und Betriebsvereinbarungen, die sich in ein umfassendes Gratifikationsnetz sinnvoll einpaßten, schuf einen hohen Grad an Belegschaftsakzeptanz bei Wahlen. Parallel zu dieser Entwicklung lief ein Prozeß der institutionellen Sicherung sozialer Interessenvertretungsmacht, der maßgeblichen Einfluß der Organisation auf die gesamte Unternehmenspolitik sicherte und stärkte.

3.1 Die Entwicklung des Gratifikationssystems

Betrachtet man die drei Bestandteile des Gratifikationssystems – Lohn- und Gehaltstarifvertrag, Manteltarif und Betriebsvereinbarungen –, so zeigte die Lohn- und Gehaltsentwicklung eher eine den Unternehmensnotwendigkeiten angepaßte Erhöhung als eine auffällige Besserstellung der VW-Belegschaft gegenüber den Beschäftigten der übrigen Metallindustrie. Ist auch ein Vergleich zwischen VW-Haustarif- und Manteltarifvertrag der Metallindustrie aufgrund der unterschiedlichen Laufzeiten, der kombinierten Prozentsätze mit Festgeldbeträgen und Aufrechnungen von Lohnerhöhungen mit weiteren Tarifvereinbarungen nur unzureichend möglich, so ist jedoch auffallend, daß in den Krisenjahren des Unternehmens bei VW geringere Steigerungsraten vereinbart wurden als in der Metallindustrie insgesamt. Diese Vorleistung der Interessenvertretung wurde in der Tarifrunde 1978 durch einen harten und für VW untypischen Tarifstreit zurückgefordert, was zu einem Ergebnis führte, das höher lag als das in der übrigen Industrie. Essentieller für die Entwicklung des Gratifikationssystems insgesamt waren jedoch Tarifverträge und das Spektrum sozialer Leistungen aufgrund von Betriebsvereinbarungen, die das betriebliche Sicherungs- und Sozialsystem festigten und zu seinem nachhaltigen Ausbau beitrugen.

Tarifpolitik der IG Metall in der Volkswagenwerk AG

Zeitpunkt der Veränderung	Tarifvertragliche Vereinbarungen
1963	Urlaubsverlängerung
1965	+ 30 Prozent Urlaubsgeld
1967	Lohnausgleich für Arbeitszeitverkürzung auf 40-Stunden-Woche
1968	Rationalisierungsschutzabkommen
1970	Vermögenswirksame Leistungen 26,– DM
1972	Einführung der B-Lohngruppen und Urlaubsverlängerung auf 24 Tage
1974	+ 50 Prozent Urlaubsgeld
1976	Urlaubsverlängerung auf 27 Tage und Lohngarantie für ältere Arbeitnehmer
1977	Vermögenswirksame Leistungen 43,50 DM
1978	Abschluß des neuen Manteltarifvertrages
1979	Urlaubsverlängerung auf sechs Wochen, Einstieg in Lohndifferenzierung
1980	Abschluß des Vertrages zur Lohndifferenzierung

Hier zeigt sich, daß es trotz krisenhafter Unternehmensentwicklung weder einen Stillstand in den tarifpolitischen Abschlüssen, noch einen Abbau bestehender Regelungen gab. Im folgenden wird demgegenüber deutlich, wie sich das Gratifikationssystem erweiterte.

3.1.1 Bedeutende Tarifverträge

Schon in der Tarifrunde 1974 wurden von der IG Metall Forderungen zur Veränderung der Manteltarife für Lohnempfänger und Angestellte beschlossen; im November 1978 kam es dann zu einem Abschluß. Nach rund fünfzig Verhandlungen hatte die IG Metall mit der VW AG einen gemeinsamen Manteltarifvertrag für Arbeiter und Angestellte unterzeichnet, der in § 1 festlegte, daß er persönlich für alle Werksangehörigen, die Mitglieder der IG Metall sind, Gültigkeit hat. Als Schwerpunkte dieses Vertrages seien hier genannt:

- Bei Kurzarbeit wird ein Zuschuß zum Kurzarbeitergeld gezahlt, so daß 95 Prozent des Nettoverdienstes erhalten bleiben (§ 3);
- die Weihnachtsgratifikation wird jährlich den prozentualen, durchschnittlichen Lohn- und Gehaltserhöhungen angepaßt; alle Werksangehörigen, deren Arbeitsverhältnis am 30. Juni eines Jahres besteht, erhalten 96 Prozent eines Zwölftels ihres im Vorjahr erzielten Bruttoeinkommens als Sonderzahlung (§ 10);
- ältere Arbeitnehmer, die zehn Jahre bei der VW AG beschäftigt sind und das 55. Lebensjahr vollendet haben, bekommen eine Lohn- bzw. Gehaltsgarantie für unbegrenzte Zeit (§ 13).

Ferner wurden Regelungen über Lohn- und Schichtausgleichszulagen bei Minderleistungsfähigkeit und Regelungen über einen Lohnausgleich bei Umsetzungen innerhalb des Unternehmens bis zu 24 Monaten vereinbart.

Am 1. Mai 1979 trat ein Tarifvertrag unter der Kurzformel ›Lora‹ in Kraft, der einer sechsjährigen Verhandlungsdauer bedurft hatte. »Dieser Tarifvertrag wird deshalb Lora genannt, weil er den Lohnrahmen beinhaltet, innerhalb dessen der Zeitfaktor für eine ausgeübte Tätigkeit festgelegt wird. ... Mit Lora müssen jetzt alle Einflußgrößen, die bei der Ausführung der Arbeit von Bedeutung sind, derartig festgelegt werden, daß sie jederzeit wiederholbar (reproduzierbar) sind. ... Auch bei der Anwendung des sogenannten MTM-Verfahrens werden feste Grundsätze vereinbart. Einer der wichtigsten: Die Arbeitsmethoden müssen biologisch und sozial zumutbar sein. Die festgesetzte Arbeitsmethode darf nicht nur deshalb verändert werden, weil ein Kollege besondere persönliche Fähigkeiten aufweist. Damit ist jeder davor geschützt, daß seine

Fähigkeiten dazu mißbraucht werden, den Zeitfaktor für seine Arbeit zu seinem Nachteil zu verändern. ... Lora sichert die umfassende Mitbestimmung des Betriebsrates und bildet die Voraussetzung dafür, daß die Arbeitsbedingungen unter biologisch und sozial zumutbaren Leistungsnormen menschengerechter gestaltet werden.« (»Wir Metaller ...«, Februar 1981.) In diesem Tarifvertrag erlangte die bezahlte Erhol- und persönliche Verteilzeit eine besondere Bedeutung, denn beide Zeiten zusammen betragen seit dem September 1979 44 Minuten und seit September 1981 64 Minuten je Schicht.

Als ›Meilenstein in der tarifpolitischen Entwicklung‹ bezeichnete die IG Metall im Februar 1981 den Tarifvertrag über die Lohndifferenzierung (Lodi): »Der Vertrag über die neue Lohndifferenzierung, der die bis dahin gültigen Lohngruppen in Lohnniveaus umwandelte, wird inzwischen innerhalb und außerhalb der Bundesrepublik als wegweisend und fortschrittlich gelobt und anerkannt. ... Mit Lodi wurde Abschied genommen von der unzeitgemäßen analytischen Arbeitsbewertung, die immer die Gefahr von Lohnminderung in sich barg. Lodi dagegen sichert den Lohn auch bei technischen und organisatorischen Veränderungen ab. ... Lodi hat die früheren Umgebungseinflüsse am Arbeitsplatz (wie Hitze, Schmutz und Lärm) als Bestandteil der Lohnfindung ausgemerzt, Lodi verzichtet weitgehend auf Qualifikationsbegriffe, Lodi gruppiert statt dessen nach dem Merkmal ›als was beschäftigt‹ ein, und zwar in einfache und überschaubare Arbeitssysteme, die viel leichter verständlich gemacht werden können als das frühere System der analytischen Arbeitsbewertung.«

3.1.2 Zur Vielfalt der betrieblichen Sozialleistungen

Bemerkenswert ist, daß die Vielfalt der betrieblichen Sozialleistungen erhalten und noch weiter ausgebaut werden konnte. Trotz mannigfaltiger Versuche der Unternehmensleitung, Einschränkungen vorzunehmen und Finanzmittel zur Unternehmenssanierung bzw. für Rationalisierungsmaßnahmen umzuschichten, gelang es der Interessenvertretung nicht nur, den hohen Standard zu halten, sondern ihn sogar auszuweiten, wie den Sozialberichten der VW AG aus den Jahren 1978 bis 1981 zu entnehmen ist: »Für die Dauer des Tarifurlaubes wird zusätzlich ein tarifvertraglich vereinbartes Urlaubsgeld von 50 Prozent gezahlt. ... Mitarbeiter, die wegen verminderter Leistungsfähigkeit ihre bisherige Tätigkeit nicht mehr verrichten können, erhalten einen Lohnausgleich, wenn mit einer dadurch bedingten Umsetzung an einen anderen Arbeitsplatz eine Einkommensminderung verbunden ist. ... Erstmals wurde auch eine Lohngarantie für ältere Mitarbeiter eingeführt. Danach erhalten Mitarbeiter bei einer Umsetzung auf einen geringer bezahlten Arbeitsplatz ihren bisherigen höheren weitergezahlt, wenn sie das 55. Lebensjahr überschritten und eine Werkszugehörigkeit von mindestens zehn Jahren erreicht haben. ... Die Schwerpunkte in der Sozialarbeit liegen unter anderem in der Betreuung Jugendlicher, werdender Mütter, Schwerbehinderter und kranker Werksangehöriger. Im Jahre 1976 wurden allein über 1200 Jugendliche, fast 500 werdende Mütter, rund 6000 Schwerbehinderte und über 10 000 erkrankte Werksangehörige betreut.« Diese beispielhaft dargestellten Gratifikationen ließen sich auch für die folgenden Jahre fortführen.

Konnte eine relative Zurückhaltung in der Lohn- und Gehaltspolitik festgestellt werden, so zeigte sich demgegenüber eine offensive Tarifpolitik beim Ausbau betrieblicher Sozialsysteme, die sich weniger spektakulär in der Öffentlichkeit als vielmehr wirksam für die Beschäftigten darstellten. Obwohl sich die Konzessionsspielräume des Unternehmens verengt hatten, konnte die Interessenvertretung nachhaltige Erfolge realisieren, die über eine Verteidigung des Besitzstandes hinausgingen.

3.1.3 Betriebsvereinbarungen fügen sich nahtlos ein

Die in den siebziger Jahren beschlossenen Betriebsvereinbarungen fanden in den Regelungen bezüglich der personalpolitischen Konsequenzen der großen Stagnationsphase des Unternehmens ihren zahlenmäßig größten Ausdruck, wie etwa in den Aufhebungsverträgen und Altersregelungen, im Einsatz von Zeitlöhnern als Akkordlöhner und den Abfindungen für ausländische Werksangehörige. Dabei wurden die Betriebsvereinbarungen sowohl durch Nachträge ergänzt als auch ihre Auslegung durch anschließende Protokollnotizen modifiziert bzw. zum Teil geändert. Einen weiteren Schwerpunkt bildeten Pausen- und Springerregelungen, Ergänzungen der Arbeitsordnung und Interpretationen zum Betriebsverfassungsgesetz. Ein weiterer zeitlicher Schwerpunkt von neu geschaffenen Betriebsvereinbarungen lag in den Jahren ab 1978. Bis Anfang 1981 traten rund 100 Betriebsvereinbarungen für das Werk Wolfsburg in Kraft. Die Bandbreite reichte vom »Tragen von Kopfhörern (Radio usw.)« bis zur »Regelung über die Beschäftigung von leistungsgeminderten Lohnempfängern«, die einen Umfang von zehn Seiten aufweist. Bei den gut zwanzig Betriebsvereinbarungen für die einzelnen Werke verdient es die Regelung zur »Unterrichtung und Beratung über Systemvorhaben der Informationsverarbeitung«, die 1980 getroffen wurde, hervorgehoben zu werden. Die Betriebsvereinbarungen und die knapp zwanzig Tarifverträge sind ein Beleg dafür, daß die gesetzliche Normensetzung erheblich ausgeweitet und ein VW-eigenes Normensystem geschaffen wurde.

Resümiert man die Einzelbestandteile des Gratifikationssystems, so läßt sich zweierlei konstatieren: Erstens trat trotz der krisenhaften Unternehmensentwicklung kein Stillstand oder Rückschritt ein, sondern Gratifikationen wurden weiter ausgebaut; zweitens wurden nicht die gesetzlichen Normen als Legitimation und Anspruchsgrundlage für das Handeln der Interessenvertretung umfassend eingesetzt, sondern es wurden eigene Anspruchsgrundlagen durch umfassende Regelungswerke VW-typisch geschaffen, die gleichwohl zwingende Verhaltensnormen beinhalteten und Normencharakter annahmen.

3.2 Belegschaftsakzeptanz durch Wahlergebnisse

Die Betriebsratswahlen in den siebziger Jahren untermauerten den dominierenden Einfluß und die starke Stellung der IG Metall: Die guten Ergebnisse konnten kontinuierlich gesteigert bzw. gehalten werden.

Die Tabelle macht deutlich, daß die IG Metall im Werk Wolfsburg in diesen Jahren den weitaus größten Anteil der Betriebsratsmandate erringen konnte. Auffallend ist, daß insbesondere der Prozentsatz bei den Gehaltsempfängern stetig gesteigert und der DAG-Einfluß zurückgedrängt werden konnte. Gleichzeitig aber votierten 20 Prozent der Lohnempfänger konstant nicht für die IG-Metall-Liste, wobei der Christliche Metallarbeiter-Verband immer mehr als 15 Prozent der Wählerstimmen

Betriebsratswahlen im Volkswagenwerk Wolfsburg in den siebziger Jahren

	Prozent				Mandate			
Lohnempfänger	1972	1975	1978	1981	1972	1975	1978	1981
IG Metall	75,1	74,0	76,6	78,0	41	37	40	40
CMV	17,2	17,7	16,7	16,7	9	8	8	8
UAN	7,7	2,7	2,0	1,9	4	1	1	1
CSAN	–	–	–	0,7	–	–	–	–
DAV	–	5,4	4,5	2,4	–	2	2	1
Gehalts-empfänger								
IG Metall	62,3	66,1	66,0	70,0	7	8	8	11
DAG	31,5	27,1	29,5	23,2	4	3	4	3
CMV	–	–	4,4	6,7	–	–	–	1
DHV und VDT	6,2	6,7	–	–	–	–	–	–

Quelle: VW AG – Personalabteilung: Wahlergebnisse.

Ergebnisse der Aufsichtsratswahlen

Liste	Jahre/Prozent/Mandate ( ) 1961	1966	1971	1977	1982
IG Metall	70,8 (6)	72,9 (6)	69,8 (7)	84,0 (9)	83,6 (9)
CGB	13,3 (–)	–	–	–	–
CGD/DHV	–	27,0 (–)	–	–	–
CMV	–	–	18,5 (–)	11,7 (–)	12,7 (–)
DAG	5,0 (–)	–	2,7 (–)	4,3 (–)	3,7 (–)
DHV	5,0 (–)	–	–	–	–
Sonstige/Einzelbewerber	5,6 (–)	–	8,7 (–)	–	–

Quelle: VW AG – Personalabteilung: Wahlergebnisse.

erringen konnte und kontinuierlich 8 bzw. 9 Betriebsratsmandate besetzte.

Gravierend sind ferner die Ergebnisse der Wahlen für die Arbeitnehmervertreter im Aufsichtsrat, bei denen die IG-Metall-Kandidaten alle Mandate erringen konnten.

3.3 Die Organisation im Konzern

Zu Beginn der siebziger Jahre trat ein Führungswechsel in der Interessenvertretung ein. Siegfried Ehlers, 1953 erstmalig in den Betriebsrat gewählt, wurde neuer Betriebsratsvorsitzender im Werk Wolfsburg. Mit seiner Wahl aus den Reihen der Mitglieder des Betriebsausschusses blieb die personelle Zusammensetzung des Leitungsgremiums konstant. Ehlers, gelernter Maschinenschlosser, arbeitete seit 1949 im VW-Werk Wolfsburg und begann seine Tätigkeit als Karosserieschweißer im Karosserie-Rohbau. Er wurde ein Jahr später Vertrauensmann der IG Metall und mit 28 Jahren Mitglied des Betriebsrates. Drei Jahre später rückte er zum Vorsitzenden der Lohn- und Akkordkommission und zum Mitglied des geschäftsführenden Ausschusses des Betriebsrates auf. 1958 wurde er Arbeitnehmervertreter im Aufsichtsrat und Mitglied der Ortsverwaltung der IG Metall in Wolfsburg. Die skizzierten Entwicklungsdaten Siegfried Ehlers' belegen, daß der Wechsel an der Spitze der Interessenvertretung ohne Brüche erfolgte und ohne Widerstände innerhalb der Interessenvertretung vollzogen werden konnte. Dieser Wechsel in der Führungsspitze der Interessenvertretung war einerseits Ausdruck von Kontinuität, aber andererseits auch ein Neubeginn in der gewerkschaftlichen und organisatorischen Ausrichtung der Vertretungsarbeit. Den sichtbarsten Ausdruck fand diese Veränderung in den Organisationsformen der Betriebsratsarbeit und beim Ausbau der Vertrauensleutearbeit.

Am 21. Juni 1972, knapp zwei Monate nach den Betriebsratswahlen, konstituierte sich aufgrund des geänderten Betriebsverfassungsgesetzes der Gesamtbetriebsrat (GBR). Er umfaßte 21 Mitglieder, die von den Betriebsräten der einzelnen Werke gewählt wurden. Über die Zusammensetzung des Gesamtbetriebsrates war am 2. Juni 1972 ein Tarifvertrag zwischen der IG Metall und der VW AG abgeschlossen worden. Der Gesamtbetriebsrat verhandelte in der Regel direkt mit dem Vorstand des Unternehmens. Nach seiner Geschäftsordnung tagte er mindestens viermal im Jahr. Kontinuierlich arbeiteten daneben der Wirtschaftsausschuß, der Ausschuß für Arbeitssicherheit, der Berufsbildungsausschuß, der Ausschuß für Akkord- und Zeitlohnfragen und der Ausschuß für innerbetriebliches Vorschlagwesen. Zur Erledigung spezieller Aufgaben wurden Kommissionen auf Zeit gebildet, die mit sachkundigen Mitgliedern der Betriebsräte der Werke besetzt waren und zum Beispiel Betriebsvereinbarungen vorbereiteten. Alle Mitglieder des Gesamtbetriebsrates gehörten der IG Metall an.

Anfang Juni 1974 wurde für alle inländischen Werke des Unternehmens ein Konzernbetriebsrat gebildet. Ihm gehörten 16 Mitglieder an. Sieben kamen aus dem Gesamtbetriebsrat der VW AG, sieben aus dem Gesamtbetriebsrat der Audi NSU Auto Union AG und zwei aus den VW-Beteiligungsgesellschaften ›InterRent‹ und der VW-Siedlungsgesellschaft Wolfsburg. 1980 wurde die Zusammensetzung des Konzernbetriebsrates neu geregelt. Seither entsendet der Gesamtbetriebsrat der VW AG zehn Mitglieder, der Gesamtbetriebsrat der Audi NSU Auto Union AG vier Mitglieder, der Gesamtbetriebsrat der Triumph-Adler-Gruppe zwei Mit-

Schematische Darstellung der gesetzlichen Interessenvertretung im VW-Konzern

Die Beschäftigten eines Werkes wählen den Betriebsrat (wahlberechtigt sind alle Arbeitnehmer über 18 Jahren)

Arbeiter schlagen Kandidaten vor und wählen die Betriebsratsmitglieder aus der Arbeitergruppe	Angestellte schlagen Kandidaten vor und wählen die Betriebsratsmitglieder aus der Angestelltengruppe

Betriebsrat vertritt gegenüber der Volkswagenwerk AG die Interessen aller Arbeitnehmer auf der Ebene des Betriebes

Die Betriebsräte der einzelnen Werke der Volkswagenwerk AG – Wolfsburg, Hannover, Emden, Kassel, Salzgitter, Braunschweig – wählen den Gesamtbetriebsrat, er vertritt die Interessen der Arbeitnehmer im Unternehmen.

Die Gesamtbetriebsräte der VW AG, Audi NSU, Triumph-Adler und die Betriebsräte der VW-Beteiligungsgesellschaften wählen den Konzernbetriebsrat.

Heinrich Nordhoff: Ein Generaldirektor öffnet für VW den Weltmarkt.

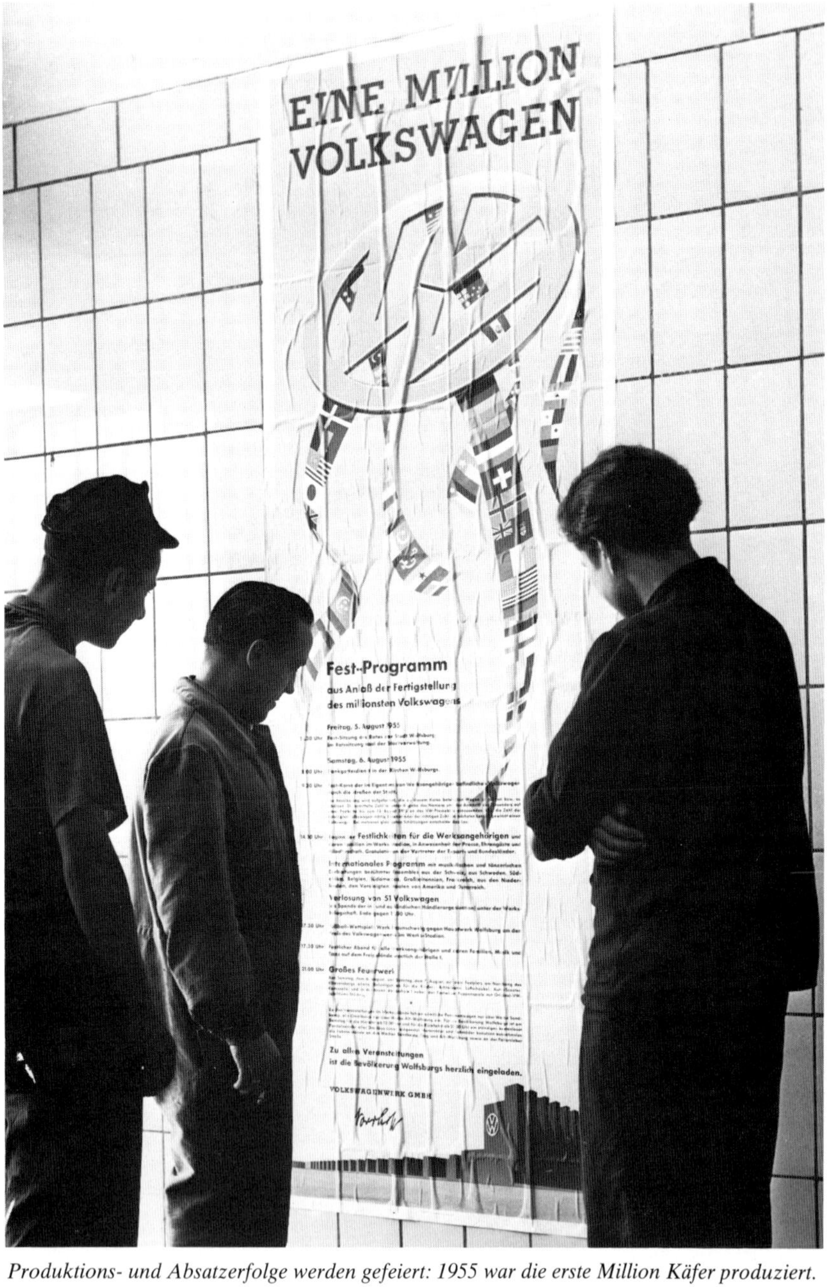

Produktions- und Absatzerfolge werden gefeiert: 1955 war die erste Million Käfer produziert.

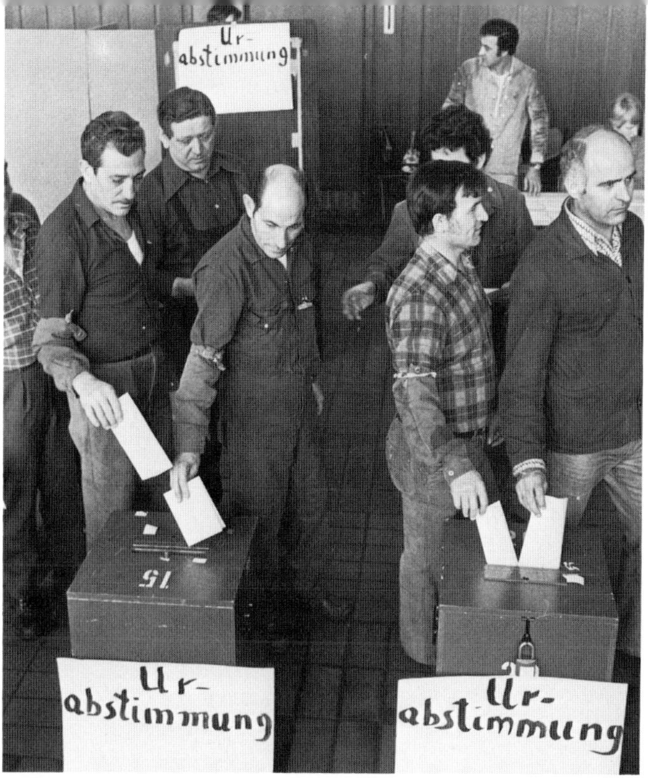

links:
Betriebliche Aktionen anläßlich des Tarifkonflikts 1978.

unten:
Die Interessen-vertretung kann sich auf eine engagierte Belegschaft stützen.

Die Bevollmächtigten der Verwaltungsstelle Wolfsburg der IG Metall: Bernhard Tyrankowski (links) und Walter Kaufmann.

Bundeskanzler Helmut Schmidt, Gastredner auf einer VW-Betriebsversammlung, mit Siegfried Ehlers (links) und Toni Schmücker.

glieder und die Betriebsräte der Beteiligungsgesellschaften entsandten zwei Mitglieder in den Konzernbetriebsrat.

Die Geschäftsführung des Gesamt- und Konzernbetriebsrates wurde räumlich und organisatorisch im Werk Wolfsburg konzentriert. Zwei Mitarbeiter und eine Sekretärin wurden für diese Arbeit eingestellt. Zur Information der Belegschaft über die Arbeit der Betriebsratsgremien gibt der Gesamtbetriebsrat das Informationsblatt ›BR-Kontakt‹ heraus. In der Regel wird einmal im Jahr eine Betriebsräteversammlung mit allen Betriebsräten durchgeführt. Hier werden gewerkschafts- oder gesellschaftspolitische Themen sowie wichtige unternehmenspolitische Fragen diskutiert.

In der Organisation der Interessenvertretung nimmt der Betriebsausschuß als geschäftsführender Ausschuß des Betriebsrates nach wie vor eine Schlüsselstellung ein. Das gilt sowohl für das Werk Wolfsburg, als auch für die Interessenvertretungspolitik im Konzern insgesamt. Hier werden die Vertreter für Verhandlungen mit der Unternehmensleitung bestimmt, Entscheidungen vorbereitet, Informationen zusammengetragen, und es wird die Vertretungsstrategie entworfen. In diesem Zentralbereich sind auch die Mitarbeiter des Betriebsrates tätig. Zur Zeit sind es etwa 15 Personen, die als Fachreferenten, Referenten und Sekretärinnen tätig sind. Für die Arbeit des Konzern- bzw. Gesamtbetriebsrates stehen zwei weitere Fachreferenten und eine Sekretärin zur Verfügung. Die Weisungsbefugnis gegenüber den Mitarbeitern des Betriebsrates liegt ausschließlich bei den Mitgliedern des Betriebsausschusses. Dabei handelt es sich nicht um ein Verhältnis Vorgesetzter und Untergebener, sondern um eine kollegiale Zusammenarbeit. Neben dem Betriebsausschuß und dem Mitarbeiterstab sind auch die Ausschüsse und Kommissionen des Betriebsrates dem Zentralbereich zugeordnet.

3.4 Gewerkschaftliche Dominanz und Vertrauensleute

Die Dominanz der IG Metall in der Betriebsratsarbeit im Konzern wird durch den beträchtlichen gewerkschaftlichen Organisationsgrad und die große Anzahl der Vertrauensleute untermauert. Die nachfolgende Tabelle soll die Größe der Vertrauenskörper der einzelnen Werke und den hohen gewerkschaftlichen Organisationsgrad der IG Metall ausweisen.

Besonders in den siebziger Jahren vollzog sich eine Mitgliederentwicklung zugunsten der IG Metall. Allein im Werk Wolfsburg stieg der Organisationsgrad von etwa 68 Prozent im Jahre 1970 auf rund 86 Prozent im Jahre 1981. Kleinere Rückgänge waren nur in den Jahren 1974/75 und 1977/78 zu verzeichnen. Eine differenzierte Darstellung nach Beschäftigungsgrup-

Vertrauensleute der IG Metall in den Werken der Volkswagenwerk AG und der Audi NSU Auto-Union AG 1979

Werk	Organisationsgrad in Prozent	Vertrauensleute insgesamt	Arbeiter	Angestellte
Wolfsburg	84,1	1803	1504	299
Hannover	92,2	644	583	61
Kassel	86,7	596	547	49
Emden	96,4	147	124	23
Salzgitter	92,0	255	227	28
Braunschweig	92,3	266	235	31
Neckarsulm	91,0	364	324	40
Ingolstadt	93,5	706	577	129

pen ist wegen fehlenden Datenmaterials nicht möglich, doch deuten die von der IG Metall publizierten Meldungen darauf hin, daß auch verstärkt Angestellte Gewerkschaftsmitglieder wurden. Dazu meinte »Wir vom Volkswagenwerk« im Oktober 1970: »Erfreulich auch, daß immer mehr Angestellte den alten Zopf abschneiden, die IG Metall sei lediglich eine Gewerkschaft für Lohnempfänger. 187 Angestellte kamen im zweiten Quartal zur IG Metall hinzu. Auch sie haben erkannt, daß nur mit einer starken und leistungsfähigen Gewerkschaft Erfolge zu erzielen und ihre berechtigten Forderungen zu verwirklichen sind.« Als Grund für die starken Mitgliederzuwächse wird insbesondere die erfolgreiche Arbeit zur Verbesserung des VW-Gratifikationssystems hervorgehoben bzw. die Einsicht in die Notwendigkeit einer starken Gewerkschaftsorganisation angedeutet. Auch in der Folgezeit blieb diese Begründung im Vordergrund, wobei sie weiter differenziert wurde. »Für manche mag diese Mitgliederentwicklung erstaunlich sein. Sie ist es jedoch nicht. Vielmehr ist sie als konsequente Entscheidung jener Nicht-Organisierten zu betrachten, die die ständigen Erfolge der IG Metall mit ihrem Beitritt honorierten«, hieß es in »Wir vom Volkswagenwerk« im Juni 1971. Als weitere Begründung wurden die Folgen der schwierigen wirtschaftlichen Situation des Unternehmens angeführt. »Nicht-Organisierte drängen plötzlich in die IG Metall. Zum Teil wollen sie ihre Mitgliedschaft weit vordatieren lassen, um bei der augenblicklichen Situation eventuelle Unterstützungen unserer Gewerkschaft von Anfang an zu bekommen.« (»Wir vom Volkswagenwerk« Extra/Dezember 1971.)

Neben den werksinternen Schwierigkeiten könnten auch zwei überörtliche Aspekte eine Rolle gespielt haben: der fast dreiwöchige Streik und die

Aussperrung von 360 000 Beschäftigten in Nordwürttemberg-Nordbaden, verbunden mit Kurzarbeit in den VW-Werken wegen Materialmangels, und die öffentlich erörterte Frage, ob auch unorganisierte Beschäftigte Kurzarbeitergeld bekommen. In Wolfsburg meinte man dazu: »Ganz egal, wie sie nun motiviert waren, einzutreten. Manche sehen in der Gewerkschaft einen Versicherungsverein zur Existenzsicherung, mehr Geld, und zur Arbeitsplatzerhaltung. Andere stellen den Zusammenhalt in den Vordergrund, der notwendig ist, um mehr zu erreichen. Das kann

Ergebnisse der Vertrauensleutewahl 1979

	Vertrauensleute gesamt	davon Frauen	davon Ausländer	Wahlen	ohne Gegenkandidaten bestätigt	erstmals gewählt
Großbereich Süd: Betriebsratsbereiche Volkart, Grobe/Frenzel, Jung, Hoffmann	369	53	71	84	285	108
Großbereich Nord: Betriebsratsbereiche Stoffers/Wegner/Kieszwetter, Nowaczyk, Fricke/Schulz, Schalwig/Weber/Kreylos, Benzko/Schröder, Burgstedt	525	82	82	106	419	195
Großbereich Zeitlohn: Betriebsratsbereiche Wrzesniok/Schwindack, Moser, Wulf/Milde, Pluntke/Marsell/Höfer, Köstlar/Siemsen, Kall	536	27	9	102	434	175
Großbereich Angestellte: Betriebsratsbereiche Pusch, Flohr, Beins, Neitsch, Nolte, Reineke	282	16	2	26	256	81
Großbereich Jugend:	61	10	–	61	–	20
Insgesamt:	1773	188	164	379	1394	577
Zum Vergleich: VL-Wahl 1976	1586	152	136	276	1301	424

Quelle: »Wir Metaller«, Juli 1979.

man nie so genau definieren.« Die in den sechziger Jahren hart geführte Kampagne der IG Metall gegen andere Organisationen und Gewerkschaften könnte einen weiteren Grund für die Steigerung des Organisationsgrades zugunsten der IG Metall liefern.

Kontinuierlich mit der Steigerung der Mitgliederzahlen baute die IG Metall den Vertrauenskörper bei VW zahlenmäßig aus. Die größte Veränderung erfolgte bei der Wahl 1973: Die Zahl der Vertrauensleute erhöhte sich dabei gegenüber den Wahlen 1970 um 495 auf 1597. Von den 1597 Vertrauensleuten waren 168 Angestellte, 135 ausländische Kollegen, 127 Frauen, 63 Jugendliche. Mit 317 echten Wahlvorgängen (wegen mehreren Kandidatenvorschlägen in einer Arbeitsgruppe) wurde ein Rekordergebnis erzielt. Die 1979 durchgeführten Wahlen erhöhten die Zahl der Vertrauensleute abermals im Werk Wolfsburg auf 1773.

3.5 Innerbetriebliche Opposition und Kritik an der Arbeit der Interessenvertretung

Vergleicht man die Ergebnisse der Betriebsratswahl 1975 bzw. das Wahlergebnis zur Aufsichtsratswahl 1977 mit den Mitgliederzahlen der IG Metall bei VW, so ist festzustellen, daß etliche IG-Metall-Mitglieder ihre Vertreter nicht gewählt haben, sondern ihre Stimme »Oppositionellen Listen«, vor allem dem CMV, gegeben haben. Der CMV erhielt im Werk Wolfsburg bei der Betriebsratswahl 1975 einen Stimmenanteil von 17,75 Prozent und bei der Aufsichtsratswahl einen Anteil von 21,5 Prozent. Bei einem Organisationsgrad von 83,9 Prozent (Stand vom 30. Juni 1977) hätte die IG Metall 32 419 Stimmen erhalten können. Dagegen erhielt sie tatsächlich nur 24 199 Stimmen. Das bedeutet, daß 10 207 IG-Metall-Mitglieder sich nicht an der Wahl beteiligten bzw. einer anderen Gruppe ihre Stimme gegeben haben. Auch bei der Gegenüberstellung der Ergebnisse der Betriebsratswahlen 1972 und 1968 zeigt sich, daß die IG Metall Stimmenanteile an andere Organisationen und oppositionelle Listen abgeben mußte.

In einer Ausarbeitung hat Rainer Dombois 1973 die Betriebsratswahlen 1972 im Werk Hannover untersucht, wobei er Begründungszusammenhänge für das relativ gute Abschneiden von »Oppositionellen Listen« durch Befragungen von Vertrauensleuten darlegte. Danach könnten vor allem zwei Faktoren den Ausschlag für das widersprüchliche Verhalten der Arbeitnehmer gegeben haben: Zum einen könnte die Ursache in einer Unzufriedenheit über die zu geringen materiellen Erfolge von Betriebsrat und Gewerkschaft zu suchen sein; zum anderen könnte die tägliche Politik der Interessenvertretungsorgane im Betrieb bei den Mitgliedern Unbehagen und Unzufriedenheit hervorgerufen und sie bewogen haben, ihren Protest durch eine andere Stimmabgabe zu äußern.

In einer internen Wahlanalyse der VW-Interessenvertretung wurden als mögliche Gründe für eine Protestwahl angeführt:

- Die Informationsweitergabe durch die Vertrauensleute ist oftmals nicht ausreichend. Die Freistellung der Vertrauensleute für Sitzungen und gewerkschaftliche Aktivitäten wird nicht nur positiv, sondern auch kritisch von der Belegschaft gesehen.
- Einzelnen Repräsentanten des Betriebsrates (Bereichsbetriebsrat, Mitglieder des Betriebsausschusses) lassen sich zu selten in den Arbeitsbereichen der Belegschaft sehen.
- Der Betriebsrat arbeitet zu »abgehoben«, und die Arbeit der vielen Ausschüsse ist oftmals für die Belegschaft nicht mehr durchschaubar und nachvollziehbar.
- Die Arbeitsweise der örtlichen IG Metall und die Tarif-, Gesellschafts- und Organisationspolitik werden im Betrieb kritisch begleitet.
- Die Kritik an der sozial-liberalen Bundesregierung übertrug sich auf die IG Metall und den Betriebsrat.

Meinungsverschiedenheiten innerhalb der Interessenvertretung wurden nicht als Kriterium für das Wahlverhalten der Belegschaft herangezogen. Wenn Meinungsverschiedenheiten auftraten, wurden sie innerhalb der Gremien diskutiert; an die Betriebsöffentlichkeit kamen sie nicht. Weder existierte eine innergewerkschaftliche Opposition, noch wurden zu den Wahlen alternative Gewerkschaftslisten der IG Metall gebildet. Die Aussagen der Interviewpartner deuten darauf hin, daß Konflikte innerhalb der Interessenvertretung zu keinen größeren Auseinandersetzungen geführt haben: »Überall, wo Menschen zusammenwirken, sind Konflikte vorprogrammiert. Aber wir sind einfach gezwungen, aufgrund der wenigen Personen, die die Aufgaben zu bewältigen haben, möglichst konfliktfrei zu operieren. ... unterschiedliche Auffassungen müssen zu einer einheitlichen Auffassung durch Gespräche und Diskussionen gebracht werden.« – »Es ist eigentlich selten, daß es zu Gegenpositionen kommt. Es sind so zwei oder drei Querschläger, die mal auftreten, die aber sehr schnell wieder beruhigt werden ... scheinbar ist die Führung so stark, daß es gar nicht zu großen Konflikten kommt.« – »In einer Personalfrage wurde die Entscheidung des Vertrauenskörpers in der Fraktion geändert. Das stellt natürlich eine Konfliktsituation dar, mit der man fertig werden muß und die nicht so tief gehen darf, daß sie schädliche Einflüsse auf

Dauer hat.« – »Es gibt unterschiedliche Auffassungen, die in der Sache begründet liegen.«

Weitaus stärker entwickelte sich die Kritik an der Arbeit der Interessenvertretung von außen. Zur Interessenvertretungspolitik in der Krise 1974/75 führt G. Wallraff aus: »Bei der Angst ... hätte die IG Metall und der eng mit ihr zusammenarbeitende Gesamtbetriebsrat des Unternehmens die unbedingte Pflicht gehabt, ... die durchaus in allen Werken vorhandenen Widerstandsansätze zu koordinieren. ... Statt sich gegen die katastrophale Arbeitsplatzvernichtung mit aller gewerkschaftlichen Kraft, das heißt mit der geschlossenen Stärke der organisierten Kollegen, zur Wehr zu setzen, kritisiert die IG Metall die pessimistischen Prognosen des Konzerns über den künftigen Autoabsatz; ... Weder über (das) Rollenverständnis noch über betriebliche Konflikte kann im Betriebsrat wirklich kritisch diskutiert werden. ... Gegen eine Betriebspolitik, die zwischen Betriebsrat, Gesamtbetriebsrat, Arbeitnehmervertretern im Aufsichtsrat und der Gewerkschaftsorganisation abgestimmt ist, können auch die gewerkschaftlichen Vertrauensleute in keinem nennenswerten Umfang davon abweichende Interessen ihrer Kollegen artikulieren oder gar durchsetzen.«[43]

Weniger diese Kritik, als vielmehr die Tarifrunde 1978 und die Beitragserhöhungsaktion der IG Metall führten zu umfangreichen Diskussionsprozessen innerhalb der Interessenvertretung und unter den Beschäftigten.

4. Die industriellen Beziehungen in der Phase schwankender ökonomischer Perioden

Die extrem verschlechterte Unternehmenssituation, die Managementstrategien zur Abwälzung der Krisenfolgen auf die Beschäftigten und neue kapital-, aber nicht sozialorientierte Unternehmenskonzepte deuteten auf die Notwendigkeit einer Neubestimmung der Partizipationsbeziehungen hin. Dies widersprach jedoch einer Interessenvertretungspolitik, die verantwortungsvoll die Unternehmenspolitik begleitete und sich stets durch Wahrung der Werkstradition und durch Identifizierung mit der Werksentwicklung ausgezeichnet hatte. Zu fragen ist nun, inwieweit die ökonomische Krise die gewachsenen Strukturen aus den fünfziger Jahren und damit den Stil der Zusammenarbeit so weit veränderte, daß ein neuer Stil kreiert wurde.

43 Wallraff, Günther: Das Beispiel Volkswagen. Eine Konzernstrategie und ihre Folgen, in: Duhm, R./Wieser, H.: Krise und Gegenwehr, Berlin 1975, S. 93f.

Hier traten Merkmale auf, die auf eine kompromißbereite, jedoch selbstbewußte Interessenvertretung auf der einen Seite und auf eine nicht weniger selbstbewußte und der Kapitalverwertung verpflichtete Unternehmensleitung auf der anderen Seite hinwiesen. Zu Kontroversen kam es immer dann, wenn die Unternehmenspolitik die soziale Ausgewogenheit unberücksichtigt ließ und sich gegenüber den Belangen der Interessenvertretung kompromißlos verhielt. Die Beziehungen erwiesen sich infolge der Krisen des Unternehmens, der Multinationalität des Werkes und des subjektiven Handelns der Personen als sehr wechselhaft und standen teilweise kontrovers zueinander (zum Beispiel Akzeptanz der Unternehmenssanierung und offener Dissens gegenüber Vorstandsmitgliedern). Kann man die Beziehungen zwischen Interessenvertretung und Unternehmensleitung in den fünfziger und sechziger Jahren infolge der eindeutigen Aufgabenteilung, durch sozialen Ausgleich und Konsens über Notwendigkeiten der Unternehmensentwicklung nur als friedvoll bezeichnen, so gefährdeten in der Folge die Unternehmenskrisen und vor allem die Konzepte der wechselnden Vorstandsvorsitzenden zur Unternehmenssanierung die Balance dieser Beziehungen.

Zu den Erfahrungen, die er in über zwanzig Jahren Betriebsratsarbeit in leitender Funktion gesammelt hatte, meinte Siegfried Ehlers, daß beide Seiten – Interessenvertretung und Unternehmensleitung – in den fünfziger und sechziger Jahren den Wunsch hatten, möglichst schnell das Volkswagenwerk aufzubauen und durch gemeinsames Arbeiten wichtige Grundlagen für die Zukunft zu schaffen. Da dieser Aufbau nur durch Konsens möglich erschien, hätten sie einander in ihrem teilweise divergierenden Streben toleriert. In den siebziger Jahren stellte sich dies anders dar. Sowohl im Management, als auch im Betriebsrat pochte man auf die eigene Interessenlage und Position, und es wurden daraus die entsprechenden Reaktionen abgeleitet. Der Betriebsrat war bestrebt, die gesetzlichen Grundlagen optimal auszuschöpfen, woraus folgte, daß die Vertreter der Unternehmensleitung nicht mehr bereit waren, Interpretationen, die über das Gesetz hinausgingen, zu akzeptieren. Wurden in der Vergangenheit Probleme häufig und intensiv miteinander besprochen, so war dies nun oft nicht mehr der Fall. Auch das Verständnis füreinander und für die Interessenvertretung des anderen habe in dieser Zeit stark abgenommen.

Von nachhaltiger Bedeutung für die Interessenvertretungspolitik war, daß dem Management bewußt wurde, daß auch Arbeitnehmer ein technisch empfindliches Großunternehmen erheblich stören können. Im Unternehmensinteresse lag es daher, kostspielige Kampfsituationen durch soziale Ausgewogenheit zu vermeiden. Interessenvertretungspolitik wurde dadurch zum Machtfaktor, daß alle nur denkbaren Mittel eingesetzt wurden, um das eigene Ziel zu erreichen, und daß bei der Interessenvertretung auch Konfliktbereitschaft vorhanden war: »Wir vertreten den Grundsatz, die betrieblichen Probleme mit den Vertretern des Unternehmens auf allen Ebenen zu behandeln, natürlich mit der Zielsetzung, zu tragbaren Kompromissen zu kommen. Wir schließen natürlich auch andere Mittel der Konfliktlösung bis hin zum Streik für bestimmte Vorhaben nicht aus«, wurde im Interview gesagt. Diese Äußerungen beweisen, daß die Interessenvertretung ihre Rolle selbstbewußt und eigenständig interpretierte und nicht mehr davon abhängig war, von der Unternehmensleitung anerkannt und beteiligt zu werden. Sie hatte sich zu einem eigenständigen Partner entwickelt, der gleichberechtigt und gleichgewichtig seine Arbeit verrichtete. Dieser neue Ansatz veränderte die betrieblichen Machtverhältnisse.

Mit dem Ende der Nordhoff-Ära stellten sich ökonomische Wirkungen ein, die die »heile VW-Welt« der sechziger Jahre nun erschütterten. Interessenvertretung und Belegschaft mußten erfahren, daß Absatz- und Produktionsschwankungen durch Krisenlösungskonzepte behoben werden sollten, die den sozialen Konsens aufkündigten, und dennoch von der Interessenvertretung Einverständnis mit dieser Politik verlangten. Im ersten Schritt der Unternehmenssanierung gelang der Unternehmensleitung die Zustimmung, da die Interessenvertretung von konjunkturellen und damit vorübergehenden Problemen ausging und Unternehmenspolitik als Aufgabe des Managements interpretierte. Erst die strukturellen Veränderungen 1974/75 führten dazu, daß die Interessenvertretung der Belegschaft die Kompetenz des Managements hinsichtlich seiner Krisenlösungskonzepte nachhaltig in Frage stellte. Die Konfrontation konzentrierte sich auf die Verteidigung existenzieller Positionen, wie des Leistungs- und Sicherungssystems der Beschäftigten und die Abwehr der geforderten Massenentlassungen. Die Konzepte der Vorstandsvorsitzenden Lotz und Leiding orientierten sich an einer Unternehmenspolitik, die es ablehnte, die Kapitalrentabilität für eine soziale Ausgewogenheit im Interesse der Belegschaft einzusetzen. Demgegenüber orientierte sich die Interessenvertretungspolitik an der Tagessituation, entwickelte alternative Unternehmenskonzepte und offerierte Vorschläge, die auf eine Änderung der Unternehmenspolitik hinausliefen. Kritik an der Unternehmenspolitik und an den Vorstandsvorsitzenden, alternative Konzepte zur Unternehmenspolitik und Abwehr der Eingriffe in das soziale Leistungs- und Sicherungssystem waren ein Angriff gegen die Dominanz und Alleinzuständigkeit des Managements für die Unternehmenspolitik. Darauf reagierte das Management durch eine rigide Abwehrstellung, während die Interessenvertretung um die Sicherung ihres Einflusses rang. Die konträren Positionen äußerten sich wechselweise durch Kommunikationsbereitschaft und -entzug, Kompromißbereitschaft und hartes Pochen auf die eigene Interessenlage sowie in offenen Vertrauensbrüchen zwischen Interessenvertretung und Vorstandsvorsitzenden, wobei besonders anzumerken ist, daß die Konfliktbewältigung ohne die ständige Mobilisierung der Belegschaft oder von Belegschaftsteilen geleistet wurde. Es erwies sich, daß die Unternehmensleitung nicht in der Lage war, das Unternehmen ohne Beteiligung der Interessenvertretung zu sanieren.

Vergleichbar mit den Notwendigkeiten zur Stabilisierung des betrieblichen Sozialgefüges in der Phase der massenhaften Neueinstellungen in den fünfziger Jahren wurde in der Phase der massenhaften Belegschaftsreduzierung eine Interessenvertretung erforderlich, die spontane und unkontrollierte Belegschaftsreaktionen durch eine gezielte Integrationspolitik für betriebliche Sanierungskonzepte verhinderte. Gelang dies zwar in letzter Konsequenz auch, so muß doch als paralleler Prozeß dazu insbesondere auf das neue Rollenverständnis der Interessenvertretung hingewiesen werden. Sie war nicht mehr bereit, die Fehler der Managementpolitik in Belegschaft und Öffentlichkeit ohne Widerspruch abzufedern, insbesondere dann nicht, nachdem sich die Alternativkonzepte der Interessenvertretung im nachhinein als weitaus praktikabler erwiesen als die von der Unternehmensleitung vollzogenen Maßnahmen. Aus dem neu gewonnenen Selbstbewußtsein der Interessenvertretung resultierte, daß die Unternehmensleitung ihr, auch im Hinblick auf die unabwendbare Sanierung, faktisch Einflüsse auf die Unternehmenspolitik zugestehen mußte, die die Gesamtheit von Maßnahmen des Managements betrafen. Die Interessenvertretung ließ sich einerseits in die Unternehmenskonzepte zur Krisenlösung integrieren, doch andererseits sicherte sie sich soziale Einwirkungsmöglichkeiten, Spielräume und Informationsquellen, die sie zum gleichberechtigten Managementpartner, zu einer Art Gegenmanagement, erwachsen ließ. Daß diese Neustrukturierung gerade in der Zeit des Vorstandsvorsitzenden Leiding geschah, der den Einfluß der Interessenvertretung schmälern wollte, zeigt, wie eng Unternehmenspolitik und Interessenvertretungspolitik in ein gemeinsames Beziehungs- und Handlungskonzept verwoben waren und daß die betriebliche Stabilität des Sozialgefüges nicht durch die Unternehmenspolitik, sondern nur durch die Interessenvertretungspolitik zu sichern war.

Neben den Belastungsproben zwischen Interessenvertretung und Management waren die Beziehungen auf Werks- und Abteilungsebene weit weniger konfliktträchtig und unproblematischer, als dies durch die öffentlichen Kontroversen allgemeinhin angenommen wurde. »Es hat jeder seine Funktion, der Betriebsrat ist ja in seinem Bereich souverän. Also, die meisten Sachen klärt er ja selber, es sei denn, es sind übergreifende Fragen, wo der sagt, jetzt muß ich den Betriebsausschuß einschalten. Sonst nicht.« (Interview)

Diese eigenverantwortliche Tätigkeit war abhängig von der Person des jeweiligen Betriebsratsmitgliedes und seinem konkreten Stil im Umgang mit den Vorgesetzten in der Abteilung. Deutlich wird dies in einem Interview: »Es gibt Dinge, die kann ich mit dem Betroffenen selbst klären. Manchmal reicht es aus, mit dem Vizemeister zu sprechen. Denn ein wesentlicher Bestandteil der Arbeit beinhaltet Kleinigkeiten, aber auch Behandlung von Unterstützungsanträgen, Abzeichnen von Lohnveränderungen, Ummeldungen usw. ... Es gibt Dinge, die kann ich mit dem Abteilungsleiter klären, alle Stufen durchgehen, je nach den Kompetenzen, die der einzelne Gesprächspartner hat.«

Schwierigkeiten tauchten im Verhältnis des Betriebsrates zu den Vertrauensleuten und zur Belegschaft auf, wenn das Verhältnis zwischen den Abteilungsleitern und Betriebsratsmitgliedern zu gut war: »Also, wenn du mit dem Abteilungsleiter zuviel zusammen bist und ihm immer die Hand schüttelst, wenn das so ein richtig herzliches Verhältnis ist, dann kann es in der Praxis passieren, daß du vergißt, wozu du eigentlich da bist, und man wird das Sprachrohr des Abteilungsleiters. ... Wenn der Eindruck entsteht, mußt du natürlich aufpassen, daß du nicht in die Ecke gedrängt wirst. Am besten ist, Konflikte durch Gespräche auszutragen. Also viel Gespräche miteinander im kleinen Kreis führen und zu versuchen, sie zu lösen.« (Interview) Die hier angedeutete Gefahr der Korrumpierung im täglichen Umgang mit Vorgesetzten war latent vorhanden. Betriebsräte versuchten, dieser Gefahr durch Stärkung der Kompetenzen der Vertrauensleute zu begegnen, wobei insbesondere die Größe des Betreuungsbereiches, die Gremienarbeit und die Aufgabenvielfalt der Betriebsratsmitglieder sie veranlaßten, Vertrauensleute stärker in die Interessenvertretungsarbeit vor Ort einzubinden und ihnen Kompetenzen abzutreten. »Wir sind nicht in der Lage, alle Dinge anzupacken und voll unsere Möglichkeiten auszuschöpfen. Hier hat sich einiges auf die Ebene Meister – Vertrauensleute verschoben. Anders würden wir nicht mehr mit unserer Arbeit klarkommen.« (Interview)

Die Möglichkeiten, den eigenen Bereich als Betriebsratsmitglied eigenverantwortlich zu betreuen und zu organisieren, gingen einher mit der

Notwendigkeit, ohne größere Hilfe auf einer nächsthöheren Ebene erfolgreich zu sein: Wer Geringfügigkeiten nicht selbständig lösen kann, verspielt damit seine Aufstiegsmöglichkeiten innerhalb der Interessenvertretung und läuft Gefahr, nicht mehr als Kandidat nominiert zu werden. Hier deuteten sich gleiche Interessen mit den Vorgesetzten der Abteilungen an: Auch sie verspielen Einfluß- und Aufstiegsmöglichkeiten, wenn sie in ihrer Abteilung nicht selbständig klarkommen. Auf dieser für beide Seiten wichtigen Interessenbasis wurden die Konflikte vor Ort durch Kompromisse geregelt. »In der Regel ist die Bereitschaft vorhanden, Kompromisse zu finden. Argumente zählen, und wenn man in aller Ruhe und Sachlichkeit die Dinge bespricht, können in der Regel alle Punkte gelöst werden. Man kann sich nicht immer auf eine bestimmte Position zurückziehen und sagen, das geht nicht, fertig, aus.« (Interview.)

Insgesamt deuten die Formen des Verhältnisses zwischen Unternehmensvertretern und Interessenvertretung in den Abteilungen sowie die Art ihrer Konfliktregelungen darauf hin, daß – unabhängig von den Differenzen auf der Unternehmensebene bzw. dem zeitweise gestörten Verhältnis zwischen Geschäftsleitung und Interessenvertretung – sich eine eigenständige und weniger konfliktträchtige Zusammenarbeit entwickelt hat und daß größere unternehmenspolitische Differenzen keine einschneidenden Wirkungen auf die Zusammenarbeit vor Ort ausstrahlten. Da beide Seiten in der Regel ausführende Organe der hierarchiehöheren Entscheidungsgremien waren, oblag ihnen die Umsetzung der gefaßten Maßnahme, wobei beide Seiten aufeinander angewiesen waren und jeweils aus der eigenen Interessenlage heraus tragbare Kompromisse finden mußten. Insbesondere die drastischen personellen Bewegungen in den Krisenjahren, die starke Fluktuation und permanente Umsetzungsaktionen innerhalb des Werkes von Abteilung zu Abteilung machten eine ständige Kommunikation zwischen Betriebsratsmitglied und Abteilungsleiter bzw. betrieblichem Vorgesetzten unabdingbar. Nur durch eine funktionierende Vertrauensbeziehung und unter Einbezug der Interessenvertretung konnten innerbetriebliche Spannungen gemildert, der Belegschaftsabbau durchgeführt und das Sozialgefüge insgesamt stabilisiert werden. Was sich an Formen der Zusammenarbeit dezentral in den fünfziger und sechziger Jahren entwickelte und zur Anerkennung der Interessenvertretung führte, bestand in den Phasen der Belastung ihre Bewährungsprobe, in dem Betriebsräte, Vertrauensleute und betriebliche Vorgesetzte möglichst eigenverantwortlich Probleme ihres Kompetenzbereiches lösten.

In diesen Jahren haben sich folgende Ebenen und Konsultationsbeziehungen zwischen Geschäftsleitung und Interessenvertretung entwickelt: Es

gab wöchentliche Zusammenkünfte mit den Vertretern des Personalwesens und Gespräche auf der Ebene von Abteilungsleitern und Betriebsrat in der Produktion. Je nach der Situation kam es zu Gesprächen zwischen Betriebsausschuß und Werksleitung; bei besonderen Problemen traf man sich häufiger. Zusammenkünfte zwischen Gesamtbetriebsratsausschuß und Vorstandsmitgliedern fanden mindestens einmal im Monat statt, aber auch in kürzeren Fristen, je nach der betrieblichen Notwendigkeit. Diese einzelnen Ebenen wurden aber auch miteinander verzahnt: Da sich viele Fragen überschnitten, wurden alle Gremien und betroffenen Entscheidungsträger eingeschaltet. »Nehmen wir ... das Preßwerk. ... Nachdem wir zunächst im Aufsichtsrat über die Absichten der Unternehmensleitung informiert worden waren, verlangten wir als Betriebsrat bzw. als Betriebsausschuß vom Produktionsleiter eine Großübersicht darüber, was sich in den einzelnen Jahren technisch tut. Und dann bringen wir unsere Forderungen ein, ... dann geht die Sache zum Beispiel in den Planungsausschuß ... – in diesem Ausschuß sind die Produktionsplanung, das Personalwesen und der Betriebsrat vertreten. Parallel dazu sind die Betriebsratsmitglieder vor Ort eingeschaltet ... und natürlich werden auch die Vertrauensleute und die betroffenen Kollegen einbezogen. Wichtig ist für uns, daß ein gemeinsames Konzept zwischen Produktion, Personalwesen und Betriebsrat erarbeitet wird, um die Belange der Betroffenen bei Umstrukturierungsmaßnahmen entsprechend zu berücksichtigen. Das alles ist noch der Vorlauf, bevor eine neue Straße installiert ist.« (Interview mit Mitgliedern des VW-Betriebsrates)
Dieser Arbeitsstil fand seine Fortsetzung in werksübergreifenden Maßnahmen, in die der Gesamtbetriebsrat oder die Gesamtbetriebsratsausschüsse, die Konzern- und Aufsichtsratsebene eingeschaltet wurden. Mit Ausnahme des Sektors der Bereichsbetriebsräte wurden Verhandlungen in der Gruppe geführt, wobei gleichzeitig persönliche Gespräche nicht ausgeschlossen waren und der persönliche Kontakt zu Vorstandsmitgliedern ein tragendes Element bildete. Insbesondere wurde der Kontakt zum Arbeitsdirektor herausgestellt. Den Arbeitsstil bzw. die Beziehungen zur Geschäftsleitung prägten auf seiten der Interessenvertretung nur wenige Personen, was innerhalb der Interessenvertretung nicht kritisch, sondern eher positiv und als erstrebenswert angesehen wurde. Verbesserungen in Betriebsvereinbarungen und Tarifverträgen abzusichern, »ist nur möglich, wenn die herausragenden Personen möglichst in allen Entscheidungs- und Verhandlungsgremien vertreten sind. Konkret heißt das, sie müssen auch an den Verhandlungen teilnehmen, die im Vorfeld stattfinden. Sicherlich ist diese Arbeit sehr zeitintensiv und vieles geschieht in Gremien, doch sichert diese Politik uns den Erfolg«, heißt es im Interview

mit einem Betriebsratsmitglied. Diese hier nur beispielhaft wiedergegebene Aussage findet sich in allen Interviews wieder.

Betrachtet man die Beziehungen zwischen Interessenvertretung und Unternehmensleitung im Zusammenhang, so stellten sich in den Krisenjahren auf der zentralen Kommunikations- und Verhandlungsebene Brüche im Verhältnis ein. Daneben blieb die Zusammenarbeit in den Hallen und Abteilungen, aber auch die gemeinsame Ausschußarbeit, weitgehend unbeeinflußt von den Differenzen zwischen Betriebsratsspitze und Vorstand. Gerade diese Parallelität von Interessenstreit und Interessenausgleich erhielt die industriellen Beziehungen aufrecht und führte zum Fortbestehen der Zusammenarbeitsformen, die sich in den fünfziger und sechziger Jahren ausgeprägt hatten.

Infolge der Krisensituation des Unternehmens und des veränderten Vertretungsanspruchs erhielt der Gesamtbetriebsrat ab Mitte der siebziger Jahre eine immer stärkere Bedeutung für die Interessenvertretungsarbeit in den einzelnen Werken; denn Interessenvertretungspolitik hatte nun die Unternehmenspolitik insgesamt zu beeinflussen. »Der vom Gesamtbetriebsrat gebildete Wirtschaftsausschuß berät in seinen monatlichen Sitzungen mit den Vertretern des Unternehmens alle wirtschaftlichen Vorgänge (z. B. finanzielle, Produktions- und Absatzlage sowie Personalplanung und -entwicklung), welche die Interessen der Arbeitnehmer wesentlich berühren können. ... Im Berichtsjahr 1976 fanden außer den ständigen Beratungen und Verhandlungen des Betriebsrates auf Abteilungs- und Bereichsebene 23 Sitzungen des Gesamtbetriebsrates bzw. Gesamtbetriebsausschusses mit dem Vorstand der Volkswagenwerk AG statt. ... Allein über den Abschluß einer neuen Arbeitsordnung wurden 12 Verhandlungen geführt.«[44]

Außer im Gesamtbetriebsrat bzw. dem Gesamtbetriebsratsausschuß eröffneten sich im Aufsichtsrat wichtige Anknüpfungspunkte zur Entfaltung einer Interessenvertretungspolitik, die auf umfassende Einflußnahme drängte. Es besteht für die Arbeitnehmervertreter in diesem Gremium die Möglichkeit, »erheblichen Einfluß auf die Unternehmenspolitik zu nehmen, wie zum Beispiel auf die Verwendung der Mittel für Investitionen«, so Siegfried Ehlers auf der Konferenz des IMB-Weltautomobilausschusses 1979. In seinem Referat wurde weiter betont, es bestehe kein Zweifel daran, daß die insgesamt positive Bilanz der Interessenvertretungspolitik im Unternehmen nur aufgrund der engen Verzahnung von

44 Autogramm Sozialbericht 1976, Nr. 7/1977, S. 3.

IG Metall, Betriebsrat und den Arbeitnehmern im Aufsichtsrat möglich geworden ist. »Wir Arbeitnehmer erwarten vom Management als Minimum, daß an jedem Standort des VW-Konzerns in der Welt die gewählten Vertreter der Arbeitnehmer und ihre Gewerkschaften als Verhandlungspartner anerkannt werden. Und wir verlangen als weiteres Minimum, daß die Gewerkschaftsarbeit innerhalb und außerhalb der Betriebe, ganz gleich, in welchem Land, von keinem Manager mehr behindert wird. ... Wir Gewerkschafter aus der Bundesrepublik Deutschland nehmen von dieser Konferenz mit auf den Weg, daß wir als Vertrauensleute, als Betriebsratsmitglieder und als Arbeitnehmervertreter im Aufsichtsrat in den hier angesprochenen Fragen keine Ruhe geben werden. Das Management muß mit uns und der IG Metall rechnen!« Inwieweit sich die Arbeitnehmervertreter im Aufsichtsrat, diesem Anspruch folgend, auch für die Interessenvertretungen außerhalb der Bundesrepublik eingesetzt haben bzw. ob eine länderübergreifende gewerkschaftliche Strategie entwickelt wurde, kann hier nicht näher untersucht werden. Es hat jedoch den Anschein, als sei diesbezüglich infolge der Tagung des Weltautomobilausschusses des IMB in Wolfsburg Bewegung entstanden, denn Betriebsratsdelegationen der inländischen Werke besuchten ausländische Tochtergesellschaften und intensivierten die Kontakte mit den dortigen Interessenvertretungen.

Wie konkret die Praxis im Aufsichtsrat und die Zusammenarbeit mit dem Arbeitsdirektor vonstatten ging bzw. geht, deutet sich in der folgenden Interviewäußerung an: »Da wird manchmal im Betrieb eine zu hohe Erwartung gestellt ... als Vorstandsmitglied ist er einer von neun, und insofern sind seine Einflußmöglichkeiten eingeschränkt. ... Aber bis heute hat es keine großen Konflikte gegeben. Natürlich gibt es manchmal unterschiedliche Auffassungen.« Die örtliche IG Metall teilte die Auffassung, daß der Arbeitsdirektor nur beschränkte Einwirkungsmöglichkeiten auf die Unternehmenspolitik hat, wobei seine Schwierigkeiten nicht verkannt wurden: »Es wird dem Arbeitsdirektor nicht ganz leicht gemacht, er befindet sich in der Mitte von Kapital und Arbeitnehmervertretern. Und wenn er sich einer Seite zu stark zuneigt, bekommt er Ärger mit der anderen Seite und umgekehrt. Er muß versuchen, sich durchzulavieren, um es mit beiden nicht zu verderben. Wenn das Verhältnis zu seinen Vorstandskollegen zerstört ist, nützt es der Interessenvertretung überhaupt nichts, dann ist er von wichtigen Informationen und Einwirkungsmöglichkeiten abgekoppelt.« Informelle Beziehungen scheinen hier besonders stark ausgeprägt zu sein, und gegenseitiges Vertrauen bzw. gleicher Grundkonsens bestimmen eine im Detail nicht aufzuhellende Zusammenarbeit. Doch zeigen die Aussagen auch, daß der Aufsichtsrat

eine wichtige Komponente im Konzept der gemeinsamen Interessenvertretungspolitik – insbesondere ab Mitte der siebziger Jahre – eingenommen hat. Im Beziehungsfeld Interessenvertretung-Unternehmensleitung entwickelte sich der Aufsichtsrat zur Plattform der Interessenvertretungspolitik, von der aus entscheidende Einflüsse zur Entwicklung und Modifizierung von Vorstandsentscheidungen geltend gemacht werden konnten. Ihr Einfluß im Aufsichtsrat gab er der Interessenvertretung das Instrument in die Hand, die Politik des sozialen Gegenmanagements zu entfalten und sich gleichzeitig durch die Zugehörigkeit zum Aufsichtsrat an der Unternehmensleitung zu beteiligen.
Welche konkrete Bedeutung der Aufsichtsrat und der Arbeitsdirektor im Konzept der Interessenvertretungspolitik jedoch einnahmen, muß ein gutes Stück im dunkeln bleiben, da einerseits die Arbeitnehmervertreter ihren Einfluß nicht durch öffentliche Äußerungen verspielen wollten und andererseits in diesem Gremium stillschweigende Übereinstimmung darüber bestand, mit Informationen bzw. mit Äußerungen über den Ablauf der Entscheidungsfindung behutsam umzugehen. Den Stellenwert des Aufsichtsrates im Konzept der Interessenvertretung zu ermessen, wird daher nur möglich, wenn man die Sanierungspläne des Unternehmens und die Produktion in den USA dazu heranzieht, um grundsätzliche Verhaltensmuster bzw. Interaktionsprozesse herauszufiltern. Ein erster Grund für die Akzeptanz der Arbeitnehmervertreter im Aufsichtsrat als gleichberechtigte Partner der Unternehmensleitung und der Kapitalvertreter ergibt sich aus der Art der im Unternehmen praktizierten Beziehungen, Kommunikationsformen und Konfliktlösungsmuster, die im Aufsichtsrat nahtlos übernommen wurden. Eine Politik des Interessenausgleichs konnte auch im Aufsichtsrat weder aufgegeben, noch von den Beteiligten als untauglich verworfen werden. Vielmehr muß unterstellt werden, daß sich der Umgang, der Dialog und der Kompromiß hier ebenso fortsetzten, wie es auf allen anderen Zusammenarbeitsebenen Praxis war. Der Aufsichtsrat hätte dann im Vertretungskonzept der Interessenvertretung den Stellenwert eines weiteren Diskussionsforums und einer zusätzlichen Informationsquelle; in eingeschränktem Maße erlangte er auch die Funktion einer Kontroll- und Regulierungsinstanz im Vorfeld der in anderen Gremien stattfindenden Verhandlungen. Ein zweiter Grund könnte in der Funktionsverschiebung zwischen Unternehmensvorstand und Aufsichtsrat liegen. Anzeichen sprechen dafür, daß Kompetenzen und Entscheidungsfindungen immer dann vom Vorstand zum Aufsichtsrat verlagert wurden, wenn nachhaltige Spannungen in Betrieb und Öffentlichkeit zu erwarten waren. Das ergibt sich aus der besonderen Zusammensetzung des Aufsichtsrates mit Vertretern aus

Bundes- und Landesregierung, die neben ihrer Funktion als Aufsichtsratsmitglieder auch die Wählermeinungen und das Parteiimage mit berücksichtigen müssen. Vorstandshandeln unterliegt damit der Einschränkung durch drei Vertretungsgruppen: der Arbeitnehmervertreter, der politisch Verantwortlichen und der Kapitalvertreter. Unter Berücksichtigung der öffentlichen Kontroversen wegen der Unternehmenspläne in der Krise und des USA-Projektes kann es auch als gesichert angesehen werden, daß alle Vertretungsgruppen im Aufsichtsrat es vorziehen, durch Verhandlungen zu Kompromissen zu kommen und gestaltend zu wirken, anstatt in Konfrontation zueinander ihre Funktion darauf zu beschränken, Vorstandsbeschlüsse zu akzeptieren bzw. zu verwerfen. Ein dritter Grund erwächst aus der wirtschaftlichen Bedeutung des Werkes für die Bundesrepublik Deutschland und aus den Signalen, die die industriellen Beziehungen des VW-Werkes auf die anderen Großunternehmen ausstrahlen. Bei den Zusammenkünften des Aufsichtsrates trifft sich ständig eine »Konzertierte Aktion« im kleinen, die durch ihre Entscheidungen Wirkungen in Gewerkschaften, Arbeitgeberverbänden und Regierungen hervorruft.

Betrachtet man die Personen im VW-Aufsichtsrat, so waren und sind wichtige Repräsentanten der Wirtschaft und IG-Metall-Vertreter, einschließlich des Vorsitzenden der IG Metall, hier vertreten, so daß ein Dissens im Aufsichtsrat des Volkswagenwerkes eine breite Streuung in den Kreisen der Wirtschaft verursachen könnte. Betrachtet man die Bedeutung des Aufsichtsrates im Vertretungskonzept der Interessenvertretung im Zusammenhang, so kann festgehalten werden, daß der Aufsichtsrat in den siebziger Jahren zu einem Teil der Unternehmensleitung geworden ist und daß die IG Metall es verstanden hat, ihre Vertretungspolitik der Gleichberechtigung und Teilhabe an den Unternehmensentscheidungen im Aufsichtsrat umzusetzen. Der Aufsichtsrat wurde damit nicht nur zu einem Kontroll- und Regulierungsinstrument der Interessenvertretung, sondern es verlagerten sich Kompetenzen der Unternehmensleitung auf den Aufsichtsrat, was eine mit Macht und Einfluß ausgestattete Vertretungspolitik des Gegenmanagements der Interessenvertretung ermöglichte.

Erkennbar wird eine durch die Gesamtheit der entwickelten Beziehungen und Einflüsse zum Machtfaktor erwachsene Interessenvertretungspolitik; damit wird die Machtverteilung im Unternehmen neu strukturiert. Die Interessenvertretung wurde durchgängig an allen personal- und unternehmenspolitischen Entscheidungen beteiligt. Sie beeinflußte nun die gesamte Bandbreite der Unternehmenspolitik, wobei Grad und Intensität der Einflußnahme von der Sachkompetenz, der Güte der Argumente und den persönlichen Qualitäten der jeweils Beteiligten abhingen. Wie nachhaltig sich die Position der Interessenvertretung in diesem Untersuchungszeitraum festigen konnte, zeigen die Tarifrunde 1978 und die tarifpolitischen Erfolge gegen Ende dieses Zeitraumes. Der Unternehmensleitung war nun ein gleichberechtigter und gleichbedeutender Verhandlungspartner erwachsen, der sowohl die soziale Komponente in der Unternehmenspolitik ständig einklagte, als auch selbstbewußt darauf achtete, eigenständige Gegenmacht durch Interessenausgleich zu sichern.

4.2 Selbstverständnis, Struktur und Organisation der Interessenvertretung

Die Organisation der betrieblichen Interessenvertretung, ihre stark verknüpften Willensbildungs- und Entscheidungsebenen, ihre gemeinsamen Forderungs- und Vertretungsaktivitäten und eine starke personelle Verzahnung von gewerkschaftlicher und gesetzlicher Vertretung belegen eine einheitliche Interessenvertretungsstruktur, die gegenüber der Unternehmensleitung geschlossen agieren kann, gleichzeitig aber auch eine ausgeprägte Zentralisierung der eigenen Arbeit aufweist. Dieses Organisationsprinzip wurde inhaltlich durch Sachargumente, Arbeitsteilung und eingespielte institutionelle Verfahren ausgefüllt und personell von langjährig profilierten Persönlichkeiten geprägt. Zur Unterstützung der Interessenvertretungsarbeit wurden eigene Mitarbeiter (Sachbearbeiter und Sekretärinnen) eingesetzt, die der Zentralebene des Betriebsrates zugeordnet und ihrer Verantwortung unterstellt wurden. Neben vielfältigen Vorteilen für die Interessenvertretung entstanden damit auch zusätzliche bürokratische Arbeitsformen.

Geht man im einzelnen der Orientierung der Interessenvertretungsarbeit nach, so ist die folgende Äußerung in besonderer Weise kennzeichnend: »Durch meine aktive Arbeit wurde ich ... gewählt, und durch glückliche Umstände kam ich zwei Jahre später in den Betriebsausschuß und wurde somit von meiner Tätigkeit im Rohbau freigestellt. In dieser Zeit habe ich so etwas wie einen eigenen Stil entwickelt, indem ich einerseits einen engen Kontakt zu meinen Kollegen im Rohbau pflegte und zum anderen hart, aber verbindlich mit den Vorgesetzten verhandelte. ... Die Kollegen Bork und Rahm, die wesentlich älter waren und auch über längere Erfahrungen im Betriebsrat verfügten, haben mich bei meiner eigenständigen Arbeit nicht gebremst ... sie haben mich weitgehend selbständig arbeiten lassen.« (Interview mit Siegfried Ehlers.) Diese Erfahrungen des Betriebsratsvorsitzenden aus den fünfziger und sechziger Jahren prägten in den siebziger Jahren weitgehend die Arbeit des gesamten Vertretungsspektrums: »Wichtig ist ..., daß es oft interne und harte Diskussionen im Betriebsrat gibt, doch wenn diese ausdiskutiert sind und wenn man einen Mehrheitsstandpunkt gefunden hat, dann wird gegenüber der Geschäftsleitung eine Position deutlich gemacht. ... Sicherlich kann diese Arbeit nur auf einer gemeinsamen Grundlage und gemeinsamem Vertrauen vollzogen werden. Unausgesprochene Philosophie unserer Arbeit ist: Verbesserungen für die Belegschaft durch Betriebsvereinbarungen zu erreichen und diese im nächsten Schritt durch Tarifverträge abzusichern.« (Interview) Das Selbstverständnis bebildert auch folgende Feststellung im »Zeit-Magazin« vom 21. November 1975: »Für Radikalität, klassenkämpferische Töne und den Drang nach Systemveränderung ist in der Volkswagenstadt Wolfsburg nicht der Boden.« Dagegen ist der Vorwurf nicht angebracht, daß die Interessenvertretung und der Vorsitzende sich als verlängerter Arm des Managements verstehen: »Zwar bekennt er (Siegfried Ehlers) sich zu der Zweieinigkeit ›langfristig sichere Arbeitsplätze und dazu Gewinne‹, aber er legt zugleich Wert auf die wohlabgewogene Feststellung, daß es seine Aufgabe sei, ›ein Gegengewicht zur Firmenleitung zu bilden, damit die Belegschaft nicht zu kurz kommt, wobei wir natürlich das Werksinnere mit sehen müssen‹.« (Capital vom 25. August 1978, S. 11.) Dieser Positionsbeschreibung folgten auch die Betriebsratsmitglieder, die vor Ort (Hallenbetriebsräte) arbeiten und weniger mit konkreten unternehmenspolitischen Maßnahmen konfrontiert sind. Deutlich wird dies in den folgenden Interviewausschnitten: »Ich muß das Beste für den Kumpel tun. ... Das Wichtigste ist immer, dafür zu sorgen, daß für den Kollegen kein Nachteil entsteht ... nicht auf den Vorgesetzten schießen, sondern versuchen, mit denen so zu verhandeln, daß es für den Betroffenen zum Vorteil wird.« – »Die Aufgabe des Vorstandes ist es, dafür zu sorgen, daß die Aktionäre Dividende bekommen, und unsere Aufgabe ist es, dafür zu sorgen, daß die Beschäftigten des Unternehmens so viel wie möglich erreichen.« Auch die schwierigen Entscheidungen im Zusammenhang mit den Personalabbauplänen der Unternehmensleitung in der Krise 1974/75 wurden nach diesem Leitmotiv gefunden: »Dieser Zeitraum war nicht ganz einfach für den Betriebsrat und führte auch bei mir zu großen persönlichen Konflikten. Unsere Politik bestand darin, das Schlimmste für die Belegschaft zu verhindern. So haben wir es geschafft, den beabsichtigten Stillegungsplänen der Unternehmensleitung entgegenzutreten und sie zu verhindern. Auch die abgeschwächten Pläne fanden nicht unsere Zustimmung. In der Folge haben wir konstruktiv bei den Einzelmaßnahmen mitgearbeitet, aber immer, um gute Konditionen für die Belegschaftsmitglieder auszuhandeln und dem einzelnen möglichst viel zugute kommen zu lassen.« (Interview)

Deutlicher wurde diese Haltung schon 1972, als die Schwierigkeiten des VW-Konzerns sichtbar wurden und der Betriebsrat auf einer Betriebsversammlung Massenentlassungen ablehnte. Mit dem Nein zu Massenentlassungen wurden gleichzeitig Forderungen verbunden, die Vorteile für die Belegschaft bringen sollten, wie Frühpensionierung und Absicherung bei innerbetrieblichen Versetzungen: »Zu arbeiten aufhören, wenn man es im höheren Alter will. ... Im Interesse der Werksangehörigen muß eine gezielte Aktion eingeleitet werden, die verhindert, daß der Werksangehörige nicht von einem Platz zum anderen hüpfen muß, ohne eine gesonderte Vergütung dafür zu bekommen.« (»Wir vom Volkswagenwerk«, Juni 1972.)
Der Wunsch nach sozialem Ausgleich, eine Orientierung am Machbaren und pragmatische Leitmotive lassen sich durchgängig als Orientierung feststellen. Auffällig ist ebenso die ausgeprägte Verantwortlichkeit für das Unternehmen. »Als richtig erwies sich auch der Vorschlag des Betriebsrates, wegen des hohen Lagerbestandes die Produktion der neuen Typen, die nach den Werksferien herauskamen, vorzuziehen. Heute ist der Vorstand darüber glücklich! Denn sonst hätte sich die Auslieferung der verbesserten Typen verzögert. ... Die Forderung, ... daß der Audi 80 so schnell wie möglich von den Bändern in Wolfsburg laufen soll, erwies sich ebenfalls als berechtigt.« (»Wir vom Volkswagenwerk«, November 1972.)
Bei der zweiten Stagnationsphase des Unternehmens deutet das Verhalten der Interessenvertretung darauf hin, daß sich ihr Selbstverständnis nicht nur an Unternehmens- bzw. Beschäftigteninteressen orientierte, sondern daß sie sich in eine konkrete unternehmenspolitische Verantwortung begab. Die Folge war, daß Unternehmenspolitik (hier Produktions- und Absatzplanung) zum Bestandteil der Interessenvertretungspolitik wurde. Insbesondere vor dem Hintergrund der Krise 1974/75 und der negativen Entwicklungen für die Beschäftigten bekamen Fragen der Unternehmenspolitik eine immer stärkere Bedeutung für das Selbstverständnis der Interessenvertretung. Nicht nur soziale und personelle Maßnahmen wurden diskutiert, nicht nur Produktionsprogramme einzelner Werke oder Absatzstrategien des Unternehmens, es wurde auch Einfluß genommen auf die Entscheidung, ob ein neues Werk in den USA für das Unternehmen sinnvoll sei. »Kollege Ehlers fragte den Vorstand vor der Belegschaft: ›Woher wollen Sie überhaupt das Geld nehmen, um den Bau dieses Werkes zu finanzieren? ... Ich wehre mich mit Händen und Füßen dagegen, daß irgendwelche Finanzabenteuer eingegangen und Finanzmanipulationen vorgenommen werden‹.« (»Wir vom Volkswagenwerk«, November 1974.) Dieses erweiterte Selbstverständnis der Arbeit der Interessenvertretung wird durch ein Flugblatt der IG Metall zur Betriebsratswahl

1975 untermauert, in dem ausgeführt wurde: »Nach dem harten Autojahr 1974 zeichnet sich auch in den ersten Monaten dieses Jahres noch keine durchgreifende Besserung ab ...; die Arbeitsplatzerhaltung war und bleibt das Ziel Nummer 1 unserer IG Metaller im Betriebsrat. Deswegen werden sie auch künftig der Kurzarbeit Vorrang vor allen anderen möglichen Maßnahmen geben, um Massenentlassungen zu vermeiden. ... Zur Sicherung der Arbeitsplätze in den inländischen Werken fordert Gesamtbetriebsratsvorsitzender Siegfried Ehlers ..., daß die Verbundfertigung mit den ausländischen VW-Fabriken überprüft und geändert werden muß. ... Die IG-Metall-Betriebsräte erwarten ... Lösungen ..., die für die Belegschaft akzeptabel sind und dem Unternehmen gerecht werden.« (»Wir vom Volkswagenwerk«, Sonderausgabe zur Betriebsratswahl 1975.) Hier zeigen sich jedoch die Grenzen des Selbstverständnisses der Interessenvertretungspolitik. Einflüsse auf die Unternehmenspolitik wurden begründet mit der notwendigen Sicherung inländischer Beschäftigung bzw. des eigenen Belegschaftsstandes. Einerseits wurde der hohe Exportanteil der VW-Produkte akzeptiert, aber andererseits wurden die Wirkungen der internationalen Arbeitsteilung nicht in die eigene Politik integriert. Das bedeutet, daß die Betriebsinteressen vor außerbetrieblichen Einflüssen abgeschirmt, innerbetriebliche Konflikte auf gesamtgesellschaftlicher Ebene verlagert und Vertretungspolitik als begrenztes betriebliches Handlungsfeld interpretiert werden. Daß hier Widersprüche auftraten, ist vor dem Hintergrund ungeklärter gewerkschaftlicher Positionen zum Problemkreis internationaler Arbeitsteilung zu erklären. Betriebsbezogenheit war der Interessenvertretung immanent; durch diese konsequent eingehaltene Linie wurde es möglich, neben der sozialen Beeinflussung der Managemententscheidungen auch anteilig Unternehmenspolitik zu betreiben.

So entstand in diesem Zeitraum ein Selbstverständnis, das unter Anerkennung der Notwendigkeiten einzelbetrieblicher Rentabilität darauf gerichtet war, als sozialer Gegenpart Unternehmenspolitik zu formen und gleichberechtigt und reformistisch für die Belegschaft zu wirken, aber auch in Teilbereichen die gewerkschaftliche Beschlußlage und Programmatik praktisch einzulösen. Verzicht auf Radikalität ohne gleichzeitige Aufgabe der Vertretungsmacht, aber unter Einschluß aller verfügbaren Konfrontations- und Sanktionsmittel kennzeichnen das Handeln, das jeweils auf den konkreten Konfliktstoff abgestuft und selektiv angewendet wurde. Auffällig ist das ausgeprägte Verantwortungsbewußtsein für das Unternehmerinteresse insgesamt. Immer wurden alle Umstände abgewogen, die vorteilhaft für die Belegschaft und das Unternehmen (nicht für das Management) sein konnten. Geringe Bedeutung hatten dabei externe

Auswirkungen. Diesem Selbstverständnis lag zugrunde, daß man sich als Gewerkschafter verstand und entsprechend handelte. An der gewerkschaftlichen Beschlußlage orientierte man sich nicht nur lose, sondern in enger Verbindung, wobei man Impulse für die gewerkschaftliche Gesamtentwicklung geben wollte.

Dieses Selbstverständnis wurde vor allem durch die handelnden Personen getragen: »Hugo Bork hat immer gesagt, Bescheidenheit steht uns gut an. Siegfried Ehlers sagt, Gleichrangigkeit bzw. Gleichwertigkeit muß gegeben sein. Das symbolisiert seine Persönlichkeit, seine Politik und verdeutlicht seine ganze Arbeit. Er ist den Vorstandsvorsitzenden in allem gewachsen, und das bedeutet ein unheimliches Gewicht für die Organisation. Auch die Kollegen können sich mit ihm identifizieren«, heißt es in einem Interview mit einem Gewerkschaftsvertreter.

Grundlagen der Organisation der Interessenvertretung bildeten im wesentlichen die technisch bzw. organisatorisch existierenden Strukturen des Unternehmens. Analog dazu arbeitete die Interessenvertretung einerseits dezentral, so daß alle Beschäftigten eine ständige Betreuung erfuhren, und andererseits zentral, indem gewählte Betriebsräte Leitungs- und Steuerungsfunktionen für das Werk bzw. das Unternehmen ausführen konnten. Die dezentrale Organisationsform umfaßte in den einzelnen Abteilungen des Werkes oder in den Produktionshallen die Betriebsratsmitglieder, die zur Vertretung der Belegschaftsinteressen vor Ort tätig waren.

Dieser dezentralen Einteilung entsprachen die einzelnen Betriebsratsbüros, die sich über das gesamte Werk verteilten. Damit sollte eine direkte Betreuung der Beschäftigten in ihrem Tätigkeitsbereich sichergestellt werden, wobei angemerkt werden muß, daß ein Betriebsratsmitglied jeweils im Durchschnitt über 1000 Beschäftigte zu betreuen hat. Die Betriebsratsmitglieder wurden bei der Wahrnehmung ihrer Aufgaben in den Abteilungen von den gewerkschaftlichen Vertrauensleuten unterstützt: »Wir haben zum Beispiel den Abteilungsbetriebsrat/Hallenbetriebsrat und den Abteilungsvertrauenskörper. Diese werden in Bereiche zusammengefaßt, für die dann ein Betriebsausschußmitglied die Koordination übernimmt. Er ist damit der Betreuer dieses Bereiches.« (Interview) Nach diesem Schema wurden die Zuständigkeiten der Betriebsratsmitglieder in vier Produktionsbereiche und drei Zeitlohnbereiche sowie in den Bereich Angestelltenvertretung aufgeteilt. Einen tieferen Einblick in die Arbeitsweise eines Hallenbetriebsrates könnte die Wiedergabe seiner Arbeitsschwerpunkte in einer Woche (Montag bis Donnerstag) eröffnen, wie sie in einem Interview geschildert wurden: »Montag: Teilnahme an einer Sitzung mit Vertretern der Abteilung, dann um halb elf bis halb eins hatten wir unsere Vertrauensleutesitzung und unsere Fraktionssitzung. Im Anschluß führte ich ein Informationsgespräch mit den Vertrauensleuten der Nachtschicht, da sie durch den Schichtrhythmus nicht an der Sitzung der Vertrauensleute teilnehmen können. ...

Am Dienstag war ich schon um halb sieben in der Gießerei. Ich mach' doch morgens immer einen Rundgang, wo ich mir bestimmte Problemstellen ansehe und wo ich meistens auch den Gießereileiter antreffe. Es ist bei drei Schichten schwierig, alles im Auge zu behalten. ... Anschließend Büro mit meiner Sprechstunde, und dann ist das Büro voll. Ich muß denen immer klar machen, daß sie nicht mit jeder Kleinigkeit ins Betriebsratsbüro kommen, denn sie sollen erst ihren Vertrauensmann ansprechen. ... Es gibt ja welche, die befangen sind, die sollen ihren Vertrauensmann mitnehmen und das Problem mit dem Meister bzw. dem Unterabteilungsleiter klären, und erst wenn das nicht läuft, dann sollen sie zu mir kommen. ...
Mittwoch: Gespräch mit den Vertrauensleuten der Frühschicht und im Anschluß ein Gespräch mit dem Gießereileiter. ... Im Büro waren einige Sachen zu klären, wegen Urlaub und der anstehenden Kurzarbeit ... Informationsgespräch in der Koordinationsrunde des Betriebsausschusses.

Am Donnerstag wurde ein neuer Unterabteilungsleiter eingeführt. ... Im Büro war es ruhig, und ich konnte mit den Sitzungssprechern der Vertrauensleute einiges besprechen. Dann bin ich in die Gießerei gegangen, da einiges am Vortag hier schiefgelaufen war. Nach der Information vor Ort bin ich zur Gießereileitung gegangen und habe die Schwierigkeiten und Beschwerden der Kollegen vorgetragen.«

Aus dieser kurzen Schilderung wird deutlich, daß ein Betriebsratsmitglied vor Ort über die Befugnisse verfügte, die seinen Betreuungsbereich betrafen, so daß er Konflikte lösen konnte und selbständige Verhandlungskompetenz besaß. Gleichzeitig ist die Häufung der Sitzungstermine als Folge der institutionellen Interessenvertretungsbeziehungen auffällig. Wichtig erscheinen ebenso der enge Kontakt bzw. die Kooperation mit den gewerkschaftlichen Vertrauensleuten. Probleme, die abteilungsübergreifend waren, wurden mit dem betreffenden Betriebsausschußmitglied (Koordinator) besprochen und gelangten dadurch zum Betriebsausschuß oder in die Ausschüsse des Betriebsrates.

Betrachtet man die Zentralebene der Interessenvertretungsarbeit, so zeigt sich, daß der Betriebsausschuß als geschäftsführender Ausschuß eine Schlüsselfunktion einnimmt. Neben dem Vorsitzenden, dem Stellvertreter und den Koordinatoren gehörten auch die Vorsitzenden der bedeutenden Ausschüsse zu diesem Gremium. Dieses Leitungsorgan tagte in wöchentlichem Rhythmus und behandelte alle für den Betriebsrat wichtigen Fragen. Zur Vorbereitung der Sitzung fanden Vorbesprechungen mit Unternehmensvertretern (Hauptabteilungsleiter/Bereichsleiter) statt. Diese Besprechungen wurden vom Fachreferenten des Betriebsratsvorsitzenden eigenständig durchgeführt, um insbesondere offene Fragen und Informationslücken abzuklären. Anschließend erhielten die Mitglieder des Betriebsausschusses die Tagesordnung, Informationszusammenstellungen und Beschlußempfehlungen bzw. Vorlagen für die Sitzung. Der Ausschuß insgesamt oder Vertreter des Betriebsausschusses diskutierten danach mit geladenen Unternehmensvertretern die Ergebnisse der Sitzung und kamen oft schon hier zur Klärung anstehender Probleme. In den meisten Fällen handelte es sich um Probleme aus dem Personal- und Sozialbereich, aber auch wenn Finanzfragen anstanden, wurden die kompetenten Unternehmensvertreter geladen (vgl. Interview).

Einen Tag später wurden alle Betriebsratsmitglieder über die Ergebnisse unterrichtet, und diese wiederum informierten ihre Vertrauensleute, so daß eine schnelle, gleichzeitige und reibungslose Information in den Betrieb gelangte. Umsetzung und Effektivität dieser Arbeitsformen obliegen dem Fachreferenten des Betriebsrates. Gemeinsam mit einer Sekretärin koordinierte beispielsweise ein Fachreferent die Arbeit des Betriebsausschusses, sichtete den Posteingang sowie Vorlagen bzw. Informationen für die Betriebsausschußmitglieder und bereitete die Betriebsausschußsitzungen vor. Gleichzeitig formulierte er Entscheidungshilfen für den Betriebsausschuß. Er bereitete auch die Betriebsratssitzungen und Fraktionssitzungen der IG Metall für den Betriebsausschuß vor. Weiterhin war er für die Personalplanung des Unternehmens für den Betriebsrat zuständig. Er delegierte selbständig Aufgaben und koordinierte sie, führte Protokolle bzw. stimmte die geführten Protokolle mit der Unternehmensleitung ab (bei gemeinsamen Sitzungen); gleichzeitig war er zuständig für die Erfolgskontrolle bei Forderungen und Verhandlungen. Er nahm kontinuierlich an den Betriebsausschußsitzungen teil und führte selbständig Gespräche mit Vertretern der Unternehmensleitung, insbesondere mit Vertretern der Personalabteilung zur Vor- und Nachbereitung von Betriebsausschußsitzungen. Prinzip war: Ein Betriebsratsmitarbeiter muß organisatorisch und sachlich versiert sein und gleichzeitig über das notwendige gewerkschaftliche Rüstzeug und die Fähigkeit, politische Entscheidungen vorbereiten zu können, verfügen, wenngleich die Entscheidung selbst vom Betriebsrat gefällt werden muß.

Dieser Mitarbeiterstab war einerseits ein wirksames Unterstützungsinstrument hinsichtlich der Vorbereitung und Durchführung betrieblicher Interessenvertretungspolitik; andererseits wurde seine Konzentration auf den Zentralbereich ein Mittel zur Untermauerung von Machtpositionen innerhalb der Interessenvertretung. Durch seine größeren Informationsmöglichkeiten bzw. durch seine Einbeziehung in die Vorbereitung von Entscheidungen wuchs seine Bedeutung, wobei gerade die Loyalität zu Einzelpersonen die Voraussetzung zur Absicherung des Dispositionsspielraums ausmachte. Am Beispiel der Mitarbeiter zeigt sich aber auch, daß die Vorteile ihrer Funktionswahrnehmung auch mit Nachteilen verbunden waren. Bei den Mitarbeitern sammelte sich vielfältiges »Vertretungs-Know-how«, das gerade Betriebsratsmitgliedern des dezentralen Vertretungsbereiches oftmals nicht zur Verfügung stand bzw. erst abgerufen werden mußte. Die Mitarbeiter nahmen an der »großen Politik« teil und konnten sie nachhaltiger beeinflussen, als es vielen anderen gewählten Funktionären möglich war. Ihre Position im gesamten Vertretungsspektrum war damit weitaus stärker, als die der übrigen Funktionäre. Andererseits ist zu beachten, daß die Stellung der Mitarbeiter oftmals nur von wenigen Personen abhing, die ihre Arbeit nachhaltig begrenzen bzw. erweitern konnten.

Betrachtet man die Organisations- und Arbeitsformen im Zusammenhang, so dominierte das Leitungsorgan Betriebsausschuß. Hier konzentrierte sich die gesamte Machtfülle der Interessenvertretung; eine ausgeprägte Zentralisierung der Interessenvertretungsarbeit ist das vorherrschende Merkmal. Für eine stark ausgeprägte Zentralisierung spricht auch, daß der Kreis der Betriebsausschußmitglieder wichtige Funktionen in den betrieblichen Ausschüssen und Kommissionen, in den gewerkschaftlichen Leitungsorganen und im Vertrauenskörper als Koordinatoren innehatte. Die personelle Komponente der Interessenvertretungspolitik rückt hier ebenso in den Mittelpunkt des Vertretungskonzeptes, wie es die Institutionalisierung hervorstechen läßt. Neben der Zentralebene mit dem Betriebsausschuß, dem Mitarbeiterstab, den Ausschüssen, der Verhandlungskompetenz und den entscheidenden Willensbildungsorganen agierten die Betriebsratsmitglieder in den Hallen und Abteilungen, unterstützt durch gewerkschaftliche Vertrauensleute. Auf dieser Vertretungsebene finden sich sowohl intensive Kommunikationen zwischen Betriebsrat, Vertrauensleuten und Beschäftigten, einschließlich einer hohen Vertretungskompetenz und -wirksamkeit, als auch starke Anlehnungen an Produktionsnotwendigkeiten, defizitäre Vertretungsmuster oder gar Vertretungsabstinenz. Insgesamt wird deutlich, daß die interne Struktur und die Organisation der Interessenvertretungsarbeit stark durch Professionalität, Arbeitsteilung und Funktionsspezialisierung geprägt wurde.

4.2.1 Wirkung der gesetzlichen Normen

Die Interessenvertretungspolitik wurde durch die Anwendung gesetzlicher Normen abgesichert, Ansprüche wurden daran orientiert und erreichte Positionen mit Hilfe der Normen gefestigt. Andererseits ging man mit den gesetzlichen Normen flexibel um; sie wurden je nach den betrieblichen Notwendigkeiten neu interpretiert, und gegebenenfalls wurde auf ihre Durchsetzung auch einmal verzichtet. Diese variable Anwendung der gesetzlichen Normen bezieht sich jedoch nicht auf Verhandlungen über Tarifverträge und Betriebsvereinbarungen. Mit der Schaffung VW-typischer Regelungswerke wurde ein stabiles Verhaltens- und Anspruchsinstrumentarium zur betrieblichen Norm erhoben, das für alle Beteiligten verbindlich war und dessen Verletzung Sanktionen nach sich zog. Tarifverträge und Betriebsvereinbarungen wurden von der Interessenvertretung und der Unternehmensleitung als Legitimationsgrundlage, Begrenzung des eigenen Handelns und als normative Bestandsicherung ihres sozialen Konsenses gewertet.

Betrachtet man als ersten Aspekt zur Wirkungsweise der gesetzlichen Normen die Diskussionen im Zusammenhang mit der Neufassung des Betriebsverfassungsgesetzes im Jahr 1972, so erscheinen insbesondere zwei Argumentationen von Bedeutung. Die erste beinhaltete die Hervorhebung der betrieblichen Übungen, die schon ohne Gesetzesänderung eine bestimmte VW-Praxis entstehen ließen und Partizipation erlaubten, die durch das neue Gesetz verbindlich wurden. Die zweite Argumentation begründete einen Anspruch der Interessenvertretung, der auf Sicherung des erreichten VW-Zustandes einerseits und auf den Ausbau von Einflüssen mit Hilfe des neuen Gesetzes andererseits hinauslief. Unter der Überschrift »Mehr Rechte für den Arbeitnehmer – das neue Betriebsverfassungsgesetz bringt erweiterte Mitwirkungs- und Mitbestimmungsrechte« berichtete die VW-Mitarbeiterzeitung »Autogramm« 1972, »noch ehe die parlamentarische Beratung des am 19. Januar 1972 in Kraft getretenen neuen Betriebsverfassungsgesetzes einsetzte, hatte die Praxis unseres Unternehmens das alte Gesetz in vielen Bereichen bereits hinter sich gelassen«. Damit wurde nicht nur von der Unternehmensseite eingestanden, daß die gesetzlichen Normen in den fünfziger und sechziger Jahren der Interpretation und tatsächlichen Veränderung unterlagen: gleichzeitig wurde auch der Bereich der Ausweitung von Einflußrechten angedeutet. »Ein wesentlicher Vorteil des jetzt geltenden Rechts besteht deshalb darin, daß bei uns schon lange bewährte Verfahrensweisen der Zusammenarbeit zwischen Arbeitgeber und Betriebsrat nunmehr gesetzlich abgesichert sind.« (»Autogramm« vom 22. Februar 1972, S. 7.) Auch von der Interessenvertretung wurden die erweiterten Mitbestimmungsrechte in der Neufassung des Betriebsverfassungsgesetzes positiv hervorgehoben. Aber die erweiterten Mitbestimmungsrechte des neuen Gesetzes »führten zu einem beträchtlichen Arbeitsaufwand für die Betriebsratsarbeit. Gleichzeitig hat die Unternehmensleitung die Taktik eingeschlagen, ihre zusätzlichen Informationsaufgaben durch schriftliche Informationen stark zu erweitern«, meinte der Betriebsratsvorsitzende im Interview. Daraufhin wurden qualifizierte Mitarbeiter für den Betriebsrat gefordert, und diese Forderung wurde auch schrittweise realisiert: »Durch Verhandlungen mit der Unternehmensleitung wurde erreicht, daß Fachreferenten für den Betriebsrat eingestellt werden konnten. ... Ein Argument bestand darin, daß der Betriebsrat möglichst ohne große zeitliche Verzögerung Projekten der Unternehmensleitung nur zustimmen konnte, wenn sie auch gut vorbereitet im Betriebsrat diskutiert wurden. ... Fachreferenten werden auch durch die Zunahme von Tarifverträgen und Betriebsvereinbarungen notwendig.« (Interview)

Nicht nur der Umfang mit dem Betriebsverfassungsgesetz bzw. die Kenntnis der einzelnen Paragraphen bildeten die Arbeitsgrundlage für den Betriebsrat, sondern dessen Weiterentwicklung und seine Interpretation bestimmten das Handeln der Interessenvertretung. »Wir unternehmen immer den Versuch, durch das Instrument Betriebsrat vorhandene Rechte extensiv zu nutzen und darüber hinaus nach den jeweiligen betrieblichen Möglichkeiten diese auch weiterzuentwickeln. Wo nach dem Gesetz nur Mitwirkungsrechte vorgesehen sind, versuchen wir, Mitbestimmungsrechte durchzusetzen, was eben immer nur Schritt für Schritt gelingt. Insofern bin ich ganz froh, wenn die andere Seite des Hauses feststellt, ohne den Betriebsrat geht nichts.« (Interview)

Diese Interessenvertretungsstrategie stieß jedoch auch auf Schwierigkeiten, denn lange Zeit existierten unterschiedliche Auslegungen und damit Konflikte hinsichtlich der umfassenden und rechtzeitigen Unterrichtungspflicht des Arbeitgebers. »Praktisch erst in der jüngsten Zeit haben sich Regelungen ergeben, die für das Werk Wolfsburg festlegen, in welchem Umfang zu informieren ist und was der Begriff ›rechtzeitig‹ bedeutet. ... Wir bedauern, daß dies zunächst nur auf bestimmte Sektoren des Betriebes zutrifft. Nämlich für die Produktion und die Werksinstandhaltung. Alle anderen Bereiche des Werkes sind eigentlich von dieser umfassenden Information ausgeschlossen. Da müssen sicherlich Mittel und Wege gefunden werden, diese Einzelbeispiele auf das ganze Betriebsgeschehen auszuweiten.« (Interview) Hier könnte sich der Eindruck verfestigen, daß der Umgang mit gesetzlichen Normen fast durchgängig im Volkswagenwerk vonstatten ging. Dies scheint aber mehr für den Zentralbereich der Interessenvertretung zugetroffen zu haben, weniger dagegen für die Interessenvertretungsarbeit vor Ort: »Man liest ja das Betriebsverfassungsgesetz nicht immer durch; auch wenn man es gelesen hat, vergißt man es ab und zu. ... Im Hintergrund ist das Betriebsverfassungsgesetz natürlich vorhanden, das muß man ganz klar sehen, bloß laufe ich nicht mit dem Gesetz unterm Arm herum. Wichtig für die tägliche Arbeit sind vor allem die Tarifverträge. ... Es wird nach den Gesetzen gearbeitet. Wenn sich das richtig normalisiert, brauchst du sie nur im äußersten Notfall. Ich habe einmal demonstrativ die Arbeitsordnung mit zum Abteilungsleiter genommen. Da hat er mich groß angesehen und gefragt, ob ich meine Bibel mitgebracht habe.« (Interview) Diese Aussagen verdeutlichen die große Bandbreite des Umgangs mit gesetzlichen Normen und zeigen, daß sie in der Praxis nur in Ausnahmefällen konkret herangezogen werden, daß sie aber dennoch die Grundlage für das Handeln determinieren. Auch die Tendenz, »optimal die gesetzlichen Grundlagen auszuschöpfen, wobei gleichzeitig auch Vertreter der Unternehmensleitung nicht mehr bereit sind, Interpretationen, die über das Gesetz hinausgehen, zu akzeptieren«, schien eher für den Zentralbereich zuzutreffen, als für die Praxis vor Ort Wirkungen zu entfalten.« (Interview)

Die Bandbreite des Umgangs mit gesetzlichen Normen, deren teilweise recht legere Anwendung bei der Vertretungsarbeit im dezentralen Bereich und der ständige Versuch im zentralen Vertretungsbereich, gesetzliche Normen zu interpretieren, umzuformen und auf ihre Einhaltung zu pochen, zeigen eine wichtige Variante der Wirkungen bzw. der Bedeutung gesetzlicher Normen für die Interessenvertretungsarbeit. Konnte in den fünfziger und sechziger Jahren noch durchgängig die Tendenz festgestellt werden, möglichst auf die Anwendung gesetzlicher Normen zu verzichten und statt dessen einen hohen Grad informeller Verfahren aufrechtzuerhalten, so integrierte nun die Interessenvertretung die gesetzlichen Normen in ein umfassendes Vertretungskonzept. Der soziale Konsens wurde nun durch fixierte Regelungen formal gesichert. Einflüsse wurden nicht nur informell, sondern institutionell manifestiert und durch Betriebsvereinbarungen, Protokollnotizen usw. längerfristig stabilisiert. Das folgende Beispiel soll das Zusammenspiel von gesetzlicher Norm und Ausweitung von Rechten der Interessenvertretung zeigen und darlegen, wie gesetzliche Normen und konkretes Handeln miteinander verknüpft wurden.

Nach dem Betriebsverfassungsgesetz hat der Betriebsrat nur eingeschränkte Mitbestimmungsrechte bei Rationalisierungsprojekten des Unternehmens. Folgt man dem Gesetzestext und den Gesetzeskommentaren, so hat der Betriebsrat ausschließlich Informationsrechte. Der Streit im Volkswagenwerk richtet sich aus der Sicht der Interessenvertretung zum einen auf die Wahrnehmung dieser Informationsrechte und zum anderen auf die Ausweitung der Informationsrechte mit dem Ziel der Beeinflussung konkreter Rationalisierungsmaßnahmen im Interesse der Arbeitnehmer; das bedeutet insbesondere, daß der Betriebsrat die notwendigen Informationen bereits in der Planungsphase erhält. Dabei ist es wesentlich, nicht nur über den Arbeitsplatzabbau Informationen zu erhalten, sondern darüber hinaus auch über die Veränderungen der Arbeitsinhalte, der Qualifikationsanforderungen und der Arbeitsplatzstrukturen insgesamt. Die immense Steigerung des Investitionsvolumens im VW-Konzern, insbesondere in den Jahren 1978 bis 1980 und über das Jahr 1980 hinaus, veranlaßte den Betriebsrat, die Forderung zu erheben, mit der Unternehmensleitung eine umfassende Betriebsvereinbarung zu allen Planungsvorhaben und den damit verbundenen Rationalisierungsmaßnahmen innerhalb des Unternehmens abzuschließen. Dies lehnte die Unternehmensleitung ab. Gleichzeitig konnte jedoch der erste Einstieg in eine mögliche zukünftige Betriebsvereinbarung erfolgen, indem die Unternehmensleitung mit dem Betriebsrat eine Betriebsvereinbarung abschloß, die neben der rechtzeitigen und umfassenden Information auch die Beratung über Rationalisierungseffekte durch Systeme der Informationsverarbeitung beinhaltete. Mit dieser Betriebsvereinbarung wurde erreicht, daß kontinuierliche Abstimmungsgespräche zwischen Vertretern der Unternehmensleitung und Vertretern der betrieblichen Interessenvertretung stattfinden müssen. Aus der unterschiedlichen Interessenlage (die Unternehmensleitung will einen Rationalisierungseffekt, also Kosten einsparen, und der Betriebsrat will negative Auswirkungen für die Beschäftigten verhindern) wird deutlich, welche Schwierigkeiten bei den einzelnen Verhandlungen auftraten. Durch eine Konkretisierung der Betriebsvereinbarung mit Hilfe von Checklisten wurde es notwendig, zu jeder einzelnen Maßnahme schriftliche Abschlußberichte zu fertigen, die von beiden Verhandlungspartnern unterzeichnet werden mußten. Diese Checkliste war eine Art Kennziffersystem, in dem erstens eine technische Beschreibung des Systems, zweitens eine Beschreibung der Veränderung des betreffenden Arbeitsplatzes mit Arbeitsinhalten und veränderten Qualifikationsanforderungen für die Mitarbeiter festgeschrieben wurde; drittens wurden die personellen Auswirkungen für die betreffende Abteilung aufgeführt, und viertens wurde der wirtschaftliche Umfang der entsprechenden Investitionsmaßnahme bzw. eine Kosten-Nutzen-Rechnung dargelegt. Erst wenn eine ausgefüllte Checkliste vorlag, wurden die eigentlichen Beratungen zwischen Unternehmensvertretern und Betriebsrat aufgenommen. Auf diese Weise konnten Einflüsse auf Rationalisierungsmaßnahmen ausgeübt werden, wobei die Strategie der Interessenvertretung darauf abzielte, durch schriftliche Berichte und Protokollnotizen eine umfassende Betriebsvereinbarung zu realisieren.

Zusammenfassend kann festgehalten werden, daß seitens der betrieblichen Interessenvertretung eine Art »Politik der kleinen Schritte« praktiziert wurde, um eine umfassende Forderung, zum Beispiel in der Frage des Rationalisierungsschutzes bzw. der Mitbestimmung, auch gegen die Unternehmensleitung langfristig durchzusetzen. Die Unternehmensleitung befand sich damit im Konflikt, einerseits eine umfassende Forderung ablehnen zu können, andererseits aber, um ein Procedere zu ermöglichen, Teilforderungen des Betriebsrates akzeptieren zu müssen. Dieses exemplarische Beispiel des Umgangs mit gesetzlichen Normen im Zentralbereich der Interessenvertretung und im Dialog mit der Unternehmensleitung verdeutlicht nicht nur eine Strategie der Ausweitung von Mitbestimmungsmöglichkeiten. Hier zeigt sich vielmehr ein Verhalten, das fixierte Normen als Legitimationsgrundlage für eigene Einflüsse fordert.

Inwieweit in dieser Strategie der Interessenvertretung auch Gefahren liegen, kann hier nur gestreift werden. Der Praktiker vor Ort wird die Entstehung eines Gestrüpps von Einschränkungen und Ansprüchen befürchten, das nicht nur für die betroffenen Arbeitnehmer, sondern schließlich auch für ihre Repräsentanten und die für die Verwirklichung dieser Vereinbarungen zuständigen betrieblichen Stellen undurchschaubar und unpraktikabel werden könnte. Gerade hierdurch könnten Entfremdungen zwischen den Ebenen der Interessenvertretungspolitik entstehen, die, wie auch vorgefunden, zu unterschiedlichen Anwendungs- und Handlungsvollzügen führen. Die Folge wäre ein Expertentum, sowohl auf seiten der Interessenvertretung als auch auf seiten der Unternehmensleitung. Fragt man jedoch nach der Bedeutung der gesetzlichen Normen, ihrer Interpretation und Anwendung im Gesamtzusammenhang mit dem Vertretungskonzept, so ist auffällig, daß die Merkmale, die ein selbstbewußtes Agieren der Interessenvertretung bzw. ein stetiges Streben nach Gleichberechtigung zeigen, eine Grundlage und Absicherung durch die normative Fixierung erfuhren. Die gesetzlichen Normen liefern den formalen Anspruch, und ihre VW-typische Interpretation ermöglicht eine umfassende Teilhabe an der unternehmenspolitischen Entscheidungsgewalt.

Besonders augenfällig wird dieser Zusammenhang, wenn man das Bündel der normativen Fixierung mittels Betriebsvereinbarungen und Tarifverträgen hinzunimmt. Im Vertretungskonzept ist vorgesehen, auf mündliche Vereinbarungen, betriebliches Gewohnheitsrecht usw., anders als in den fünfziger und sechziger Jahren, möglichst zu verzichten und die schriftliche Form zu wählen. Die Rangstufe beginnt mit einer Protokollnotiz, führt zu einer Betriebsvereinbarung und findet ihren Abschluß in einer tarifvertraglichen Vereinbarung. Die Summe dieser Regelungen ergab eine interne Fixierung von Ansprüchen und Verfahrensregeln, die zum einen die unternehmenspolitische Autonomie des Werkes und ihrer handelnden Personen unterstreichen, zum anderen erst einen sozialen Konsens ermöglichten, der als stabilisierende Wirkung mit den VW-typischen Regelungswerken verflochten war. Hier bildete sich durch den Haustarifvertrag ein Verhaltens- und Anspruchskodex, der über weite Zeiträume soziale Konflikte und punktuelle Machtkonstellationen kanalisierte. Sowohl die Unternehmensleitung als auch die Interessenvertretung strebten danach, die betriebliche Praxis bzw. betriebliche Übungen durch Betriebsvereinbarungen und Bestimmungen in den Tarifverträgen verbindlich zu regeln. Die tarifvertraglichen Bestimmungen wurden zur Richtschnur und Orientierungslinie im Handeln der Interessenvertretung. Hiermit wurden Ansprüche legitimiert, Interpretationen äußerst eng begrenzt und das eigene Durchsetzungs- bzw. Verteidigungsverhalten entsprechend ausgerichtet.

4.2.2 Belegschaft und Interessenvertretung

Es zeigte sich weiterhin ein Belegschaftsverhalten, das eine Interessenvertretung zu unterstützen bereit war, die materiell erfolgreich für die Belegschaft agiert und genug Einfluß besitzt, um individuellen Schutz und Sicherung des sozialen Besitzstandes zu gewährleisten. Belegschaftsaktivitäten konnten nur nach dieser Maßgabe initiiert werden; durchgängig begleitete die Belegschaft die Arbeit der Interessenvertretung je nach Bedeutung der Handlungsvollzüge und Forderungen mit Distanz und Duldung, aber wenig kritisch. Die Interessenvertretung ihrerseits konzentrierte sich in Definition und praktischer Erfüllung ihres Vertretungsauftrages entsprechend der Belegschaftserwartungen auf ein Handeln, das repräsentativ strukturiert war und die Belegschaft nur sporadisch in das Vertretungskonzept einbezog. Eine Verankerung in der Belegschaft wurde mit einem Vertretungsprinzip angestrebt, das sich durch selektive Aufgaben- und Forderungswahrnehmung sowie auch bestimmte Problemverlagerungsstrategien definieren läßt und das durch eine große Anzahl gewählter Vertreter – Vertrauensleute und Betriebsratsmitglieder – stabilisiert wurde. Die Bereitschaft der Belegschaft, dem zu folgen, und die Sicherheit, diese erforderlichenfalls aktiv in das Vertretungskonzept einbinden zu können, wurde ferner durch publizistische Mittel gesichert.

Konnte durch öffentlichkeitswirksame Aktionen bei der Auseinandersetzung um die Sicherung der Erfolgsprämie oder in der Tarifrunde 1978 der Eindruck entstehen, daß sich das Belegschaftsverhalten im Vergleich zu den fünfziger und sechziger Jahren nun verändert hatte, so erwies sich die Belegschaft in der Krise des Unternehmens oft als passiv. In der Zeit der ersten Krisentendenzen des Unternehmens trat ein Aufwärtstrend in der gewerkschaftlichen Organisationsbereitschaft ein, und die Kürzungen der »Erfolgsprämie« wurden durch spontane Belegschaftsproteste abgewehrt. Die Beschäftigungskrise 1974/75 wurde innerhalb der Belegschaft als unabwendbar verstanden und setzte kein Konfliktpotential frei. Die Tarifrunde 1978 hingegen wurde aktiv von der Belegschaft begleitet, und der Tarifabschluß führte zu umfangreichen Belegschaftsdiskussionen. Lassen diese Einzelbeispiele erwarten, daß das spektakuläre Belegschaftsverhalten Ausdruck einer engagierten und politisch untermauerten Bewußtseinshaltung sein könnte, so finden sich auch Merkmale, die eher das Gegenteil bestätigen. Politische Abstinenz, gepaart mit materiellen Erwartungen hinsichtlich des Ergebnisses der Arbeit der Interessenvertretung, veränderten sich weder in den Krisenjahren des Unternehmens, noch wurde eine veränderte Belegschaftsorientierung in der übrigen Zeit sichtbar. Zu fragen ist jedoch, warum das Verhältnis zwischen Belegschaft und Interessenvertretung trotz der vielfältigen Belastungsumstände so relativ konstant geblieben ist und warum die Belegschaft die Interessenvertretung bei der Austragung bedeutender Konflikte umfassend unterstützte bzw. ihr die Gefolgschaft nicht verweigerte.

Eine Begründung eröffnet sich durch das Verhältnis zwischen Heinrich Nordhoff und der Belegschaft. Die Philosophie der VW-Familie wurde durch seine Person repräsentiert. Seine Nachfolger dagegen strebten weder dieses Image an, noch konnten sie auch nur Belegschaftsakzeptanz durch Vertrauen und Sympathie erreichen. Anders stellte sich dies für die Interessenvertretung dar. Nach Nordhoffs Tod wurde sie durch die zweite Autorität der fünfziger und sechziger Jahre, Hugo Bork, repräsentiert. Gerade die gewerkschaftliche Eintrittswelle in diesen Jahren zeigt, daß sich die Belegschaft neu orientierte und nun Schutz bei der Interessenvertretung suchte. Diese Neuorientierung basierte auf der Erfahrung, daß die Arbeit der Interessenvertretung in den fünfziger und sechziger Jahren materiell erfolgreich verlaufen war.

Eine weitere Begründung liefert der wirtschaftliche Einschnitt mit Kurzarbeitsphasen und Produktionsumstellungen. Die Furcht um die eigene Existenz und die erstmalige Erfahrung, daß auch das Volkswagenwerk nicht für alle Zeiten ein prosperierendes Unternehmen sein könnte, führten zu einer Hinwendung zur Interessenvertretung. Die charakteristische Grundhaltung der politisch abstinenten Belegschaft äußerte sich in der Inanspruchnahme der Interessenvertretung als Geber von Dienstleistungen. Dieser Belegschaftserwartung entsprach die Interessenvertretungspolitik, indem sie für und nicht mit der Belegschaft Erfolge realisierte.

Verteilung und Ausgleich strukturierten das Verhältnis ebenso wie Konfliktbeseitigung durch Delegation auf höhere Hierarchieebene: Der Vertrauensmann nahm sich in der Regel eines aufgetretenen Problems an und trug es dem zuständigen Betriebsratsmitglied vor. Das Betriebsratsmitglied wiederum vereinbarte einen Termin mit dem zuständigen betrieblichen Vorgesetzten und diskutierte es mit ihm, wenn möglich, abschließend, indem man Kompromisse schloß. Trat keine Einigung ein, mußten sich weitere betriebliche Vorgesetzte und weitere Betriebsratsmitglieder mit dieser Angelegenheit auseinandersetzen. Erst nach längerer Zeit, und oftmals auf Umwegen, konnte der Betroffene erfahren, wie nun der Konflikt bereinigt wurde. Er war weder über die Schritte der Konfliktlösung noch als aktiv Handelnder einbezogen.

Zur Information der Belegschaft wirken Unternehmensleitung und Interessenvertretung jeweils mit eigenen Publikationen getrennt auf die Belegschaft ein. Zu Beginn der siebziger Jahre wurde erstmals eine eigene VW-Mitarbeiterzeitung von der Unternehmensleitung herausgegeben: »Diese Informationsschrift für die Mitarbeiter und Pensionäre aller Werke der Gruppe Volkswagenwerk AG erscheint mit einer Auflage von 138 000 Exemplaren und wird kostenlos abgegeben.« (»Autogramm«, Nr. 1 vom 22. Februar 1972.) Die monatlich erscheinende Zeitung mit einem Umfang von etwa zwölf Seiten erschien in Form einer normalen Tageszeitung und wurde von der Interessenvertretung in den ersten Jahren mehr oder weniger boykottiert. Offener Widerstand wurde diesem Blatt allerdings nicht entgegengebracht, da es zwar einerseits ein Sprachrohr der Geschäftsleitung war, aber andererseits von dieser nicht als Kampfinstrument gegen die Interessenvertretung mißbraucht wurde. Insbesondere bei der Berichterstattung über Betriebsversammlungen wurde ausgewogen jeweils die Stellungnahme der Geschäftsleitung und die des Betriebsrates in Kurzform wiedergegeben.

Zur Information der Belegschaft gibt der Gesamtbetriebsrat seit 1977 in unregelmäßigen Abständen das rund achtseitige Blatt »BR-kontakt« heraus. Diese Schrift soll, wie es in der ersten Ausgabe hieß, »über aktuelle Probleme berichten, Fragen von grundsätzlicher Bedeutung diskutieren, über die Arbeit der Betriebsräte informieren, arbeits- und sozialrechtliche Themen aufgreifen und fachliche Informationen mit der Darstellung gegensätzlicher Standpunkte verbinden«.

Durch die Vertrauensleute wird neben »BR-kontakt« auch die Zeitung »Metall« und das Nachrichtenblatt der Verwaltungsstelle im Betrieb verteilt. Bis 1973 erschien die Publikation der Verwaltungsstelle unter dem Titel »Wir vom Volkswagenwerk Wolfsburg. Nachrichtenblatt für die Mitglieder der IG Metall«. Der Name wurde in »Wir Metaller im Volkswagenwerk Wolfsburg. Nachrichtenblatt für die Mitglieder der IG Metall« geändert. Daneben werden auch Flugblätter zur schnellen Tarifinformation sowie Lohntafeln, Informationen über Leistungen nach dem Manteltarifvertrag usw. herausgegeben. Flugblätter verteilen auch der CMV und die DAG sporadisch im Betrieb, insbesondere zu Wahlzeiten.

Auch die Vorbereitung und Durchführung der Tarifrunden im VW-Werk (eine Ausnahme bildete die Tarifrunde 1978) wurden durch die Interessenvertretung ohne Einbeziehung der Belegschaft betrieben. »Früher war zur Vorbereitung der Tarifrunden der Vorstand der IG Metall tätig, und er hat natürlich auf die unteren Ebenen eingewirkt. Das hat in den letzten Jahren dazu geführt, im Vorfeld die Meinungen der Kollegen im Betrieb zu erfahren und diese bei der Forderung mit zu berücksichtigen. Doch das ist eine echte Grauzone. So kann man in vielen Fällen feststellen, daß einzelne Vertrauensleute ihre persönliche Meinung als Gruppenmeinung ausgeben. In der Umsetzung von Informationen passieren Filterungen, die weder sachgerecht noch sachdienlich sind.« (Interview) Dieser Sondierungsprozeß an der Basis im Vorfeld der Tarifrunden weist darauf hin, daß erste Schritte zur vermehrten Einbeziehung der Belegschaft in die Interessenvertretungspolitik gemacht wurden. Indizien für eine veränderte Strategie waren dies jedoch noch nicht. Dazu die Vertreter der Verwaltungsstelle: »Jede Tarifrunde ist anders. Es gibt Tarifrunden, das sind fast Selbstgänger. Die letzten Jahre haben uns härtere Auseinandersetzungen gebracht ... Es gibt auch viele, die sagen, warum gleich den großen Hammer rausholen.«

Die Reaktionen der Belegschaft in besonderen Fällen hingen mit deren sensiblen Empfinden in materiellen Fragen zusammen. Dabei war es unerheblich, ob Kritik an der Unternehmensleitung oder an der Interessenvertretung angebracht schien. Bei der angekündigten Kürzung der Erfolgsprämie durch den Leiding-Vorschlag rebellierte die Belegschaft gegen den VW-Vorstand und drängte die Interessenvertretung zur Opposition. In der Phase des drastischen Personalabbaus in den Jahren 1974/75 wurden Belegschaftsforderungen artikuliert, die sich nicht auf die Reduzierung der Arbeitsplätze bezogen, sondern auf die Höhe der materiellen Anreize der Aufhebungsverträge. Die Auseinandersetzungen während der Tarifrunde 1978 und die Belegschaftskritik am Abschluß des Tarifvertrages wurden hervorgerufen durch die Enttäuschung materieller Erwartungen. Da die Forderungen der Interessenvertretung in den Krisenjahren mit Rücksicht auf die Sanierung des Unternehmens zurückhaltend waren, sollten sie in der Tarifrunde 1978 durchgesetzt werden. Da dies jedoch nur in Teilen gelang, wurde das Tarifergebnis im Betrieb heftig kritisiert.

Die Einbeziehung der Belegschaft in ein umfassendes Vertretungskonzept ist offensichtlich auch in der Zeit der Krisen weder angestrebt, noch durch Einzelmaßnahmen erprobt worden. Die Belegschaft nahm nur dann eine Funktion in der Arbeit und der Umsetzung von Interessenvertretungspolitik wahr, wenn ihre Mobilisierung als letztes Mittel in der Auseinandersetzung mit der Unternehmensleitung nicht mehr ausgespart werden konnte. Daß man dieses äußerste Druckmittel nur mit besonderer Sorgfalt und Vorsicht einsetzte, rührte her aus der Befürchtung, daß die Belegschaft nur mit geringer Resonanz die Forderung der Interessenvertretung unterstützen könnte und daß der möglicherweise eintretende Verlust der Belegschaftsakzeptanz für die Interessenvertretungsarbeit womöglich zur Stärkung der Position der Unternehmensleitung führen würde. Gerade die bewußte Steuerung der Belegschaftsreaktionen trug zur Stärkung der Interessenvertretungsposition bei – nicht etwa die ständige Verflechtung der Belegschaft in die Aktionen der Interessenvertretung.

4.2.3 Gewerkschaftliche Organisation und Vertrauensleute

Betriebliche Interessenvertretungspolitik und Identifikation mit der IG Metall sowie eine durchgängig gewerkschaftlich legitimierte Vertretungspolitik formten eine gesetzliche und gewerkschaftliche Institution, die sich selbst als gewerkschaftliche Vertretung verstand und den Zuspruch der Belegschaft realisieren konnte. Betriebsratsmitglieder, hauptamtliche Funktionäre der IG Metall und gewerkschaftliche Vertrauensleute bildeten eine geschlossene Einheit und sind miteinander in einem eng geknüpften Vertretungskonzept verwoben. Inhaltliche und personelle Verzahnungen betrieblicher und außerbetrieblicher Willensbildungs- und Entscheidungsgremien festigten die Verbindung der betrieblichen und der gewerkschaftlichen Interessenvertretungspolitik. Begünstigt durch die Möglichkeit, mittels des Haustarifes Gewerkschaftspolitik betreiben zu können, dominierten die Mitglieder des Leitungsorgans Betriebsausschuß in der gewerkschaftlichen Organisation. Tarifpolitik, gewerkschaftliche Organisationssicherung und Förderung der Vertrauensleutearbeit obliegen vor allem den Betriebsräten und in letzter Zuständigkeit dem Betriebsausschuß.

Einen Einblick in die gewerkschaftliche Organisation vermittelt die Betrachtung der Arbeit der Vertrauensleute und ihre Stellung in der betrieblichen Interessenvertretungsorganisation der IG Metall. Im einzelnen zeigen sich folgende Arbeits- und Organisationsmerkmale der gewerkschaftlichen Vertrauensleutearbeit: Die Sitzungen der Vertrauensleute finden während der Arbeitszeit im Betrieb statt. Ihre Gewerkschaftsarbeit können sie weitgehend ungehindert neben ihrer beruflichen Tätigkeit ausüben. Im Durchschnitt werden von einem Vertrauensmann 22 bis 25 Mitglieder vertreten (Wirkungsbereich des Vertrauensmannes). Gewählt wird der Vertrauensmann durch die IG-Metall-Mitglieder eines Wirkungsbereiches (Arbeitsgruppe eines Produktionsbereiches, Teilgruppe eines Fließbandes, Arbeitnehmer einer Transportgruppe, Angestellte eines technischen Bereichs usw.).

Die konkrete Arbeit eines Vertrauensmannes in seinem Wirkungsbereich beinhaltet:

- die Informationsübermittlung von den Vertrauensleutesitzungen in die Arbeitsgruppe und das Verteilen gewerkschaftlicher Publikationen;
- die Rückkoppelung von Meinungen der Mitglieder zu betrieblichen und gewerkschaftlichen Problemen in die Gremien;
- die Vermittlungsfunktion bei Streitigkeiten zwischen Mitgliedern und betrieblichen Vorgesetzten;
- Beratung des Betriebsrates bei Fragen der Zustimmung zu Überstunden und Mehrarbeit der Arbeitsgruppe;
- die Beteiligung bei der Lohnermittlung;
- bei Abwesenheit des Betriebsratsmitglieds ist der Vertrauensmann wichtiger Ansprechpartner in Mitbestimmungsfragen.

Zur Koordination dieser Arbeit vor Ort und zur kontinuierlichen und systematischen gewerkschaftlichen Arbeit finden Sitzungen im Monatsrhythmus statt. Die Sitzungsgruppen sind in vier Großbereiche zusammengefaßt: für die Produktionsbereiche Nord, Süd, für die Vertrauensleute im Zeitlohnbereich (vor allem Facharbeiter) und Angestellte (insgesamt gibt es 24 derartige Gruppen). Daneben wurden auch die Sitzungsgruppen der jugendlichen Arbeitnehmer zu einem Großbereich zusammengefaßt. Die ausländischen Vertrauensleute treffen sich neben den Sitzungen in den Bereichen noch zusätzlich einmal im Monat und die Vertrauensfrauen alle drei Monate. Zur kurzfristigen Vermittlung aktueller Gewerkschaftsfragen und zur Kandidatenaufstellung finden drei bis vier Großbereichssitzungen aller Vertrauensleute, getrennt nach Schichten, innerhalb eines Jahres statt. Diese Zusammenkünfte entscheiden durch Wahlen über den Listenführer (Spitzenkandidaten), den Vorsitzenden der Lohn- und Akkordkommission, den Geschäftsführer des Betriebsrates und über die Koordinatoren des Betriebsrates für die Großbereiche zur Betriebsratswahlliste. Dieser Personenkreis nimmt die Spitzenplätze der IG-Metall-Liste ein. Die Großbereichsversammlungen beraten auch über Anträge und nehmen Berichte der Großbereiche und des Betriebsrates entgegen. Für alle Zusammenkünfte der Vertrauensleute (sie finden sämtlich während der Arbeitszeit statt) werden nur mündliche Absprachen mit der Personalabteilung vorgenommen. Auch in Konfliktsituationen (Arbeitsniederlegungen usw.) sind Probleme hinsichtlich der Freistellung nicht aufgetreten.

Die IG-Metall-Fraktion ist Bestandteil der gewerkschaftlichen Organisation. Als wichtigstes gewerkschaftliches Beratungs- und Beschlußorgan im VW-Werk Wolfsburg finden ihre Zusammenkünfte einmal im Monat, in besonderen Fällen auch häufiger, während der Arbeitszeit im Werk statt. Die Fraktion setzt sich aus den in der IG Metall organisierten Betriebsratsmitgliedern, Vertrauenskörperleitung und zwei Jugendvertretern zusammen. Die IG-Metall-Verwaltungsstelle nimmt mit ihren hauptamtlichen Mitarbeitern beratend an diesen Zusammenkünften teil; ebenso auch die Mitarbeiter des Betriebsrates. Die Beschlüsse der Fraktion werden zur verbindlichen Gewerkschaftsmeinung für Betriebsräte und Vertrauensleute im Betrieb.

Die Darstellung der Organisation der IG Metall im VW-Werk zeigt, daß formal alle Voraussetzungen geschaffen wurden, um auf allen Handlungsebenen des Betriebes eine gewerkschaftliche Vertretung sicherzustellen. Am Verlauf des Informationsflusses wird dies am deutlichsten. Gleichzeitig werden hier wichtige Elemente zur Gewichtung der Vertrauensleute hinsichtlich ihres Stellenwertes in der betrieblichen Interessenvertretung beschrieben. Auf der zentralen Entscheidungs- und Politikebene existieren drei konkrete Nahtstellen zur Einbeziehung der Vertrauensleute. Der erste Schnittpunkt besteht in der wöchentlichen Informationsübermittlung nach den Betriebsausschußsitzungen. Die zweite Ebene der Zusammenarbeit ergibt sich durch die Zusammensetzung der

Vertrauenskörperleitung; hier arbeitet ein Betriebsausschußmitglied ständig mit. Die dritte und wohl wichtigste Ebene der Zusammenarbeit bildet die IG-Metall-Fraktion im Werk. Das Schwergewicht der Arbeit der IG-Metall-Fraktion liegt eindeutig auf der Informationsweitergabe und der Diskussion. Es berichten die Betriebsausschußmitglieder über ihre Arbeit und über ihre Beschlüsse, die IG-Metall-Verwaltungsstelle gibt Informationen über anstehende Veranstaltungen und Kampagnen, und die Mitglieder der Vertrauenskörperleitung geben ihre Arbeitsergebnisse diesem Gremium weiter. Vor wichtigen unternehmenspolitischen Entscheidungen und vor dem Abschluß von Betriebsvereinbarungen wird die Meinung der IG-Metall-Fraktion eingeholt. Abstimmungsergebnisse haben für das Handeln des Betriebsausschusses und des Betriebsrates empfehlenden Charakter. Das stärkste Gewicht entfaltet die IG-Metall-Fraktion bei anstehenden Betriebsratswahlen hinsichtlich der Modalitäten zur Kandidatenaufstellung und zur Führung der jeweiligen Wahlkämpfe. Hier wird die IG-Metall-Fraktion für die zu treffenden Entscheidungen der Vertrauensleutesitzungen vorbereitend tätig. In den Sitzungsgruppen und Leitungen sind gleichfalls die Betriebsratsmitglieder vertreten, um Informationen weiterzugeben und gleichzeitig andere Informationen aufzunehmen und weiterzuleiten. Auch vor Ort ist die lückenlose Verknüpfung von Vertrauensleuten und Betriebsräten gegeben. Welche konkrete Rolle der Vertrauensmann in der Praxis der Interessenvertretungsarbeit ausfüllt, kann nur ein Spektrum von teilweise unterschiedlichen und teilweise sich ergänzenden Äußerungen eröffnen. Unbestritten ist jedoch die Funktionswahrnehmung in der Arbeit vor Ort: »Ich meine schon, daß der Vertrauensmann eine ganz wichtige Rolle einnimmt, weil er ja der direkte Vertreter der Arbeitsgruppe ist . . ., und daß er sich freizügig im Rahmen seiner Aufgabenstellung bewegen kann, wie anderswo nur gewählte Betriebsratsmitglieder dies können. . . . Daran wird deutlich, daß man ihn ernst nimmt und auch genau weiß, gerade in Großbetrieben sind ohne tüchtige Vertrauensleute die Probleme nicht zu bewältigen.« (Interview) Der Vertrauensmann kann als Hilfsorgan der Betriebsratsarbeit oder als gleichberechtigter Partner betrachtet werden, wie in weiteren Interviews bekräftigt wird: »Wir haben die Vertrauensleute. Das sind ja eigentlich die verlängerten Arme des Betriebsrates. Du kannst bei der Größe deines Betreuungsbereiches ja nicht alles abdecken. Die Vertrauensleute sollen die auftretenden Probleme mit mir absprechen, mir sagen, was bei ihnen los ist.« – »Man muß in der Zusammenarbeit von Betriebsrat und Vertrauensmann eine vernünftige Synthese herstellen.« – »Ich vertrete den Standpunkt, mit den Vertrauensleuten kollegial und vertrauensvoll zusammenzuarbeiten.« Äußerungen, die insbesondere den Gewerkschaftsaspekt für die Vertrauensleute hervorhoben, gab es nur im Zusammenhang mit Tarifauseinandersetzungen. Noch weniger verbreitet war die Auffassung, daß der Vertrauenskörper als Kontrollorgan für die Betriebsratsarbeit wirken solle. In diesem Zusammenhang wurde darauf verwiesen, daß die Vertrauensleute die Kandidatenliste aufstellen und somit die Möglichkeit hätten, schwache Betriebsratsmitglieder von der neuen Liste fernzuhalten. Aus dem Verständnis der einzelnen Betriebsratsmitglieder, als Gewerkschafter und Vertrauensmann im Betrieb aktiv zu sein, leiten sie im Einklang mit den Organen des Vertrauenskörpers ihre dominierende Funktion in der Interessenvertretungsarbeit insgesamt ab. Konflikte sind hier nicht zu nennen, doch wenn sie auftreten, sind sie mit Wahlen zu Leitungsorganen und Nachfolgeabsichten bei Kandidatenaufstellungen verbunden.

Der problemlose Einklang zwischen gesetzlicher und gewerkschaftlicher Vertretung, die gemeinsame Interessenvertretung, fand auch die volle Unterstützung der gewerkschaftlichen Organisation durch die örtliche Verwaltungsstelle: »Zu dieser Arbeit gehört eben der Begriff ›Zusammenarbeit‹, das heißt der Gleichklang zwischen Verwaltungsstelle, Vertrauenskörper bis hinein in die Sitzungsgruppen, Betriebsratsmitglieder in der Halle genauso wie oben im geschäftsführenden Ausschuß. Das ist eine konzertierte Aktion, wobei die eine Ebene durch die andere ergänzt wird.« (Interview mit dem Bevollmächtigten.) Auch im Selbstverständnis zeigen sich die Parallelen: »Die Gewerkschaften müssen auf die Politik des Unternehmens Einfluß ausüben ... Über ihre Instrumente im Betriebsrat, im Aufsichtsrat ... mitbestimmen zur Sicherung der Arbeitsplätze. Aber gleichzeitig auch dafür zu sorgen, daß das Unternehmen gesund bleibt und Gewinne produziert ... Mitbestimmung sagen wir ja, heißt aber auch Mitverantwortung.« Aber auch in der konkreten Zusammenarbeit zwischen Verwaltungsstelle und Interessenvertretung traten bzw. treten keine Probleme auf. Die ungehinderte Teilnahme an Sitzungen, der reibungslose Informationsaustausch und die gemeinsame Arbeit in gewerkschaftlichen bzw. betrieblichen Organen verursachen keine Reibungsansätze. Die Verwaltungsstelle ist voll in die Arbeit und Willensbildung der betrieblichen Interessenvertretung eingebunden; sie ist untrennbarer Bestandteil ihrer Politik. »Bei bestimmten Dingen werden wir ausdrücklich aufgefordert, uns zu beteiligen. Die Frage des Werkszugangs ist für uns kein Problem. Natürlich ist es so, daß der Betriebsrat sich schon einen gewissen Apparat geschaffen hat, Mitarbeiter, die uns entlasten, so daß wir an bestimmten Stellen nicht mehr gefordert sind. Unser Rechtsschutzsekretär zum Beispiel wird im Volkswagenwerk zur direkten Beratung des Betriebsrates eigentlich nicht mehr gebraucht, weil sie selbst genügend Leute haben«, so der Vertreter der Verwaltungsstelle. Das Schwergewicht liegt auf der Aufgabenteilung auf dem Tarifgebiet und der Vorbereitung von Tarifrunden: »Tarifauseinandersetzung wird hier bei der IG Metall vorbereitet und mit der Vertrauenskörperleitung und dem Betriebsrat diskutiert. Doch die Führungsfunktion liegt bei der IG Metall.« Organisatorisch werden die Vertrauensleute in die Vorbereitung einbezogen. Gleichzeitig werden ihnen durch Arbeitskreise auch Einflußmöglichkeiten auf die Willensbildung eröffnet. »In den Sitzungsgruppen wird die jeweilige Tarifrunde vorbereitet. Auch existieren übergreifende Arbeitskreise, ... wo Vertrauensleute kontinuierlich diese Frage besprechen ... Jeder Bereich hat einen Vertrauensmann für diesen Arbeitskreis abgestellt, das ist kein zufällig gebildeter Kreis, sondern die Mitglieder sind gewählt worden. Die Tarifkommissionsmitglieder sind zum Teil mit eingebunden ... An jedem dieser Arbeitskreise ist ein hauptamtlicher Kollege beteiligt.« (Interview) Andererseits haben die Ergebnisse dieser Arbeitskreise nur vorbereitenden Charakter für die Große Tarifkommission. Doch können ihre Argumente und Vorschläge, zum Teil durch Personenidentität und durch Diskussion in den Sitzungsgruppen der Vertrauensleute, von Gewicht sein und die Mitglieder der Tarifkommission beeinflussen.

Vertrauensleute und die hauptamtlichen Gewerkschaftsbeauftragten (Bevollmächtigte der Verwaltungsstelle, Sekretäre usw.) unterstützen die betriebliche Orientierung und füllen Vertretungsbereiche aus, die ihrer Hierarchiestufe entsprechen. Besonders Arbeitsentfaltung und Anzahl der Vertrauensleute, die Beteiligung von Gewerkschaftsfunktionären im betrieblichen Willensbildungs- und Entscheidungsprozeß (IG-Metall-Fraktion) konnten Brüche und Fraktionierungen innerhalb der Interessenvertretung verhindern. Die Erfolge der IG Metall bei den Wahlen zum Betriebsrat und zum Aufsichtsrat bestätigen die Akzeptanz dieses Vertretungskonzeptes im gesamten Untersuchungszeitraum; auch konnte durch diese Art der gewerkschaftlichen Politik in Konfliktsituationen die Belegschaft mobilisiert werden.

Es zeigt sich, daß Partizipationsformen der fünfziger und sechziger Jahre ergänzt wurden durch weitere Handlungsfelder für die Interessenvertretung, die gegen den Widerstand der Unternehmensleitung verteidigt und von der Akzeptanz der Belegschaft begleitet wurden. Die betriebliche Herrschaftsordnung wurde nicht nur zugunsten der Interessenvertretung verändert, sondern die Interessenvertretung wurde außerdem zum festen Bestandteil eines betrieblichen Ordnungs- und Machtsystems, das auf der einen Seite die kapitalistischen Wirtschaftsbedingungen akzeptiert und auf der anderen Seite auf einen sozialen Interessenausgleich drängt. Es zeigt sich eine Interessenvertretung, die die Rolle eines »sozialen Gegenmanagements« übernahm und den betrieblichen Herrschaftsrahmen in allen Fragen der Unternehmenspolitik umfassend beeinflussen konnte. Dabei formt sie ihn durch eigenständige Initiativen aus und operiert mit Machtmitteln, die ihre Position untermauern, die Unternehmensleitung zur Kooperation veranlassen und betriebliche Verhältnisse trotz punktueller Konflikte stabilisieren. Gleichberechtigung gegenüber der Unternehmensleitung wurde zur Grundlage der Vertretungspolitik erhoben, zum anderen wurde eine Struktur für eine einheitliche gewerkschaftliche Interessenvertretung geschaffen, die sowohl betriebliche als auch gewerkschaftliche Ziele erfolgreich miteinander verbinden konnte. Von Bedeutung waren das konsequente und kontinuierliche Fortführen der Vertretungspolitik der fünfziger und sechziger Jahre und die Fähigkeit, sich nicht von unerwarteten Entwicklungen überraschen zu lassen, sondern durch den sensiblen Gebrauch der eigenen Machtmittel die Interessenvertretungspolitik je nach Sachlage zu modifizieren – ohne Abkehr von grundsätzlichen Orientierungen. Daß sich für die Interessenvertretung aus der Position der Unterlegenheit und des Ringens um Beteiligung und Akzeptanz ein Status der Gleichberechtigung entwickelte, ist darauf zurückzuführen, daß sie den Angriffen und Zurückdrängungsstrategien der Unternehmensleitung nicht auswich, sondern permanent auftretende, zum Teil provozierte Konfrontationen für sich entschied. Je nachhaltiger die Vorstandsvorsitzenden den sozialen Konsens gefährdeten, desto spürbarer wurde der Belegschaftsrückhalt für die Interessenvertretung. Die Konfliktbereitschaft auf beiden Seiten war keine Aufkündigung aller sozialen Beziehungen, sondern vielmehr ein »Schlagabtausch« zwischen Kontrahenten, die die Machtentfaltung der jeweils anderen Seite allein auf der Ebene des Unternehmens austrugen. Die Versuche der Unternehmensleitung, den Gleichberechtigungsstatus zu verändern, hatten zur Folge, daß die Interessenvertretung die errungene Machtkonstellation schon deshalb aufrechterhalten bzw. gegen die Angriffe der Unternehmensleitung verteidigen mußte, weil sie nur bei einem umfassenden Machterhalt die negativen Auswirkungen der ökonomischen Veränderungen sozial verträglich gestalten und die Folgen für die Belegschaft minimieren konnte. Gerade die Verteidigung des materiellen und sozialen Besitzstandes in der Krise war für die Interessenvertretung eine notwendige Voraussetzung, um die Belegschaftsakzeptanz zu erhalten. Anders als die Unternehmensleitung strebte die Interessenvertretung stets Gleichberechtigung an und nicht Machtüberlegenheit oder die Neubestimmung der kapitalistischen Besitz- und Produktionsverhältnisse. Grundsätze, wie die Notwendigkeit

der einzelbetrieblichen Rentabilität und der betrieblichen Sanierung nach den Prinzipien einer funktionierenden Kapitalverwertung, wurden zu keiner Zeit von der Interessenvertretung in Frage gestellt. Ihre Politik war vielmehr gekennzeichnet von dem ständigen Versuch, einen sozialen Interessenausgleich im Sinne der Belegschaft und des Unternehmens zu erreichen. Die am Konflikt Beteiligten – Unternehmensvorstand und Leitungsorgan der Interessenvertretung – achteten wiederum darauf, daß das »normale Tagesgeschäft« davon nicht berührt wurde und Konflikte keine soziale Dynamik entwickelten bzw. aus der Steuerung gerieten.
Verglichen mit den Erfahrungen aus den fünfziger und sechziger Jahren, überwiegen die Parallelen und nicht die Neubestimmung, denn die umfangreichen Beziehungsverflechtungen, Beeinflussungen und Rücksichtnahmen der Interessenvertretung gegenüber den Notwendigkeiten des Unternehmens blieben erhalten. Von der Interessenvertretung wurde auch das Prinzip beibehalten, den eigenen Handlungsrahmen am Machbaren zu orientieren und Handlungsspielräume im Sinne des Unternehmens zu interpretieren sowie kompromißhafte Regelungen als Vertretungserfolge herauszustellen und die Kommunikation mit den Vertretern des Unternehmens als zwingende Voraussetzung für das eigene erfolgreiche Agieren zu betrachten. Gerade die etablierten Formen der Interessenvertretungsarbeit manifestierten auf der einen Seite innere Stabilität und garantierten andererseits der Unternehmensleitung ein Medium zur Steuerung des Sozialgefüges Betrieb. Verändert hatte sich jedoch die Position der Interessenvertretung innerhalb des betrieblichen Herrschaftssystems; sie war nun nicht mehr in eine »Mittlerrolle« nach Vorgabe der Unternehmensleitung eingebunden, sondern definierte ihren Vertretungsauftrag selbstbewußt und umfassend, unter Einbeziehung der Managementkompetenzen und in eigenständiger Verantwortung für das Unternehmenswohl. Erwies sich diese Veränderung als vorteilhaft gegenüber der Unternehmensleitung, so beinhaltete sie gleichzeitig eine ausgeprägte Zentralisierung der Interessenvertretungsarbeit. Diese Zentralisierung verhinderte wiederum in Konfliktsituationen, daß alle Ebenen und Strukturen der Zusammenarbeit und alle Einflußsphären zerstört bzw. zur Disposition gestellt wurden und umfassend neu strukturiert werden mußten. Je zahlreicher die handelnden Personen wurden, desto komplizierter verliefen die Abstimmungsprozesse und desto schwieriger wurde es, ein einheitliches Ergebnis zu erreichen. Einer mit Macht und zentralen Entscheidungskompetenzen und den damit verbundenen Umsetzungsinstrumenten ausgestatteten Unternehmensführung konnte man nur mit einer geschlossenen und starken Interessenvertretung begegnen. Eine Interessenvertretung mit unterschiedlichen Forderungen und unterschied-

lichen Strategien hätte der Unternehmensleitung Mittel an die Hand gegeben, Interessenvertreter gegeneinander auszuspielen. Die Organisationsstrukturen der Interessenvertretung waren so gewichtet und angeordnet, daß der bestimmende Einfluß der Betriebsräte bzw. des Betriebsausschusses aufrechterhalten werden konnte; alle weiteren Willensbildungs- und Entscheidungsebenen wurden als nachgeordnet betrachtet und mit bestimmten arbeitsteiligen Funktionen versehen, damit sie als »Zuarbeiter« für das Gremium Betriebsausschuß wirken konnten. Jedes Betriebsratsmitglied hatte einen großen Betreuungsbereich, in dem es sich unreglementiert nach den eigenen Vorstellungen entfalten konnte, sofern die Interessenvertretungsstrukturen eingehalten wurden. Eine erfolgreiche Arbeit im eigenen Betreuungsbereich ermöglichte ihm den Aufstieg in den Betriebsausschuß. Auch den Vertrauensleuten wurden autonome Wirkungsbereiche eingeräumt. Sie übernahmen in den Abteilungen und Betreuungsbereichen vielfach auch Funktionen des Betriebsrates und erhielten die Chance, als Kandidaten bei der Betriebsratswahl nominiert zu werden. Es finden sich auch Anzeichen dafür, daß Vertrauensleute ein umfassendes Kommunikations- und Vermittlungsnetz zur Kontrolle des betrieblichen Geschehens und eigenständige gewerkschaftliche Gegenmachtfunktionen aufgebaut und wahrgenommen haben. Eine einheitliche Interessenvertretung unter dem Dach der IG Metall, personelle Kontinuität und zentrale Willensbildungs- und Entscheidungsabläufe sind ebenso Ausdruck der Interessenvertretungspolitik wie die Dominanz von Personen, die durch das Leitungsorgan Betriebsausschuß und die starke organisatorische sowie inhaltliche Einbindung der gewerkschaftlichen Vertrauensleute in die Arbeit der Interessenvertretung insgesamt gesichert wurde. Deutlicher als in den fünfziger und sechziger Jahren zeigte sich nun die durchgängig gewerkschaftliche Ausrichtung der Interessenvertretungspolitik: Vertretungserfolge stärkten das Image der IG Metall und wirkten weniger in Richtung »Personenkult«, als dies in früheren Jahren festzustellen war. Feste Bestandteile der Interessenvertretungsarbeit waren nunmehr die gewerkschaftliche Organisationssicherung (gewerkschaftliche Informationspolitik, Werbung, betriebliche Beitragskassierung usw.), aber auch die werksübergreifende Organisation der Interessenvertretungspolitik (Gesamt- und Konzernbetriebsrat) unter Einbezug der Arbeitnehmervertreter im Aufsichtsrat sowie – mit Abstrichen – auch die Zusammenarbeit mit dem Arbeitsdirektor und der IG-Metall-Vorstandsverwaltung, die nicht nur bei Tarifauseinandersetzungen, sondern bei allen werksübergreifenden Fragen eine einheitliche Haltung der Interessenvertretung gegenüber dem Unternehmensvorstand sicherte. Nachhaltiger als in den fünfziger und sechziger Jahren wurde die Absicherung erreichter Positionen durch Betriebsvereinbarungen, tarifvertragliche Bestimmungen und schriftliche Vereinbarungen (zum Beispiel Protokollnotizen) genutzt.

Zusammenfassend lassen sich die Merkmale der Interessenvertretungsarbeit wie folgt darstellen:

- Weniger die ökonomischen Schwierigkeiten als die daraus abgeleitete Unternehmenspolitik entfalteten Wirkungen auf die Beziehungen zwischen Interessenvertretung und Geschäftsleitung. Je ausgeprägter die Unternehmensleitung Probleme des Unternehmens einseitig auf Kosten der Belegschaft lösen wollte, desto umfangreicher wurden von der Interessenvertretung dagegen Mittel eingesetzt, die Konflikte einschlossen. Dennoch wurden von seiten der Interessenvertretung die Notwendigkeit einzelbetrieblicher Rentabilität nach wie vor anerkannt, wobei sie gleichzeitig die Erhaltung und Ausweitung eigener Kompetenzen, einschließlich einer umfassenden Verantwortlichkeit für die gesamte Unternehmenspolitik, praktizierte.
- Der Austausch von Sachargumenten in den ständigen Konsultationen, die Bereitschaft zu Kompromissen, informelle Sondierungen, Professionalität, Arbeitsteilung und langjährige Erfahrungen der führenden Personen kennzeichnen ferner das Verhältnis zwischen Interessenvertretung und Unternehmensleitung, aber auch die interne Arbeit der Interessenvertretung.
- Die einheitliche gewerkschaftliche Interessenvertretungsstruktur und -politik sowie die gesamte Bandbreite sozialer Gegenmacht, die für den Bedarfsfall zur Verfügung stand und auch selektiv eingesetzt wurde, wirkten sich insgesamt außerordentlich positiv auf die Organisationssicherung, die Gratifikationspolitik und die Arbeit der Vertrauensleute aus.
- Auf der Grundlage von Betriebsvereinbarungen und Tarifverträgen wurden umfangreiche Vereinbarungen zur Schaffung neuer Einflußsphären und zur Absicherung der umgesetzten Vertretungspolitik getroffen.
- Die Verankerung der Interessenvertretung in der Belegschaft wurde über Publikationen, gewerkschaftliche Vertrauensleute, Betriebsräte vor Ort und Gratifikationserfolge erreicht.

Fragt man nun nach der inneren Logik der Vertretungsarbeit, so bildeten die Stilelemente der fünfziger und sechziger Jahre auch in späteren Jahren die Grundlage für die Partizipation der Interessenvertretung im betrieblichen Herrschaftssystem. Diese Kontinuität der industriellen Beziehungen ist um so überraschender, als gerade die veränderten Rahmenbedingungen der siebziger Jahre erwarten ließen, daß sich die Partizipationsbeziehungen nachhaltig neu bestimmen würden. Konnte in den fünfziger und sechziger Jahren ein Zusammenhang von ökonomischer Prosperität und friedvoller Kooperation sich vorteilhaft für die Unternehmensentwicklung und für die Arbeit der Interessenvertretung auswirken, da breite Konzessions- und Umverteilungsspielräume diese Form der Zusammenarbeit stützten, so wurden in der Unternehmenskrise ökonomische Spielräume zurückgedrängt, wobei der seinerzeit geprägte Arbeitsstil seine Bedeutung für die Stabilität der industriellen Beziehungen trotz gewandelter Verhältnisse behielt.

5. Geschlossenheit als Sanktions- und Akzeptanzmittel

Ist Geschlossenheit die Fähigkeit, unterschiedliche Interessenlagen und Forderungen zu einem einheitlichen Ganzen zu bündeln, ohne daß einzelne Opponenten und Konkurrenzgruppen eine mehrheitliche Interessenvertretungsposition gefährden können, so mußte sich dieses Vertretungsprinzip in den Krisenphasen des Unternehmens insbesondere als Sanktions- und Akzeptanzmittel bewähren. Um das Vertretungsprinzip der Geschlossenheit aufrechtzuerhalten, baute man in den siebziger Jahren die eigenen Organisationsstrukturen – Diskussions-, Willensbildungs- und Entscheidungsprozesse – so auf, daß stets die Loyalität gegenüber den Verhandlungs- und Meinungsführern gewährleistet und Mehrheitspositionen strikt zu akzeptieren waren. Zur Vermeidung öffentlicher Differenzen und unkontrollierter Gruppenbildungen gegen die mehrheitliche Vertretungslinie entwickelte sich als verdeckter Zwang zur Integration die Ausgrenzung der Opponenten. Wer zur Aufrechterhaltung und Funktionsfähigkeit des Geschlossenheitsprinzips beitrug, konnte stets auf die Unterstützung der Interessenvertretung insgesamt vertrauen, wer dagegen von der mehrheitlichen Linie abwich, verlor ihren Schutz und ihre Unterstützung. Auf diese Weise wurden Opponenten schon frühzeitig in eine Außenseiterrolle gedrängt und die Entstehung von Fraktionierungen und Oppositionsgruppen innerhalb der Interessenvertretung im Keim erstickt. Die Geschlossenheit des Vertretungsspektrums mußte zwar in den eigenen Reihen erst durchgesetzt werden, stärkte aber die Position der Interessenvertretung gegenüber der Unternehmensleitung außerordentlich. Nur mit diesem Faustpfand und bei gleichzeitiger Kommunikationsbereitschaft der Interessenvertretung konnten unkontrollierte Reaktionen im Betrieb verhindert, tragfähige Kompromisse in das Vertretungskonzept integriert und Brüche im Sozialgefüge Betrieb vermieden werden. Geschlossenheit konnte jedoch nur dann gesichert werden und Wirkungen entfalten, wenn mehrheitliche Erwartungen der Interessenvertretung, der Belegschaft, aber auch des Unternehmens erfüllt wurden. Hierzu zählten die Abwehr der Sanierungsmaßnahmen für die Stammbelegschaft, die punktuelle Konfliktstrategie gegenüber den Vorstandsvorsitzenden und die monetären Personalabbauprogramme unter Einbezug öffentlicher Leistungen.

5.1 Personen bilden Kristallisationspunkte

Die personelle Orientierung der Vertretungspolitik, einschließlich der Dominanz von Meinungsführern, prägte die industriellen Beziehungen nachhaltig. Jedoch war in den siebziger Jahren nicht mehr die alleinige Herausstellung des Betriebsratsvorsitzenden, sondern die Dominanz des Betriebsausschusses vorzufinden. In der Funktionsweise der Interessenvertretungsarbeit blieben weitreichende Dispositionsspielräume für Einzelpersonen erhalten, die die demokratische Kontrolle bzw. Einflußnahme der gesamten Interessenvertretung limitierten. Ursächlich mit dem Vertretungsprinzip der Geschlossenheit verknüpft, wirkten Personen in Kontinuität und Sachkompetenz, aber auch in einem Prozeß personeller Selektion als Kristallisationspunkte der Vertretungsarbeit insgesamt. Sie prägten die jeweilige Verhandlungs- und Kompromißpraxis mit den Vertretern der Unternehmensleitung und machten sich, mehr durch das arbeitsteilige Spezialistentum als durch ihr persönliches Charisma, unentbehrlich für eine erfolgreiche Interessenvertretungspolitik und die Akzeptanz der Belegschaft. Ihre Befähigung, durch den selektiven Aufstieg in das Leitungsorgan erwiesen, machte sie zum entscheidenden Machtfaktor für und durch das Vertretungsspektrum insgesamt. Je schwieriger die Vertretungspolitik in der Krise wurde, desto unangefochtener wurde ihre Dominanz, denn nur sie konnten die Verhandlungen beeinflussen, Informationen gewichten und Erfolge realisieren.

5.2 Betriebskonformer Interessenausgleich unter Zuspruch der Belegschaft

Das Prinzip des Interessenausgleichs wurde geprägt durch die Wahrung der Balance zwischen der einzelbetrieblichen Rentabilität bzw. der wirtschaftlichen Effizienz und durch die Sicherung der sozialen Komponente selbst in schwierigen wirtschaftlichen Perioden, möglicherweise auch gegen den Widerstand der Unternehmensleitung. Diese Politik des »Gebens und Nehmens« fand zum einen dadurch ihre Begrenzung und Handlungsbeschränkung, daß Maßnahmen betrieblich nützlich sein mußten, wobei selbst gesamtgesellschaftlich negative Wirkungen akzeptiert wurden, soweit sie sich im Rahmen der Unternehmensgesundung nicht vermeiden ließen. Zum anderen oblag der Interessenvertretung eine betriebliche Ordnungsfunktion, die unkontrollierte Belegschaftsreaktionen verhinderte und das betriebliche Sozialgefüge trotz nachhaltiger Störungen durch Maßnahmen der Unternehmensleitung stabilisierte. Interessenvertretungspolitik stellte sich aber auch als ein Handeln für die eigene Legitimationsbasis dar, ohne einerseits die Empfänger der Vertretungserfolge umfassend einzubeziehen und andererseits den Kontakt, die Erwartungen und Strömungen im betrieblichen Sozialgefüge außer acht zu lassen. In den Phasen der Unternehmenssanierung bildeten monetäre Anreize, individuelle Schutzregelungen (beispielsweise Lohnsicherung bei Umsetzung) für die Stammbelegschaft und die Abwendung undifferenzierter Unternehmensprogramme eine durch Zuspruch der Belegschaft getragene Interessenvertretungspolitik, die, unter Beibehaltung des betrieblichen Konsensus, den Belegschaftszuspruch für stellvertretendes Handeln sicherte. Mit der zahlenmäßigen Aufstockung der Vertrauensleute, als Träger und Vermittler betrieblicher Interessenvertretungspolitik, erhöhte sich die Effizienz der individuellen Schutzpolitik in den konkreten Arbeitsbereichen und damit der direkte Wirkungsbereich der Interessenvertretung. Dazu gehört ferner, daß aus einer sozialen Verteidigungs- bzw. Anwaltfunktion für die Belegschaft betriebliche Ordnungsmittel (Abschwächung betrieblicher Akzeptanzverweigerung, Kompensation latenter Unzufriedenheit) nicht ständig, sondern zielgerichtet eingebracht wurden. Punktuelle Belegschaftsreaktionen nach Maßgabe der Interessenvertretung und Verzicht auf offene Machtmittel signalisierten der Unternehmensleitung in der Phase der Krisen eine Vertretungsstrategie, die Gegenmacht unternehmenskonform definierte und in der Unternehmensphilosophie fest verhaftet war.

Die Analyse der Interessenvertretungspolitik in der Phase ökonomischer Schwankungen des Unternehmens brachte Wirkungsweisen und zentrale Ausprägungen hervor, die Partizipation als festen Bestandteil der betrieblichen Herrschaftsordnung ausweisen. Die Partizipation richtet sich an den betrieblichen Notwendigkeiten aus, versteht es, die Unternehmensleitung zum sozialen Konsens zu zwingen und setzt dabei Machtmittel ein, die weder spektakulär noch zerstörend sind, jedoch erfolgreich das Unternehmenshandeln begrenzen und die Akzeptanz der Belegschaft sichern.

Die Partizipation der Interessenvertretung ist unverzichtbarer Bestandteil der betrieblichen Herrschaftsausübung, in der Herrschaftspositionen nicht nur für, sondern auch gegen die Beschäftigten, unter Maßgabe betrieblicher Ordnungsmaxime, wahrgenommen werden. Die Qualität dieser Herrschaftsteilnahme ist einerseits durch die Wirtschaftlichkeit des

Unternehmens und andererseits durch das Streben, mit Hilfe sozialverträglicher Mittel die Belegschaftsinteressen mit dem gewerkschaftlichen Vertretungsauftrag zu verbinden, begrenzt. Das betriebliche Herrschaftssystem wird umfassend und gleichberechtigt durch die Interessenvertretung ergänzt, verändert und kompromißhaft unter Akzeptanz der Unternehmensleitung gestaltet. Partizipation stellt sich vor allem dar als Gegenmanagement, da die Interessenvertretung als eine weitgehend autonome und zentralistisch determinierte Vertretungsmacht mit der Unternehmensleitung um die dominierende Position im betrieblichen Herrschaftssystem konkurriert. Eine entideologisierte Gewerkschaftspolitik, unterlegt mit einer hohen Vertretungswirksamkeit, sichert Eigenständigkeit, Belegschaftsakzeptanz und verbindet Gegenmanagement mit sozialer Gegenmacht. Gegenmanagement ist jedoch nicht zu definieren als soziale Gegenmacht, denn das politische und gewerkschaftliche Selbstverständnis dieser Interessenvertretungspolitik schließt eine Veränderung der Grundlagen kapitalistischer Macht- und Besitzverhältnisse nicht ein. Statt dessen strebt sie eine sozialverfaßte betriebliche Ordnung an, die unter Anerkennung der Gleichberechtigung von Kapital und Arbeit Interessenausgleich mit Sachverstand, gegenseitiger Toleranz und Anerkennung betreibt. Dieser Maxime folgend, werden Handlungsvollzüge zuallererst im Verhältnis zwischen Unternehmensleitung und Interessenvertretung entwikkelt, begrenzt und so geformt, daß institutionelle Beziehungen einen sozialen Kräftestand festschreiben, der Gleichberechtigung ermöglicht. Die Anwendung gesetzlicher Normen, die Tarifpolitik, der Umgang mit der Belegschaft und die betriebliche Gewerkschaftspolitik werden dieser Maxime zwar ebenso unterworfen, sind aber gleichzeitig als Handlungsebenen für die Entfaltung der Politik einer autonomen und gleichberechtigten Interessenwahrnehmung unabdingbar. Machtsicherung und Machtentfaltung gehen unmittelbar einher mit dem Vermögen, dann umfassend gegen die Unternehmensleitung zu agieren, wenn Vertretungserfolge ausbleiben bzw. ohne Machtdemonstration von der Unternehmensleitung abgelehnt werden könnten. Erst in diesem Fall erhalten die gesetzlichen Normen, die Tarifpolitik und der Belegschaftseinbezug eine herausragende Funktion im Vertretungskonzept. Um die kontinuierliche Wirksamkeit dieser Partizipationsform zu gewährleisten, ist parallel eine gewerkschaftspolitische Komponente entstanden, die sich einerseits betriebskonform in das Konzept des Gegenmanagements einpaßte und andererseits das Image eines Modellcharakters in der innergewerkschaftlichen Diskussion erlangte. Es zeigt sich also im Volkswagenwerk eine soziale und gewerkschaftliche Vertretungsarbeit, in der die Interessenvertretung als Gegenmanagement erfolgreich wirkt.

V. Das VW-Modell als wirksame und anpassungsfähige Form betrieblicher Mitbestimmung

Den Stellenwert der industriellen Beziehungen und ihre Stabilität bzw. ihren Wandel zum Maßstab gesellschaftspolitischer, ökonomischer und betrieblicher Wirkungen zu erheben, verbündet sich mit dem Anspruch, ein der Öffentlichkeit verschlossenes, doch außerordentlich wichtiges soziales Wirkungsfeld mit den Mitteln der wissenschaftlichen Forschung zu erschließen. Indem historische, soziologische und politische Sachverhalte und ihre Wirkungsprozesse aus der bewußt gehüteten Anonymität mit Hilfe der sozialwissenschaftlichen Methodik und Analyse herausgeführt, nach einem Bewertungsmodell geordnet und einem Bewertungsmaßstab unterzogen werden, ist es möglich, eine vergleichende Analyse vorzunehmen. Unterstellt wurde einerseits, daß sich das Verhalten der Unternehmensleitung und das Verhalten der Belegschaft derart neu strukturierte, daß Legitimationsprobleme für die Interessenvertretung auftreten mußten und eine neue Vertretungspolitik notwendig wurde. Andererseits konnte als ebenso wahrscheinlich angenommen werden, daß ein kooperatives Verhalten durchgängig und ohne nachhaltige Neubestimmungen des Handelns betriebliche Interessenvertretungspolitik auch im Zeichen der Krise ausmachen würde. Da es galt, im Rahmen der Untersuchung beide Annahmen zu überprüfen, war es notwendig, die betriebliche Interessenvertretungspolitik in unterschiedlichen zeitlichen und beispielhaften Untersuchungsbereichen zu betrachten. Dies geschah unter dem Gesichtspunkt sozialen Handelns im betrieblichen Herrschaftssystem und unter dessen spezifischen Bedingungen, das heißt Art und Erfolg der Partizipation wurden detailliert betrachtet. Dabei war der Stil der industriellen Beziehungen Maßstab und Untersuchungsgegenstand zugleich. Eine differenzierte Analyse und Beantwortung der Fragestellung wurde dadurch möglich, daß die betriebliche Interessenvertretungspolitik umfassend betrachtet und eine Stilbestimmung vorgenommen wurde. Der Stil ist also nicht nur Ausdruck einer vorgefundenen und zu einer bestimmten Zeit praktizierten Interessenvertretungspraxis, sondern er ist ebenso der Bewertungsmaßstab für Wandel und/oder Stabilität.

Die vorgefundene Praxis betrieblicher Interessenvertretungspolitik ist einerseits mit den wissenschaftlichen Ergebnissen insoweit deckungsgleich, als sie die Gewerkschaftspolitik in gesamtwirtschaftliche Strukturen einbindet und ihr nachhaltiges Verantwortungsbewußtsein zur Aufrechterhaltung kapitalistischer Strukturen betont. Andererseits wird die Auffassung nicht bestätigt, die Gewerkschaftspolitik und betriebliche Interessenvertretungspolitik als fügsame, zu steuernde und effektive Instrumente kapitalistischer Planung im Interesse unbeeinflußter Kapitalverwertung definiert. Es wurde vielmehr eine Interessenvertretungspolitik vorgefunden, die sich gleichermaßen an die Spielregeln des kapitalistischen Systems anpaßte, wie sie ihre Eigenständigkeit bewahren konnte. Partizipation gestaltete sich als Balance zwischen Unternehmensorientierung und sozialem Engagement, Begrenzung des eigenen Handelns und Interessenausgleich mit starken Bezügen zur gewerkschaftlichen Organisationssicherung, Ausgleich sozialer Disparitäten und latenter Wachsamkeit, eigene Einflüsse und Einwirkungschancen extensiv wahrzunehmen und punktuell auszuweiten. Hier bestätigte sich die Annahme, daß industrielle Beziehungen weder eindimensional, noch statisch verlaufen, sondern daß sie sich aus einer Summe von Einzelfaktoren und einer Vielfalt differenzierter, zum Teil sich widersprechender sozialer und politischer Prozesse bilden, daß eine enge Verzahnung zwischen ökonomischer Prosperität und erfolgreicher Interessenvertretung zwar besteht, sie jedoch nicht die Grundbedingung für Stabilität in den industriellen Beziehungen ist. Trotz wirtschaftlicher Krise ist der friedliche Interessenausgleich zwischen Interessenvertretung und Unternehmensleitung nicht derart verändert worden, daß es zu einer Neugestaltung der industriellen Beziehungen gekommen wäre. Die industriellen Beziehungen erwiesen sich als wesentlich homogener und stabiler, als dies unterstellt wurde. Damit bestätigt sich, daß auch bei veränderten Rahmenbedingungen durch Stabilität des Arbeitsstils eine wirksame Interessenvertretungspolitik beibehalten werden konnte. Die Belastungsprobe, der sie in der Krise unterzogen wurde, verlief erfolgreich – mit dem Ergebnis, daß weder die nachhaltige Einbeziehung der Belegschaft, noch eine stärkere Anlehnung an das Management eingetreten war. Widerlegt wurde damit die These, daß eine erfolgreiche Interessenvertretungspolitik nur in ökonomischen Prosperitätsphasen möglich ist und daß knappe Konzessions- und Verteilungsspielräume zu konfliktträchtigen Umverteilungskämpfen führen müssen.

1. Die Partizipationsformen unter dem Aspekt von Stabilität und Wandel

Die Betrachtung der Partizipationsformen in den verschiedenen Zeiträumen zeigt als »herausragende« Tendenz das Verantwortungsbewußtsein der Interessenvertretung für das Unternehmen. Dabei reichten die Merkmale von einer willfährigen Gefolgschaft gegenüber der Militärverwaltung über eine Anpassung an die Autorität von Heinrich Nordhoff bzw. die kritiklose Akzeptanz seiner Unternehmenspolitik bis zur Entwicklung eigenständiger Unternehmenskonzepte und öffentlicher Kritik an den Managemententscheidungen. Interessenvertretungspolitik wurde dabei durchgängig als ein Miteinander und nicht als ein Gegeneinander praktiziert. Dialog und Kompromiß standen ebenso im Mittelpunkt des Vertretungskonzeptes, wie auf der anderen Seite Dialogbereitschaft und Kooperation auch die Haltung der Unternehmensvertreter bestimmten. Spektakuläre Differenzen blieben die Ausnahme und konnten das Verhältnis zwischen Interessenvertretung und Unternehmensleitung weder nachhaltig erschüttern noch die Vertretungspolitik für das Unternehmen neu bestimmen.

Als weitere Tendenz der vorgefundenen Partizipationsformen ist ihr pragmatischer Charakter feststellbar. Die Merkmale weisen eindeutig in Richtung Berücksichtigung der Rentabilität des Unternehmens, eine daraus resultierende Limitierung des eigenen Vertretungsanspruchs und Kompromißbereitschaft in den Diskussions- und Entscheidungsprozessen. Das Selbstverständnis der Interessenvertretung und ihre gewerkschaftspolitische Orientierung enthalten insoweit einen Reformanspruch, als die Sozialverträglichkeit der Unternehmenspolitik überprüft und im Sinne der Beschäftigten punktuell neu bewertet wurde. Eigenständigkeit zeigte sich in der Artikulierung von Forderungen und der Entwicklung eigener Konzepte. Sorgsam achtete die Interessenvertretung darauf, weder zum Organ der Unternehmensleitung zu verfremden, noch zu einem ständigen Opponenten der Unternehmensentscheidungen zu werden. Vielschichtigkeit und Vielfalt der Interessenvertretungsvarianten, des eigenen Selbstverständnisses wurden besonders in den Zeitperioden deutlich, in denen man Partizipation als eigenständige Politik zur Veränderung der betrieblichen Herrschaftsstruktur einzusetzen verstand, wodurch die jeweiligen sozialen Wechselwirkungen unterschiedlich stark beeinflußt wurden. Dies äußerte sich in einer Bandbreite, die von Anlehnung an Managemententscheidungen unter Aufgabe sozialer Einwände bis zur hartnäckigen Verteidigung sozialer Besitzstände und striktem Pochen auf Belegschaftswünsche reichte.

Die Formen der Partizipation wurden durch eine sich auf Mehrheit im eigenen Vertretungsspektrum gründende Politik gestützt. Als wesentlichstes Element trat das Prinzip der Geschlossenheit an die Stelle offener und unkontrollierter Willensbildungs- und Entscheidungsprozesse; Geschlossenheit wurde als Machtmittel gegenüber der Unternehmensleitung eingesetzt, wobei einzelne Funktionsträger eine umfassende Dominanz erhielten und programmatische Vertretungselemente sekundär wurden. Die Kommunikationsformen der Interessenvertretung folgten – einschließlich ihrer Diskussions- und Entscheidungsstrukturen – dem Muster der hierarchischen Unternehmensstruktur. In diesem Sinne paßten sich auch das arbeitsteilige Vertretungskonzept und der weite Spielraum der »Spezialisten« hier nahtlos ein. Abgestufte Einflußmöglichkeiten, Kompetenzen und Dominanz auf den verschiedenen Hierarchiestufen einerseits und eine formale Gleichheit andererseits zeigen die inneren Widersprüche der Vertretungsarbeit, die sich jedoch in der Praxis nicht nachteilig bemerkbar machten.

Ambivalent zeigt sich der Umgang mit den gesetzlichen Normen. Einerseits hat es den Anschein, daß die Arbeitnehmerschutzgesetze und die Mitbestimmungsnormen für die Interessenvertretungsarbeit von geringer Bedeutung sind, andererseits wurde stets darauf gedrungen, den jeweils ausgehandelten Kompromiß in eigenen Regelwerken schriftlich abzusichern. Betriebsvereinbarungen und Tarifverträge wurden hier zur Legitimation des eigenen Anspruchs ebenso eingesetzt, wie sie zur Absicherung der Partizipation im betrieblichen Herrschaftsrahmen gebraucht wurden. Die Interpretation gesetzlicher und tarifvertraglicher Normen, ihre Anwendung in der Praxis und auftretende Streitigkeiten im Einzelfall vollzogen sich nicht als selektive Prozesse durch Bildung einer Einigungsstelle oder durch die Arbeitsgerichte; der Umgang mit gesetzlichen und tarifvertraglichen Normen wurde vielmehr integrativer Bestandteil der Interessenvertretungsarbeit. Die Normen dienten dazu, eine rechtliche Anspruchs- und Legitimationsbasis gegenüber der Unternehmensleitung aufzuzeigen und den jeweiligen sozialen Kräftestand zu fixieren.

Belegschaftserwartungen waren in allen Zeiträumen eindeutig und ohne signifikante Änderungen darauf gerichtet, Partizipation der Interessenvertretung als individuelle Schutz- und Erfolgsvollzüge spürbar erfahren zu können. Je deutlicher dies durch die Interessenvertretungspolitik gelang, desto nachhaltiger stellte sich Belegschaftszuspruch ein. Eine Integration der Belegschaft in das Konzept der Partizipation fand nicht statt. Die Wünsche der Belegschaft nach materieller Verbesserung und Sicherung des Besitzstandes wurden bei weitgehendem Verzicht auf den Einbezug der Belegschaft in das Vertretungskonzept eingelöst. Die Ergebnisse der betriebsinternen Wahlen waren der Gradmesser für die aktuelle Belegschaftsakzeptanz der Interessenvertretung; hieran ist auch die latente Folgebereitschaft zu bemessen, die sich immer dann einstellte, wenn Vertretungspolitik und Belegschaftsmanagement materiellen Erfolg versprachen; sie stellte sich nicht ein, wenn gewerkschaftspolitische bzw. gesellschaftspolitische Auseinandersetzungen in das Vertretungskonzept integriert wurden oder Konflikte zwischen Unternehmensleitung und Interessenvertretung über den reinen Schutz- und Erfolgsauftrag hinausreichten.

Die Betrachtung der Vertretungsaspekte, der Ausprägung einer gewerkschaftlichen Interessenvertretungspolitik, der Tarifpolitik und des Stellenwertes der Vertrauensleutearbeit in einem gemeinsamen Interessenvertretungskonzept zeigt je nach Zeitabschnitt unterschiedliche Gewichtungen und eine große Bandbreite. Gewerkschaftspolitik zeichnete sich vor allem durch eine Vertretungspolitik aus, die die Organisationssicherung in den Mittelpunkt des Handelns rückte, die Tarifpolitik so strukturierte, daß die Erwartungen der Belegschaft und die Möglichkeiten des Unternehmens miteinander in Einklang gebracht wurden und die IG Metall die Spielräume des VW-Haustarifs als exemplarisches Verhandlungsmuster nutzen konnte. In dieser Form der gewerkschaftlichen Interessenwahrnehmung erfüllten die Vertrauensleute ihre Funktion als Träger von Informationen, Übermittler von Belegschaftswünschen und Helfer bei der täglichen Betriebsratsarbeit. Einerseits zeigten sich Merkmale gewerkschaftlicher Vorreiterpositionen, andererseits Zeichen des Rückzugs auf betriebliche Notwendigkeiten. Eindeutig waren dagegen die Ausprägungen, die Interessenvertretungspolitik und gewerkschaftliche Organisationssicherung miteinander verbanden und betriebskonform zementierten.

1.1 Interessenvertretungspolitik benötigt Stabilität, um Erfolg zu haben

Die Interessenvertretungspolitik aus den fünfziger und sechziger Jahren wurde in den siebziger Jahren partiell modifiziert, wobei keine sprunghafte Entwicklung zu erkennen war. Der flexible Gebrauch, die Interpretation und die differenzierte Anwendung der vorhandenen Möglichkeiten führten zu grundlegender Stabilität; Modifikationen im einzelnen kennzeichneten diese Partizipationsform und gerieten nicht in Widerspruch zur Stabilität. So zeigte sich betriebliche Partizipation nicht als starres Beziehungsgeflecht von Macht und Gegenmacht, von Aktion und Reaktion, von Siegern und Besiegten, sondern als vertrauensvolle Zusammenarbeit in Form von wechselseitigen Konsultationen, sensiblem Umgang mit Machtmitteln und Schlichtung von Meinungsdifferenzen. Partizipation gestaltete sich als ständige Balance, die sich prägte in der Begrenzung eigenen Handelns und in Loyalität zum Unternehmen und die einwirkte auf den sozialen Kräftestand durch einen ständigen Prozeß sozialer Dynamik. Durch friedvollen Interessenausgleich, verantwortliche Kooperation und durch Kompromisse fand diese Balance ihren sichtbarsten Ausdruck und ihre Stabilität. Mißtrauen, Konfliktbereitschaft und kollektive Reaktion waren zwar unterschwellig vorhanden, wurden jedoch weder als Verhandlungsposition noch als offenes Druckmittel zugelassen. Dieser Verzicht, gepaart mit der Wahrnehmung von Ordnungs- und Vermittlungsfunktionen, sicherte den Erfolg. Unternehmensvorteile und Interessenvertretungserfolge werden hier durch soziale Wechselwirkungen verknüpft.

Wie im einzelnen soziale Prozesse beherrscht wurden, wie sie es der Interessenvertretung erlaubten, auf die betriebliche Machtasymmetrie einzuwirken und wie die betrieblichen Herrschaftsbeziehungen verändert werden konnten, zeigt sich insbesondere durch den Gebrauch von Macht. Vielfach wird unterstellt, daß die »Machtmittel« der abhängig Beschäftigten allein in ihrer solidarischen Leistungsverweigerung in Form spontaner Arbeitsniederlegungen oder Streiks zu finden sind und daß die betriebliche Interessenvertretung ebenso wie die gewerkschaftliche Vertretungspolitik dieses Machtmittels dringend bedürfen, um von den Unternehmensleitungen, den Arbeitgeberverbänden und den staatlichen Institutionen bzw. Regierungen anerkannt zu werden. Das Beispiel Volkswagenwerk zeigt, daß weitere Sanktions- und Drohpotentiale existieren, die im betrieblichen Alltag noch weitaus günstiger wirken können. Sie erlangen ihre Kraft und Durchschlagsfähigkeit trotz Verzicht auf Drohungen und Anwendung extremer Machtmittel. Als neues Machtmittel fungiert der Interessenausgleich im Sinne beider Seiten. Gerade die Befriedung der Konflikte und die Verhinderung von Belegschaftsreaktionen sind bei VW als Machtmittel der Interessenvertretung genutzt worden, da sie im Sinne einer reibungslosen Produktion im Interesse des Unternehmens wirken.

Im einzelnen zeigen sich Merkmale, die die Interessenvertretung zum unverzichtbaren Bestandteil im Sozialgefüge »Betrieb« werden ließen, indem sie Aufgaben und Steuerungsfunktionen im Unternehmen wahrnahm, die von der Unternehmensleitung selbst nicht wirksam ausgefüllt werden konnten. Die Interessenvertretung harmonisierte divergierende Interessenlagen innerhalb der Belegschaft und im eigenen Vertretungsspektrum, entschärfte Konflikte und stellte ein friedvolles Miteinander durch bewußte Ausklammerung von Extrempositionen her. Als betrieblicher Ordnungsfaktor zwischen divergierenden Interessen und Forderungen und unter gleichzeitiger Anerkennung der einzelbetrieblichen Rentabilität konnte die Interessenvertretung so auch in Krisenzeiten den materiellen Erwartungen der Mehrheit der Beschäftigten entsprechen, so daß unkontrollierte Belegschaftsreaktionen ausblieben. Die Unternehmensleitung ihrerseits war in ihrem Handeln darauf bedacht, die Balance zwischen Unternehmensvorteilen und Vorteilen für die Belegschaft nicht zu gefährden sowie weder die Eigenständigkeit der Interessenvertretung zu stärken, noch sie bewußt in Frage zu stellen. Das veranlaßte diese, gleichfalls auf Extrempositionen zu verzichten. Die Umkehr bzw. die Unterdrückung extremer Machtmittel sind es, die zur Entstehung neuer Machtmittel führen. Sie erzeugen einerseits Stabilität, und andererseits ist Stabilität unabdingbare Voraussetzung für das Funktionieren der industriellen Beziehungen.

1.2 Veränderungen trotz grundsätzlicher Stabilität

Zeigte sich Partizipation vor dem Hintergrund ökonomischer Prosperität in dem Streben, durch materielle Umverteilung den wirtschaftlichen Unternehmenserfolg für die Belegschaft spürbar werden zu lassen, so mußte das soziale Sicherungsnetz in den Krisenjahren gegen Kürzungsabsichten des Managements verteidigt werden. Dabei wurde das Management, in bezug auf die Unternehmenspolitik einer Belastungsprobe durch die Interessenvertretung unterzogen. Zu diesem »Schütteltest« zählten die Kritik an den Fähigkeiten von Vorstandsvorsitzenden, die unverhohlene Forderung ihrer Ablösung sowie die Entwicklung von Unternehmenskonzepten und deren öffentliche Darstellung als bessere Alternative. In den fünfziger und sechziger Jahren wurden diese Vorgänge weder beobachtet, noch wären sie damals überhaupt denkbar gewesen. Daß die siebziger Jahre der Interessenvertretung neue Einflüsse eröffneten und die Unternehmensleitung diese akzeptieren mußte, hängt mit der gefestigten Stellung der Interessenvertretung selbst und ihren Alternativvorschlägen zusammen. Diese Alternativvorschläge berücksichtigten einerseits die Rentabilität des Unternehmens, doch andererseits wurden Maßnahmen angestrebt, die Konflikte und Brüche im betrieblichen Sozialgefüge durch soziale Abfederung verhinderten. Gerade in der wirtschaftlichen Krise des Unternehmens konnten mit dieser angepaßten Interessenvertretungspolitik Einflußmöglichkeiten auf die Unternehmenspolitik errungen werden, die zwar nicht zu einer grundsätzlichen Neubestimmung, jedoch zu einem veränderten Verhältnis zwischen Interessenvertretung und Unternehmensleitung führten. Hilfreich dabei war der Konsens, die beträchtlichen sozialen Kosten dieser Politik von den Instrumenten der Sozialversicherungsträger mit abdecken zu lassen. In dieser Zeit entstand eine Partizipationsform, die die Interessenvertretung zu einem unverzichtbaren Kommunikationspartner der Unternehmensleitung werden ließ, die Unternehmenspolitik zu einem Schwerpunkt der Interessenvertretungspolitik machte und Unternehmensmacht nun durchgängig einer Prüfung und Beeinflussung unterzog. Die Interessenvertretung hatte damit die Rolle des Sprechers und Verteidigers materieller Belegschaftserwartungen umfassend neu strukturiert, ihre Zuständigkeit – über die Sozialangelegenheiten hinausgehend – beträchtlich ausgeweitet und ihre Position im betrieblichen Herrschaftsgefüge der der Unternehmensleitung angeglichen.

Wurde in der Zeit des Betriebsratsvorsitzenden Bork die Interessenvertretungspolitik mit möglichst spartanischen Mitteln und unter Verzicht auf organisatorische Betriebsmittel des Werkes betrieben, so wurden in den siebziger Jahren besondere Anstrengungen in Richtung einer umfangreichen Reorganisation unternommen. Parallel dazu wurde der soziale und finanzielle Status der Interessenvertretungsarbeit verändert. Deckungsgleich mit den ausgeweiteten Einflüssen auf die Unternehmenspolitik erhöhte sich die Anzahl der gewerkschaftlichen Vertrauensleute, veränderte sich ihre Freistellungs- und Arbeitspraxis durch Übernahme von Teilkompetenzen der Betriebsräte und wurden interessante Aufstiegskarrieren im Vertretungsspektrum geschaffen. Neben der finanziellen Angleichung der Betriebsratsarbeit im Rahmen der unternehmensüblichen Lohn- und Gehaltsstruktur, einschließlich des finanziellen Ausgleichs für eine entgangene Beförderung oder im Rahmen von in der Interessenvertretungsarbeit üblichen Mehrarbeitspauschalen, wurde insbesondere das Prestige der Vertretungsfunktionen erheblich angehoben. Hatten sich in der Vergangenheit oftmals Personen um ein Wahlamt beworben, die in der betrieblichen Hierarchie gescheitert waren oder bewußt übergangen wurden, so änderte sich dies in den siebziger Jahren grundsätzlich. Eine betriebliche Karriere begann nun häufig über eine Tätigkeit als Vertrauensmann der IG Metall, und das Prestige von Interessenvertretungsarbeit insgesamt wurde vom Verdacht des Subversiven befreit. Die früher eher spartanische Organisationsausstattung wurde dem Niveau der mittleren Managementebene (Büromittel, Schreibkräfte und sachkompetente Mitarbeiter) angepaßt, wobei sich diese Anpassung im wesentlichen auf den Zentralbereich der Interessenvertretungsorganisation bezog. Mit den Mitteln des Stabes wurden werksübergreifende Organisationsformen aufgebaut, die die Egoismen der einzelnen Werke abbauen und die werksübergreifende Geschlossenheit gegenüber der Unternehmensseite sichern sollten. Hier entstand nun eine Interessenvertretung, die aus einer selbstbewußten Position heraus mit den Mitteln der Unternehmensseite arbeitete und so ihre Partizipation umfassend absicherte.

Bezog sich die Interessenvertretungspolitik der fünfziger und sechziger Jahre in erster Linie auf das Werk und auf einzelne Personen, so entwikkelte sich mit dem starken Zulauf neuer Gewerkschaftsmitglieder ein Gleichklang zwischen Interessenvertretungs- und Gewerkschaftspolitik. Daß ein gewerkschaftspolitisches Profil schon in den fünfziger Jahren aufgebaut wurde und Betriebsrat, Vertrauensleute sowie gewerkschaftliche Organisation im Betrieb schon immer eine Einheit bildeten, wird hier nicht in Frage gestellt. Doch gerade Hugo Bork fehlte das Image des »Gewerkschafters«, das sein Nachfolger Siegfried Ehlers von Anfang an hatte. Ehlers ließ nie einen Zweifel daran, daß er der erste Repräsentant der IG Metall im Volkswagenwerk war. Sein Image verschmolz die Profile von Bork und Brenner, was in der Darstellung der Interessenvertretungspolitik der siebziger Jahre immer wieder sichtbar wurde. Der Betriebsrat als Gremium verzichtete auf eigene Profilierungen; die Betriebsratsmitglieder verstanden sich als Repräsentanten der IG Metall. Die Freistellungspraxis für Vertrauensleute und ihre faktische Sicherung gegenüber ihren betrieblichen Vorgesetzten, die Aufwertung ihrer Funktion und der Gleichklang betrieblicher und bundesweiter Tarifpolitik, in dem die VW-Erfolge bundesweite Signalwirkungen entfalteten, machen deutlich, daß Interessenvertretungspolitik und Gewerkschaftspolitik sich nahtlos miteinander verknüpften.

2. Betriebliche Stabilität und gesellschaftspolitische Bedeutung

Bezog sich die Untersuchung ausschließlich auf das Beispiel VW, so ist im folgenden die Frage zu beantworten, inwieweit die industriellen Beziehungen dieses Einzelbeispiels Antworten auf den gesellschaftspolitischen Charakter betrieblicher Partizipationsformen in Großbetrieben liefern könnten und hier vorgefundene soziale Prozesse übertragbar sind. Für die These, daß das VW-Beispiel weder eine Verallgemeinerung zuläßt noch eine übertragbare gesellschaftspolitische Dimension aufweist, spricht:

- Erstens ist die besondere Rolle des Volkswagenwerkes in der Metallindustrie, in der Industrie insgesamt, geradezu prädestiniert, betriebliche Regelungen vor gesellschaftliche zu stellen. Denn VW ist nicht nur in der Öffentlichkeit durch ein eigenständiges Image – Sinnbild für das deutsche Wirtschaftswunder, Haustarifvertrag, Regierungsverantwortung – geprägt, sondern auch die Belegschaft und die Interessenvertretung haben die Besonderheit von VW verinnerlicht. Man kann sich im gewerkschaftlichen Spektrum mit den VW-Regelungen sehen lassen, die Interessenvertretungspolitik ist immer noch führend, Alternativen bieten sich nicht an.

- Zweitens hat die Interessenvertretung ihre Legitimationsbasis durch den Zwang des Erfolgsnachweises, den das Wahlamt auf Zeit abfordert, erfolgreich in Krisenzeiten realisieren können. Die Interpretation des Vertretungsauftrages entsprach den Erwartungen der Beschäftigten. Die Belegschaft drängte die Interessenvertretung zu keiner Neuinterpretation; vielmehr unterstreicht das Belegschaftsverhalten – keine spontanen Belegschaftsreaktionen, hohe Akzeptanz der monetären Krisenlösungskonzepte – den ausschließlich betrieblich angelegten und restriktiv interpretierten Interessenvertretungsansatz. Dies verhinderte, daß die Belegschaft oder auch nur Belegschaftsgruppen den Konsens zwischen Interessenvertretung und Unternehmensleitung eigenständig aufbrachen, autonome Formen des Widerstandes entwickelten bzw. Kritik an der Interessenvertretungspolitik äußerten; denn schließlich wurden ja auch in der Krise Erfolge auf materieller Basis gewährleistet.

- Drittens ist das Verantwortungsbewußtsein für das Unternehmen besonders stark ausgeprägt. Nach wie vor ist die Handlungsmaxime, einschließlich der selbstauferlegten Beschränkung, an der einzelbetrieblichen Rentabilität orientiert. Gerade die Diskussion über Managementfehler als Krisenursache, die Limitierung der eigenen Forderungen und der Kompromiß als gemeinsamer, vorteilhafter Weg, Interessenstreit bzw. offenen Interessenkampf zu vermeiden, ist VW-spezifisch. Auch zeigten die Erfahrungen, daß Konzernchefs immer dann ausgewechselt wurden, wenn sie die Rentabilität des Unternehmens nicht sicherstellten und/oder den betrieblichen Konsens mit der Interessenvertretung gefährdeten. Korrelativ dazu steht das Handeln der Führungspersonen der Interessenvertretung. Auch sie haben den Unternehmensinteressen bzw. der Stabilität der Beziehungen zwischen Belegschaftsvertretung und Unternehmensleitung Rechnung zu tragen. Die herauskristallisierte Form der Kommunikation mit den Unternehmensvertretern, wie gegenseitiges Vertrauen, Berücksichtigung der jeweils eigenen Legitimationszwänge, Beschränkung auf das Machbare und die Politik des Gebens und Nehmens, stützt diese Einstellung der Interessenvertretung.

- Viertens ist das gewerkschaftliche Selbstverständnis der Interessenvertretung eher betriebsorientiert als gesellschaftsformend strukturiert. Der Zwang zum Erfolg als Ausfluß des Wahlamtes bestimmt Regelungen und Handlungsvollzüge für die eigene Belegschaft, und die Formen der gewachsenen Arbeitsteilung zwischen betrieblicher und überbetrieblicher Interessenvertretung stützen die Betriebsorientierung. Für den eigenen Betrieb ist man verantwortlich, muß Rechenschaft ablegen; gesellschaftsstrukturierende Prozesse entsprechen nicht dem Selbstverständnis der Interessenvertretung. Diese selbstverordnete Positionsbestimmung entspricht der Erfahrung der Interessenvertretung, daß die Politik des Interessenausgleichs ihr Gewicht vermehrte und ihre Eigenständigkeit untermauerte, so daß externe Eingriffe verhindert werden konnten.
- Fünftens greifen die Unternehmensleitung bzw. die Funktionswahrnehmung des Managements in die Betriebsorientierung der Interessenvertretung nachhaltig dadurch ein, daß sie aus Eigeninteresse der Vertretung der Arbeitnehmer entgegenkommt. Gerade der Großbetrieb mit seinen kapitalintensiven und komplizierten Maschinen und Anlagen reagiert äußerst sensibel auf Störungen im betrieblichen Sozialgefüge. Schon Belegschaftsunmut äußert sich in Beeinträchtigungen der Produktionsqualität. Besonders an empfindlichen Nahtstellen des Produktionsablaufes, beispielsweise Computer-Know-how oder Energieversorgung, kann verändertes Belegschaftsverhalten den reibungslosen Produktionsprozeß schwerwiegend stören. Nur eine Interessenvertretung, die sich der Belegschaft einerseits und dem Unternehmen andererseits verpflichtet fühlt, von Management und Belegschaft akzeptiert ist, kann hier die wichtige Rolle der Steuerung des Sozialgefüges übernehmen.

Diese Gründe bestätigen die Annahme, daß VW nicht den gesellschaftspolitischen Modellcharakter einnimmt, der vielfach dieser Partizipationsform unterstellt wird: Die Stabilität der industriellen Beziehungen bei VW wirkte sich vorteilhaft für den VW-Rahmen aus; verändernde Wirkungen auf den gesamtgesellschaftlichen Interessenstreit stellten sich dagegen nicht ein.

Literatur zum Thema

Bücher und Aufsätze

Arndt, J.: Wolfsburg. Zur Problematik der modernen Städtegründung, Bad Godesberg 1953.

Autorenkollektiv des Instituts für Marxistische Studien und Forschungen (IMSF): Mitbestimmung als Kampfaufgabe. Grundlagen – Möglichkeiten – Zielrichtungen, Köln 1972.

Becker, H. D.: Porsche von Fallersleben, in: Der Spiegel, Nr. 18/1950.

Bergmann, J. (Hg.): Beiträge zur Soziologie der Gewerkschaften, Frankfurt/M. 1979.

Bergmann, J./Jacobi, O./Müller-Jentsch, W.: Gewerkschaften in der Bundesrepublik. Gewerkschaftliche Lohnpolitik zwischen Mitgliederinteressen und ökonomischen Systemzwängen, Frankfurt/M.–Köln 1975.

Bittorf, W.: Die Geschichte eines Autos. Biographie des Volkswagenwerks. Erweiterte und neugefaßte Serie des Nachrichtenmagazins »Der Spiegel«, Braunschweig 1960.

Blume, O.: Normen und Wirklichkeit einer Betriebsverfassung, Tübingen 1964.

Borsdorf u. a. (Hg.): Gewerkschaftliche Praxis: Reform aus Solidarität. Zum 60. Geburtstag von H. O. Vetter, Köln 1977.

Braun, S./Lutz, B./Pirker, T./Risse, H. T.: Zwischen Stillstand und Bewegung, Frankfurt/M. 1965.

Brehm, H./Pohl, G.: Gewerkschaftliche Gegenwehr. Handbuch zur Interessenvertretung in Unternehmen und Betrieb, Köln 1979.

Brehm, H./Pohl, G.: Interessenvertretung durch Information. Handbuch für Arbeitnehmervertreter, Köln 1978.

Brigl-Matthiaß, K.: Das Betriebsräteproblem. Berlin–Leipzig 1926; neu herausgegeben von R. Hoffmann, Berlin 1978.

Däubler, W.: Gewerkschaftsrechte im Betrieb, Neuwied, Darmstadt 1978.

Deppe, F.: Autonomie und Integration. Materialien zur Gewerkschaftsanalyse, Marburg 1979.

Deppe, F./Fülberth, G./Harrer, J. (Hg.): Geschichte der deutschen Gewerkschaftsbewegung, Köln 1977.

Deppe, R./Herding, R./Hoß, D.: Gewerkschaftliche Organisation und politische Orientierung der Arbeiterschaft, in: Ebbinghausen, R. (Hg.): Bürgerlicher Staat und politische Legitimation, Frankfurt/M. 1976.

Dokumentation: VW und Apartheid in Südafrika, in: Doleschal, R./Dombois, R.: Wohin läuft VW? Reinbek bei Hamburg 1982.

Doleschal, R./Dombois, R. (Hg.): Wohin läuft VW? Die Automobilproduktion in der Wirtschaftskrise, Reinbek bei Hamburg 1982.

Dybowski-Johannson, G.: Die Interessenvertretung durch den Betriebsrat. Eine Untersuchung der objektiven und subjektiven Bedingungen der Betriebsratstätigkeit, Frankfurt/M., New York 1980.

Erd, R.: Verrechtlichung industrieller Konflikte. Normative Rahmenbedingungen des dualen Systems der Interessenvertretung, Frankfurt/M., New York 1978.

Fürstenberg, F.: Der Betriebsrat – Strukturanalyse einer Grenzsituation, in: Kölner Zeitschrift für Soziologie und Sozialpsychologie, 1958.

Gülden, K./Peter, H.: VW: Krisenlösung durch Entlassungen, in: Jacobi, O. u. a.: Gewerkschaften und Klassenkampf. Kritisches Jahrbuch 75, Frankfurt/M. 1975

Hahn, D. H.: Das Volkswagenwerk von 1945 bis heute, in: Kreiskalender Gifhorn-Isenhagen, Wittingen 1950.

Hartmann, F.: Geschichte der Gewerkschaftsbewegung nach 1945 in Niedersachsen, Göttingen 1972.

Herlyn, U.: Die Industriestadt: Wolfsburg, Gütersloh 1965.

Herlyn, U. u. a.: Stadt im Wandel. Eine Wiederholungsuntersuchung der Stadt Wolfsburg nach 20 Jahren, Frankfurt/M., New York 1982.

Hilterscheid, H.: Industrie und Gemeinde. Die Beziehungen zwischen der Stadt Wolfsburg und dem Volkswagenwerk und ihre Auswirkungen auf die kommunale Selbstverwaltung, 2. Aufl., Berlin 1977.

Hoffmann, R.: Einleitung. Zum Betriebsräteproblem heute, in der Neuauflage von: Brigl-Matthiaß, K.: Das Betriebsräteproblem, Berlin 1978.

Hoffmann, R.: Rechtsfortschritt durch gewerkschaftliche Gegenmacht. Frankfurt/M. 1968.

Hoß, D.: Die Krise des Insitutionalisierten Klassenkampfes, Frankfurt/M. 1974.

Huffschmid, J./Schui, H.: Gesellschaft im Konkurs? Handbuch zur Wirtschaftskrise 1973–76 in der BRD, Köln 1976.

Jacobi, O./Müller-Jentsch, W./Schmidt, E.: Gewerkschaften und Klassenkampf, Kritische Jahrbücher 72–79.

Kern, H./Schumann, M.: Industriearbeit und Arbeiterbewußtsein I und II, Frankfurt/M. 1970.

Keßler, R.: Sozialliberale Betriebsverfassung, in: Jacobi, O. u. a.: Kritisches Gewerkschaftsbuch 1972, Frankfurt/M. 1972.

Kittner, M.: Arbeitnehmervertreter im Aufsichtsrat – ein Erfahrungsbericht, in: Die Mitbestimmung Nr. 10/1982, Düsseldorf 1982.

Kleßmann, Ch.: Die doppelte Staatsgründung. Deutsche Geschichte 1945–1955, Göttingen 1982.

Kluge, M./Kneer, U./Schneider, G.-P.: Betriebsräte in der industriellen Provinz. Acht Fallstudien über betriebliche Herrschafts- und Produktionsverhältnisse, Frankfurt/M., New York 1981.

Koch, G.: Beschäftigungspolitik der Volkswagenwerk AG in den Jahren 1974–1978 (unter besonderer Berücksichtigung der Personalplanung), Göttingen 1979, Diplomarbeit.

Köhler, Dr. A.: Wolfsburg. Aufbau einer Stadt. 1948–1968, Wolfsburg o. J.

Köhler, Dr. A.: Wolfsburg. Eine Chronik. 1938–1948, Wolfsburg o. J.

Koopmann, K.: Gewerschaftliche Vertrauensleute. Bd. 1 und 2, München 1979.

Koopmann, K.: Vertrauensleute. Arbeitervertretung im Betrieb, Frankfurt/M., Wien 1981.

Kotthoff, H.: Betriebsräte und betriebliche Herrschaft. Eine Typologie von Partizipationsmustern im Industriebetrieb, Frankfurt/M., New York 1981.

Kotthoff, H.: Zum Verhältnis von Betriebsrat und Gewerkschaft. Ergebnisse einer empirischen Untersuchung, in: Bergmann, J. (Hg.): Beiträge zur Soziologie der Gewerkschaften, Frankfurt/M. 1979.

Krusche, R./Pfeiffer, D.: Betriebliche Gewerkschaftsorgane und Interessenvertretung. Betriebsräte- und Vertrauensleutepolitik der IG Metall, Berlin 1975.

Kudera, W. u. a.: Zum gesellschaftlichen politischen Bewußtsein von Arbeitern, in: Soziale Welt, Nr. 27/1976.

Kühne, P. (Hg.): Gewerkschaftliche Betriebspolitik in Westeuropa. Vergleiche und Möglichkeiten der Zusammenarbeit, Berlin 1982.
Lotz, K.: Lebenserfahrungen. Worüber man in Wirtschaft und Politik auch sprechen sollte, Düsseldorf, Wien 1978.
Maier, A.: Wahlen, Wahlverhalten und Sozialstruktur in Wolfsburg von 1945 bis 1960, Göttingen 1979.
Mausolff, A.: Gewerkschaft und Betriebsrat im Urteil der Arbeitnehmer, Darmstadt 1952.
Mückenberger, U.: Das Betriebsverfassungsgesetz und die Möglichkeiten einer basisorientierten Betriebsratspolitik, in: Duhm, R./Wieser, H. (Hg.): Krise und Gegenwehr, Berlin 1975.
Neuloh, O.: Die deutsche Betriebsverfassung und ihre Sozialformen bis zur Mitbestimmung, Tübingen 1956.
Neuloh, O.: Der neue Betriebsstil, Tübingen 1960.
Nordhoff, H.: Das Volkswagenwerk in Wolfsburg, Oldenburg 1960.
Novotny, F.: Das industrielle Phänomen Wolfsburg, in: Niedersächsische Wirtschaft, Nr. 10/1966.
Pirker, T./Braun, S./Lutz, B./Hammelrath, F.: Arbeiter – Management – Mitbestimmung, Stuttgart, Düsseldorf 1955.
Projektbereich »Dritte Welt«. Brasilien Nachrichten: Volkswagen in Brasilien – Entwicklungshilfe im besten Sinne? 1978.
Recker, M.-L.: Die Großstadt als Wohn- und Lebensbereich im Nationalsozialismus, Frankfurt/M., New York 1981.
Riechert, U.: Die Neugründung, Programmatik und Politik der Gewerkschaften nach dem 2. Weltkrieg (1945–1952) in Braunschweig, Braunschweig 1980, Examensarbeit.
Schenzinger, K. A.: Nordhoff, in: Wolfsburg und das Land zwischen Harz und Heide, Heft 7, Hamburg 1958.
Schenzinger, K. A./Simon, H./Zischka, A.: Heinrich Nordhoff, München 1969.
Schinz, A.: Wolfsburg – eine reine Industriestadt, in: Geographische Rundschau, Heft 2, Braunschweig 1958.
Schmidt, E.: Ordnungsfaktor oder Gegenmacht. Die politische Rolle der Gewerkschaften, Frankfurt/M. 1972.
Schmidt, E.: Die verhinderte Neuordnung 1945–1952, Frankfurt/M. 1970/77.
Schultz-Wild, R.: Betriebliche Beschäftigungspolitik in der Krise, Frankfurt/M. 1978.
Schuster, W.: Multinationale Konzerne und Beschäftigungssituation: Die Auswirkungen der Expansion des VW-Konzerns zum Multi auf die Beschäftigungssituation in den Betrieben des Unternehmens, Göttingen 1979, Diplomarbeit.
Schwonke, M.: Wolfsburg. Soziologische Analyse einer jungen Industriestadt, Stuttgart 1967.
Siegfried, K.-J.: Wolfsburger Stadtgeschichte in Dokumenten – Entstehung und Aufbau 1938–1945, Wolfsburg 1982.
Sinzheimer, H.: Arbeitsrecht und Rechtssoziologie. Gesammelte Aufsätze und Reden, Bd. 1 und 2, Frankfurt/M., Köln 1976.
Sozialistisches Büro: Gewerkschaftliche Vertrauensleute für eine antikapitalistische Betriebsstrategie, Offenbach 1972.
Soziologisches Forschungsinstitut Göttingen (SoFi): Industrieroboter: Bedingungen und soziale Folgen des Einsatzes neuer Technologien in der Automobilindustrie, Frankfurt/M., New York 1981.
Stadt Wolfsburg: Eine Stadt feiert Geburtstag – 40 Jahre Wolfsburg, Wolfsburg 1. Juli 1978.
Stadt Wolfsburg: Schulische und außerschulische Situation ausländischer Kinder und Jugendlicher in Wolfsburg, Teil I (Bestandsaufnahme), Wolfsburg 1979.

Streeck, W.: Gewerkschaftliche Organisationsprobleme in der sozialistische Demokratie, Königstein/Ts. 1981.
Thomssen, W.: Wirtschaftliche Mitbestimmung und sozialer Konflikt, Neuwied, Berlin 1970.
Turner, I.: The Nazi Problem, London 1981, Dissertation.
Universität Bremen: Mitbestimmung zwischen Arbeiter- und Kapitalinteressen. Beiträge zur Diskussion, Bremen 1982.
Voigt, F.: Die Mitbestimmung der Arbeitnehmer in den Unternehmungen, in: Weddingen, W. (Hg.): Zur Theorie und Praxis der Mitbestimmung, Erster Band, Berlin 1962.
Weddingen, W.: Zur Theorie und Praxis der Mitbestimmung, Erster Band, Berlin 1962.
Weltz, F.: Innovation, Beschäftigungspolitik und industrielle Beziehungen, München 1976.
Weltz, F.: Kooperative Konfliktverarbeitung. Ein Stil industrieller Beziehungen in deutschen Unternehmen, in: Gewerkschaftliche Monatshefte, Heft 5/1977.
Weltz, F.: Kooperative Konfliktverarbeitung in Industriebetrieben. Eine kritische Wertung, in: Gewerkschaftliche Monatshefte, Heft 8/1977.
Wiersch, B.: Die Vorbereitung des Volkswagens, Hannover 1974, Dissertation.
Wirtschafts- und Sozialwissenschaftliches Institut des Deutschen Gewerkschaftsbundes (WSI) – Projektgruppe: Mitbestimmung in Unternehmen und Betrieb, Köln 1981.
Wirtschafts- und Sozialwissenschaftliches Institut des Deutschen Gewerkschaftsbundes (WSI) – Studien: Betriebliche Beschäftigungspolitik und gewerkschaftliche Interessenvertretung, Köln 1977.
Wobbe-Ohlenburg, W.: Der Einfluß neuer Produktionstechnologien auf die Struktur der Automobilarbeit, Göttingen 1982, Dissertation.
Zoll, R.: Gewerkschaftliche Organisationsstrukturen und Politik zwischen Zentralisierung und Dezentralisierung, in: Kühne, P.: Gewerkschaftliche Betriebspolitik in Westeuropa, Berlin 1982.

Gewerkschaftspublikationen und weiteres Quellenmaterial

Abkommen zum Schutze der Arbeitnehmer (Lohnempfänger und Angestellte) vor Folgen der Rationalisierung (Rationalisierungsabkommen) vom 14. Juni 1968.
Deutscher Gewerkschaftsbund: Gewerkschaften und Mitbestimmung. Ein Referentenleitfaden, Düsseldorf 1977.
IG Metall (Hg.): Die Arbeit der Vertrauensleute. Schriftenreihe der IG Metall Nr. 41, Frankfurt/M. 1976.
IG Metall (Vorstand): Ergebnis einer Befragung zur Vertrauensleutearbeit, Frankfurt/M. 1975.
IG Metall (Hg.): Der Fall VW, Frankfurt/M. 1975.
IG Metall (Hg.): Handbuch für die Vertrauensleute der IG Metall, Frankfurt/M. 1973.
IG Metall Verwaltungsstelle Wolfsburg: Die Erfolge und Leistungen der IG Metall für unsere Mitglieder im VW-Werk, Wolfsburg o. J.
IG Metall Verwaltungsstelle Wolfsburg: Erläuterungen zur Lohndifferenzierung – Lodi –, Wolfsburg o. J.
IMB-Weltautomobilausschuß: Volkswagen im Profil (Dokumentation), Wolfsburg 1979.
Manteltarifvertrag für Lohnempfänger und Angestellte zwischen der Volkswagenwerk AG und der Industriegewerkschaft Metall, Hannover 1978.
Manteltarifvertrag für Lohnempfänger zwischen der Volkswagenwerk GmbH Wolfsburg und der Industriegewerkschaft Metall für die Bundesrepublik Deutschland, Bezirksleitung Hannover 1954.

Metall. Zeitung der IG Metall für die Bundesrepublik Deutschland, Sonderausgabe vom April 1978.
Sammlung aller Lohn- und Gehaltstarifverträge zwischen der Volkswagenwerk AG und der IG Metall, Bezirksleitung Hannover.
Tarifinformation der IG Metall, Bezirksleitung Hannover, 1973.
Tarifvertrag zum Konzernbetriebsrat, Wolfsburg 1980.
Tarifvertrag zur Regelung der Mitgliederzahl des Gesamtbetriebsrats vom Juni 1972.
»Wir vom Volkswagenwerk Wolfsburg« und »Wir Metaller im Volkswagenwerk Wolfsburg«. Zeitung der IG Metall Wolfsburg, Jahrgangssammlung 1951 bis 1981.

VW-Veröffentlichungen

Autogramm. Mitarbeiter-Zeitung der Volkswagenwerk Aktiengesellschaft Wolfsburg, Jahrgangssammlung.
Autogramm: Sozialberichte 1976 bis 1979.
BR-kontakt. Aktuelle Informationen des Gesamtbetriebsrats der Volkswagenwerk AG.
Endgültige Ergebnisse der Betriebsratswahlen 1950, 1951 und 1953, Wolfsburg, Aushang im VW-Werk.
Gesamtbetriebsrat der VW AG: Mitbestimmung in der Volkswagenwerk AG, Wolfsburg 1979.
Gesamtbetriebsrat der VW AG: Mitbestimmung in der Volkswagenwerk AG, Wolfsburg 1982.
Geschäftsberichte der Volkswagenwerk GmbH und AG, Sammlung 1948 bis 1982.
Volkswagenwerk AG: Kleine Chronik, Wolfsburg 1981.
Volkswagenwerk AG: Menschen im Blickpunkt. Sammlung Sozialberichte 1979 bis 1982.
Volkswagenwerk AG – Öffentlichkeitsarbeit: Kleine Chronik, Wolfsburg 1979.
Volkswagenwerk AG: VW-Argumente zum Tarifkonflikt, Flugblatt 1978.
Volkswagenwerk GmbH: Leistungen in Zahlen 1948 bis 1950, Wolfsburg o. J.

Dokumente und unveröffentlichtes Quellenmaterial

Direktive Nr. 44: Grundsätze für die Bestimmung betreffs der Arbeitslöhne, in: Sammlung Kontrollratsgesetze.
Dombois, R.: Arbeitsmaterialien zu einer Analyse der Betriebsratswahlen bei VW-Hannover 72, Berlin 1973, unveröffentlicht.
Frerk, P.: Personalpolitik – Referat im Rahmen des 58. Baden-Badener Unternehmensgesprächs –, 6. März 1978, unveröffentlicht.
Hilterscheid, H.: Interviews und Aufzeichnungen 1963, Archiv der Stadt Wolfsburg, unveröffentlicht.
IG Metall Verwaltungsstelle Wolfsburg: Statistiken, Kassenberichte, Anträge, Rechenschaftsberichte für Mitglieder der Vertreterversammlung, Sammlung 1972 bis 1980.
Interne Zusammenstellung zur Aufsichtsratswahl 1977 und Betriebsratswahl 1978, Herbst 1977.
Knuth, M.: Betriebsverfassungsgesetz und betriebliche Normsetzung: Zwischenbilanz einer Reform, Arbeitspapier, o. J., unveröffentlicht.
Niederschrift über die erste ordentliche Generalversammlung der »Allgemeinen Gewerk-

schaft« Kreis Gifhorn am 31. August und 1. September 1946 im Volkswagenwerk Wolfsburg.
Protokolle von Betriebsversammlungen aus den Jahren 1951, 1970 bis 1974 und 1975 bis 1977, unvollständige Privatsammlung.
Rede von S. Ehlers auf dem Kongreß des IMB-Weltautomobilausschusses. Der Arbeitnehmer des Volkswagenwerkes, Wolfsburg 1979, Redemanuskript, unveröffentlicht.
Rönnefahrt, H.: Die ›Aktion Wolfgang‹, o. J., unveröffentlicht.
Sammlung aller Betriebsvereinbarungen zwischen der VW AG und dem Betriebsrat/Gesamtbetriebsrat.
Satzung der Betriebsvertretung der Wolfsburger Motorenwerke. Wolfsburg 1945.
Stadt Wolfsburg – Hauptamt: Vorlage für den Verwaltungsausschuß vom 17. November 1972.
Volkswagenwerk AG – Personalabteilung: Jahresstatistik: Belegschaft, o. J., unveröffentlicht.
Volkswagenwerk AG – Personalabteilung: Zusammenstellung der Wahlergebnisse der Betriebsrats- und Aufsichtsratswahlen, Privatarchiv.
Volkswagenwerk AG – Personalplanung: Beschäftigungspolitik 1977, unveröffentlicht.
Volkswagenwerk GmbH: Betriebsordnung, Wolfsburg, 10. Mai 1947, Privatarchiv.
Wolfsburger-Motoren-Werke-Hauptwerk. Bekanntmachung an alle Werksangehörigen, Wahl einer Betriebsvertretung, o. J.